杨洪源 著

RESTUDY OF
THE POVERTY OF
PHILOSOPHY

PRESENTATION OF
IDEOLOGICAL DEBATE
AND "NEW WORLD OUTLOOK"

思想论战
与新世界观的呈现

《哲学的贫困》
再研究

社会科学文献出版社
SOCIAL SCIENCES ACADEMIC PRESS (CHINA)

序言 马克思与蒲鲁东主义

对马克思的思想进行评价需要有一定的参照系，马克思主义研究者不应囿于自身领域思考问题，而应在比较的视野中作出相应的评判。在与马克思发生过直接关联的思想家及其派别中，蒲鲁东主义和马克思之间的思想差异及纠葛尤为错综复杂。认真梳理这段"公案"，对于理解马克思所实现的思想变革来说，既有思想史价值，又有现实意义。

在以往研究中关于蒲鲁东及其思想的认识和理解较为简单，只是给它贴上"小资产阶级的社会主义""改良主义""互助论""无政府主义"等"标签"，忽视了其本身的整体性、独特性与复杂性。认真梳理蒲鲁东和蒲鲁东主义者的相关论著，不难发现他们有着较为远大的理论抱负，即整合与超越当时的思辨哲学、政治经济学和社会主义学说，从根本上解决全部的社会问题。就其思想内容而言，蒲鲁东主义可被划分为系列辩证法、社会经济学和社会革命理论这三个有机组成部分。其中，系列辩证法既是认识世界的方法又是社会存在的原则，能够用以实现政治经济学的科学化。蒲鲁东认为，整个社会的经济生活是一个从分工到人口的"经济矛盾的体系"，只要实现了价值的构成，就能够解决全部的经济矛盾及作为其现实表现的社会贫困。解决贫困问题是社会革命的真正使命，只要把包括分工、机器、竞争和所有权等在内的全部经济力量组织起来，就能实现社会产品的直接平等交换和构成价值（综合价值），就能完成劳动和财产方面的革命，推动整个社会的政治革命的完成。只有资产阶级，而非工人阶级和农民阶级，才是真正的革命者，后两者根本不具有政治能力，社会革命从根本上是资产阶级与无产阶级的和解。社会革命完成后的理想社会形式是超越私有制和公有制的"自由"或无政府状态。

　　蒲鲁东主义的产生，是与 18～19 世纪的法国国情相适应的。它是当时的资本主义思潮、社会主义思潮和私有制批判思潮，同占主导地位的落后小农生产方式之间矛盾的产物。这种进步理论同落后现实之间的巨大张力，使蒲鲁东和蒲鲁东主义者一方面提出要捍卫法国大革命后获得土地的农民、小的所有者和小资产阶级的利益；另一方面却徘徊于有产者和无产者、资产阶级和社会主义者中间，既迷恋资产阶级社会的物质财富并将其视为改变社会经济组合形式的基础，又极大地同情底层民众因绝对贫困而遭受的巨大苦难。从这个角度来说，马克思对蒲鲁东主义的定性即小资产阶级的社会主义，是极为准确的。这种定性不完全是否定，还有部分意义上的肯定：作为法国小资产阶级的解释者，蒲鲁东和蒲鲁东主义者取得过一些"真正的功绩"，"因为小资产阶级将是一切正在酝酿着的社会革命的组成部分"。①

　　在由"副本批判"（哲学、国家和法的批判）转向"原本批判"（政治经济学批判）的初期，出于在关注所谓物质利益问题、批判政治经济学和以实现人的自由为目标等方面的一致性，马克思对蒲鲁东主义给予了褒扬。他把蒲鲁东对作为政治经济学基础的私有财产的首次有决定意义的考察，称作一种能够引起政治经济学的革命并使之有可能真正成为一门科学的巨大进步。与此同时，马克思也认识到蒲鲁东主义的局限性，比如，没有正确认清私有财产与异化劳动的关系，只是在异化范围内克服异化；系列辩证法不过是对黑格尔辩证法的教条式简单理解，用思维的过程代替各种单独的思想。在此后的思想进程中，马克思论证出作为"消灭现存状况的现实的运动"② 的共产主义的必要性，积极投身于社会革命实践。而蒲鲁东和蒲鲁东主义者则醉心于经济范畴的重新组合，以用"文火烧掉"私有财产来代替暴力革命。再加上蒲鲁东主义在德国的传播甚广，引发了德国工人阶级的思想混乱，马克思开始全面批判蒲鲁东主义。

　　马克思敏锐地觉察到，蒲鲁东主义的立论要点在于通过描述整个经济

---

① 《马克思恩格斯文集》第 10 卷，人民出版社，2009，第 53 页。
② 《马克思恩格斯文集》第 1 卷，人民出版社，2009，第 539 页。

社会生活所处的"经济矛盾的体系"，来阐明构成价值论的合理性与实践性，为实现全部社会产品的直接平等交换提供理论依据。只要推翻了构成价值论和"经济矛盾的体系"，蒲鲁东主义关于工人运动与暴力革命无效性的论断便不攻自破，其造成的不利影响也会随之消除。在批判蒲鲁东主义的同时，马克思实现了对自己思想体系的三个组成部分，即唯物史观、政治经济学和社会主义学说的系统思考与整合，从而标志着其新世界观的首次公开问世。囿于传播渠道受限和出版商的因素等，马克思对蒲鲁东主义的首次全面批判尽管立即产生了实际效果，但并未彻底清除蒲鲁东主义对工人运动的不利影响。相反，蒲鲁东主义在 19 世纪 50 ~ 70 年代的影响力遍及欧洲主要国家，"除了蒲鲁东的著作以外，罗曼语地区的工人在 20 年内没有过任何别的精神食粮"。① 马克思在其思想锤炼的过程中，从政治经济学及其哲学方法、社会主义学说的维度对蒲鲁东主义进行了持续 20 年的全面清算。随着《资本论》第 1 卷于 1867 年问世，马克思的学说被工人阶级普遍接受并获得了深远而广泛的影响力。相形之下，蒲鲁东主义则日渐式微，在日耳曼地区的工人中间，蒲鲁东的著作已被遗忘并被马克思的著作所代替。

观照社会和历史的方式决定马克思和蒲鲁东主义者对现代市民社会的理解程度。唯物史观透视资产阶级社会的深度是蒲鲁东主义的系列辩证法所不可比拟的，马克思的社会主义学说相应地要强于蒲鲁东主义者的相关学说。那缘何马克思在首次全面批判蒲鲁东主义时，没有彻底清除其影响力？究其根源，这与当时他们各自的宣传策略和工人阶级的理论水平直接相关。19 世纪 50 ~ 60 年代，尽管无产阶级和资产阶级之间的对立日益加剧，但极度贫困的处境使迅速改善生活状况在工人阶级那里成为压倒一切的中心，导致这种贫困状况的因素则显得不那么重要了。接受教育程度的低下，使工人阶级在当时无法理解私有制和劳动的对立、其所属阶级的革命性和共产主义运动的合理性。这就使蒲鲁东主义者所宣扬的"财产就是盗窃""消灭所有权"之类的简单直观的口号，要比广袤深邃的理论更容

---

① 《马克思恩格斯文集》第 3 卷，人民出版社，2009，第 309 页。

易被工人阶级接受。马克思对上述境况有着清楚的认识，但他仍坚持以将各种社会主义学说统一到正确道路上为首要任务。马克思认为，如果一味迎合工人阶级迫切改变物质生活条件的需求，以物质财富的增加和社会地位的平等为许诺，能够在短期内迅速团结一大批工人从事社会主义运动。而这绝非长久之计，长此以往反而会削弱工人阶级革命的彻底性，工人运动在缺乏科学共产主义的指导下终将失败。实践证实了马克思的深刻判断，对真理的追求与探索使马克思最终彻底战胜蒲鲁东主义。这充分表明，深邃的思想和科学的理论只有经得起历史的检验与时间的锤炼方能立于不败之地。

时至今日，蒲鲁东主义仍具有一定的影响力，这与马克思所说的满足共产主义的前提，即生产力的普遍发展和与此相联系的世界交往尚未达成有着直接的关联。小资产阶级仍旧存在并在社会中产生重要影响。如何引导他们消除阶级偏见而走上正确的社会变革道路，是消除蒲鲁东主义影响力的着力点。一些看似现时代所独创的"时髦"理论，比如在劳资冲突问题上主张阶级调和、在经济制度问题上主张保留小私有制与实行平均分配、在社会组织原则问题上主张无政府状态、在政权问题上反对无产阶级专政等，它们在精神实质和思维方式、世界观与方法论方面，是同蒲鲁东主义一脉相承的。这就要求研究者们应充分借鉴马克思在与蒲鲁东主义者进行论战时所采用的思想方法和策略手段，从而以正确的态度对待上述主张。

本书的创作可以追溯到笔者在北京大学哲学系攻读博士学位时期。2015 年，笔者的博士学位论文《政治经济学的形而上学——〈哲学的贫困〉与〈贫困的哲学〉比较研究》正式出版。承蒙学界的诸多前辈厚爱和指导以及朋辈支持，该著于 2018 年 12 月获第八届"胡绳青年学术奖"。学术研究只有进行时，没有完成时，专著的出版及得到肯定，绝不意味着相关研究的终点，更应成为新的起点。近年来，在从事新的研究课题的同时，笔者一直进行着前期成果的修订、提炼与深化。围绕马克思与蒲鲁东的思想论战，先后在《哲学研究》《哲学动态》《世界哲学》《现代哲学》《教学与研究》《光明日报》等报刊上发表文章十余篇。2019 年 5 月 5 日马克思诞辰 200 周年之际，《政治经济学的形而上学——〈哲学的贫困〉与〈贫困的哲学〉比较研究》一书再版，并入选北京大学聂锦芳教授主编的《重读马克思：文本及其思想》（12 卷本）。目前，这套丛书在德国学界引起了极大反响，一些国际知名的马克思主义研究者，如德国特里尔马克思故居博物馆的伊丽莎白·诺伊（Elisabenth Neu）女士、艾尔伯特基金会波恩总部图书馆负责人彼得·多纳斯基（Peter Donaiski）教授、《资本论》思想研究专家米歇尔·海因里希（Michael Heinrich）教授、《马克思恩格斯全集》历史考证版编辑成员埃亨弗里德·噶兰德（Ehrenfried Galander）教授等，对此给予了高度评价，并不约而同地表示为不懂中文而"深感遗憾"。①

　　鉴于现有的成果形式几乎涵盖了《哲学的贫困》的全部思想细节，篇幅较大，需要花费很长的时间才能译为外文，特别是接轨国外学界的专题性研究风格，加之中外读者在阅读习惯与接受能力方面的巨大差异，笔者最终考虑以思想专题研究的形式重新阐释相关内容，出版《〈哲学的贫困〉再研究——思想论战与新世界观的呈现》一书并基于此更好更快地译为外文推介出去，力求实现当代中国学术成果本应具有的国际视野和国际影响。

---

　　①　陈栋：《一部中国学者研究马克思的著作在德国的反响》，《中华读书报》2019 年 11 月 6 日。

导论　重新研究《哲学的贫困》：
意旨、思路与结构

　　《哲学的贫困》是马克思主义理论中最重要的文献之一，也是马克思研究和批判蒲鲁东所著《贫困的哲学》的一部论战性著作。过去学界无论是对作为马克思政治经济学研究重要思想背景和资源之一的蒲鲁东思想的理解和评述，还是对这些著作文本细节的解读和思路的比较，都存有较大的偏颇和遗漏。有鉴于此，首先应当在整体把握蒲鲁东的思想原貌、厘清马克思和蒲鲁东之间的复杂关系、了解国内外相关研究状况等的基础上，逐一对上述两部著作共同涉及的重要议题，诸如政治经济学的哲学方法、所有权问题、价值理论、分工与机器观、垄断与竞争理论、社会革命观及共产主义学说等，一一进行深入的甄别和讨论；其次再现马克思通过辨析蒲鲁东的"形而上学方法—政治经济学重组—社会主义学说（社会革命理论）"这条思想主线，对自己思想体系的三个组成部分（唯物史观、政治经济学和社会主义学说）进行系统思考和整合的过程；最后，将马克思的上述致思路向置于思想史进程和当代社会实践图景中予以客观的历史定位。

一　批判对象思想原貌的直接呈现

　　就其性质而言，《哲学的贫困》是一部带有强烈针对性的批判性著作，这基本上符合马克思早期理论建构的特殊性，即他往往是从与不同"对手"的论战中得出相关结论的。这就要求学者们在研究中应对马克思的论战对象及其思想作重新甄别和理解，蒲鲁东必然不能除外。事实上，以往的研究对蒲鲁东的认识和理解是较为匮乏的，甚至有将其"脸谱化"的倾向。研究者们普遍只用马克思相关著述中的描述就对蒲鲁东盖棺定论，如彻头彻尾的小资产阶级哲学家和经济学家，经常在资本和劳动之间、政治经济学和共产主义之间摇摆的小资产者等，忽视了其思想本身的独特性和复杂性。缺乏对研究对象及其文本的完整而准确的把握，这既对于批判对象来说有失公允，又在实际上影响了对马克思主义经典作家及其思想的理解和解释。通过重新阅读、梳理蒲鲁东的若干著作，就会发现：蒲鲁东不但几乎关注当时所有的重要社会问题，而且在哲学和政治经济学之间的关联、理论与变革社会的实践的关系、社会革命的方式等问题上有着独到且深入的见解。

众所周知，蒲鲁东的思想探索是从关注贫困问题开始的，他对旨在宣扬众生平等的基督教何以不让每个人都普遍享有社会福利充满不解，并最终形成这样的构想：通过哲学的实证化（构建一个有内在联系的宗教信仰和哲学信仰的完整体系）来解决包括贫困在内的各种主要社会问题。他主张先在比较各种宗教体系和仔细研究语言形成的基础上，求证宗教信仰或哲学信仰的现实性，再经过一系列严格的逻辑推理，就能使传统哲学成为一门实证科学。在蒲鲁东看来，只有用科学的方法和严谨的态度来进行关于人和社会的研究，才能避免"走"思想和制度方面的"旧路"；语言学和文法研究是最为科学和严谨的学科，根据语言的起源及方式可以确证人类信仰的源泉和支脉，从而为心理学开辟新的领域并为哲学找到新的法则。与此同时，蒲鲁东把"平等"和"正义"确证为人类社会的最基本原则，他主张劳动者应该在社会中平等地享受各种福利，不应普遍生活在贫困状况之中，更不应对这种悲惨的境况"逆来顺受"，把贫困当成对原罪的救赎。

对贫困问题的持续关注将蒲鲁东导向所有权批判，他在《关于星期日的讲话》①（*De la celebration du dimanch*）中否定将自杀归结为宗教问题的命题，转而论证贫困如何成为源于所有权的社会问题，并将宗教仪式的作用限定于卫生道德以及家庭和社会方面。值得注意的是，蒲鲁东在这篇文

---

① 蒲鲁东的文章原题为"论星期日进行宗教仪式对卫生道德以及家庭和社会的好处"。

章中所提出的许多重要论断，如"王权就是神话""宗教是自我意识的空想""所有权就是盗窃""政治共同体（共产主义）已经死亡""消灭所有权"等，几乎蕴含了他今后所有重要思想的萌芽。

到了《什么是所有权》中，蒲鲁东直接将所有权归结为一切社会流弊的总和，① 提出要在"正义"原则的指导下通过所有权的"批判"与"重建"来实现政治经济学的科学化，从而正确地指导实践、解决贫困问题，最终实现作为超越共产主义和所有权、公有制和私有制的第三种社会形式的自由。他所运用的具体方法是：①重新明确"正义"原则的定义、必要性、体系和公式，检视所有权与正义原则是否相符，以完成对所有权理论的破坏工作；②从人性论出发，寻求所有权的存在性与不合理性并存的根源，指明重建社会形式的方向。在此基础上，蒲鲁东力图求得一个"绝对平等的体系"（système d'égalité absolue），"在这个体系之下，除去所有权或所有权流弊总和之后的一切现有的制度不但可以存在，而且它们本身还可以用来作为平等的工具……一个用作过渡手段的立即可以实行的体系"。②

根据蒲鲁东的解释，建立"绝对平等的体系"必须诉诸一个哲学基础，即"系列辩证法"（dialectique sérielle）或"系列"（série）定律（方法），这是他在《论人类秩序的建立》（Da le création de l'ordre dans l'humanité）中提出的。蒲鲁东认为，这种方法不仅是认识的方法，还是社会存在的原则，因为整个人类社会是由其全部成员彼此制约而构成的统一整体，或者说是所有成员都具有同等重要性的特殊系列。这样，蒲鲁东就从"系列辩证法"中推导出平等来，他随即将上述方法运用到政治经济学的重构中，使之真正成为一门"在行动中的形而上学"（métaphysique de la action）或

---

① 蒲鲁东认为，作为一切社会流弊的总和，所有权的现存性恰好说明社会本身已无力解决这一问题。这同时表明，历史与客观事实对于人类实现普遍自由和平等而言是毫无用处的，唯有超越历史和现实之外的哲学普遍法则才能规范社会秩序、引导社会发展。于是，"正义"作为人类社会的基本原则贯穿于蒲鲁东论证的始末，乃至成为衡量一切社会的、法的、政治的、宗教的原理的标准。

② 〔法〕蒲鲁东：《什么是所有权》，孙署冰译，商务印书馆，2009，第36页。

与哲学紧密结合的"社会经济学"（science économique）。①

蒲鲁东在《贫困的哲学》中将构成价值论即产品的比例关系理论视为社会经济学的基石，描绘了"社会天才"确立构成价值的过程，即"经济进化的系列"，亦即"经济矛盾的体系"。这一系列始于分工、止于人口，其中的每一个范畴或阶段都带有二律背反性质，有着益处与害处；后一阶段始终是为了解决前一阶段的矛盾而出现的，直到解决了全部矛盾为止；只要回到各个矛盾的起点即价值的二律背反，按照一项统一的公式即构成价值论，就会解决全部矛盾。质言之，只要确定了价值的构成（其途径为产品的直接交换），就能实现公平、平等原则，就能解决贫困问题。上述观点贯穿了蒲鲁东理论研究和社会实验的始终，他所提出的各种社会改革方案皆出于此。在整合政治经济学和哲学的同时，蒲鲁东还力主将社会主义囊括进来，用形而上学方法探索社会发展的永恒规律，"重新研究事实，研究经济惯例，找出它们的精神所在，阐明它们的哲理"，②将政治经济学与社会主义中各自"好的方面"（bon cté）协调成为一个"合题"。

《贫困的哲学》问世后的几年（1846—1851），正值欧洲爆发大规模的革命浪潮。始终以革命者形象示人的蒲鲁东开始从事实际的社会革命活动，着手将构成价值论和社会革命理论结合起来。当然，蒲鲁东所谓的社会革命不是政治革命，而是经济革命。在他看来，经济革命优先于政治革命，只有完成劳动和财产方面的革命，才能完成整个社会的政治革命。他为此先后出版了《社会问题的解决》（Solution du problème social）、《一个革命者的自白》（Les Confessions d'un révolutionnaire）、《十九世纪革命的总观念》（Idée générale de la révolution au XIXe siècle）和《无息信贷》（Gratuité du credit）等，主张从政治和经济方面解决当时的君主制三位一体（王权、所有权和货币）问题；通过回溯当时的主要理论家"在革命的

---

① 在蒲鲁东看来，政治经济学和社会经济学虽然在本质上没有任何区别，但是目的各不相同：前者是使人们认识到价值规律的各个矛盾，后者则在阐明这个规律的同时使其在各方面付诸实现。简言之，"行动"是划分政治经济学和社会经济学的基本依据。正因如此，蒲鲁东将他构建的新经济学称作社会经济学。

② 〔法〕蒲鲁东：《贫困的哲学》上卷，余叔通、王雪华译，商务印书馆，2010，第124页。

崎岖道路上经历的许多次动摇和倒退"，① 以阐明对自由和无政府主义的理解和追求；探讨了 19 世纪革命的原因，分析了法国 1848—1849 年革命时期不同政党策略的弊端及其正确的解决办法，即复归其原本意义的革命；论述了无息信贷理论和信用改革观念等。与此同时，蒲鲁东还于 1849 年初在巴黎开办了一个带有股份公司性质的交换银行，以践行其如下理念：在信用领域内推行产品的直接交换必须要以加入互助团体为前提，否则，任何公有制和人对人的统治形式都永远行不通。

从 1852 年出狱到 1865 年辞世，蒲鲁东继续着解决社会问题的探索。譬如，他在《交易所投机商手册》（Le manuel du spéculateur à la bourse）中指出，社会问题的真正解决就是用工业民主制即工人协作社取代工业贵族制，并将下层民众提升到中产阶级的水平；他在《论革命与教会的正义》（De la justice dans la révolution et dans l'Eglise）中，在详尽考察 19 世纪欧洲社会道德状况的基础上将正义或永恒正义确证为衡量一切社会的、法的、政治的、宗教的原理的标准；他在《论联邦原则》（Du principe fédératif）中宣称，人类社会将在 20 世纪进入联邦制时代以取代 19 世纪的宪法时代，因为作为观念革命合理后果的利益革命会随着时代的变化而必将发生；他在《论工人阶级的政治能力》中认为，形成集体的和真实的政治能力要具备自我意识、能够把自我意识转化为观念和把观念内化于实际行动这三个基本条件，指出农民阶级和工人阶级由于没有集体的和真实的政治能力，② 不能成为革命的领导者和依靠力量，只有资产阶级才能真正地完成革命使命，等等。

----

① Proudhon, *Les Confessions d'un révolutionnaire*, Paris, 1929, p. 5.
② 按照蒲鲁东的解释，对农民阶级来说，最重要的是物质生活的满足，他们很难摆脱以独立劳动和农业生活的宗主权为目标的自耕思想的影响，也就是说，谁能够赋予其自耕权，他们就支持谁。可见，农民阶级没有自我意识，更谈不上具备政治能力了。工人阶级虽然在二月革命后就获得了自我意识及与之相适应的、与资产阶级完全相对立的观念，但尚未完全发现这个观念；他们虽然有信心从上述观念中得出政治结论且朦胧地明白构成这种信念的原则，但还没有办法从这些原则中推导出一种适当的做法或政策，只能盲从各种政治成见，从而推迟其自身解放、危害自身前途。因此，工人阶级也没有集体的和真实的政治能力（Proudhon, *Les Confessions d'un révolutionnaire : pour servir à l'histoire de la Révolution de Février*, Paris, 1929, p. 105）。

概而言之，蒲鲁东终其一生都在重塑正义原则，且以解决社会经济问题、完成真正的革命为使命，为此他提出了诸多独特的方法和理论，例如语义学分析法、系列辩证法、构成价值论、直接交换思想、社会清算方法、劳动互助等。蒲鲁东的思想中存有这样一条清晰的主线：形而上学方法—政治经济学重组—社会主义学说（社会革命理论）。这条主线是他在《贫困的哲学》中确立并延续下来的，具体而言就是：①系列辩证法是政治经济学科学化的根本方法，整个社会的经济生活就是一个从分工到人口的"经济矛盾的体系"，只要实现了价值的构成，就能解决经济矛盾及作为其现实表现的社会贫困问题；②解决贫困问题是社会革命的真正使命，只有把包括分工、机器、竞争、所有权等经济力量组织起来，才能实现构成价值和直接交换，才能完成劳动和财产方面的革命，进而推动整个社会的政治革命的完成；③只有资产阶级，而不是工人阶级和农民阶级，才是真正的革命者，后两者根本不具有政治能力，社会革命从根本上说就是资产阶级和无产阶级的和解。

二 马克思与蒲鲁东的关系演变之谜

在简要地还原了蒲鲁东的思想原貌之后，接下来就要探讨蒲鲁东对马克思思想的参照系作用体现在何处，而这一问题必须要被置于马克思与蒲鲁东的整个关系的演变过程中才能说得清楚。只有这样，才能准确地把握《哲学的贫困》与《贫困的哲学》这两部著作的内容和重要意义。

蒲鲁东最早进入马克思的研究视野是后者在《莱茵报》编辑部工作时期，彼时马克思正为解决所谓物质利益问题这一"苦恼的疑问"而转变之前的自由理性主义者的立场。马克思认识到，人的关系的根本问题和答案就隐藏在政治经济学领域之中，只有从"副本批判"推进到"原本批判"，才能从根本上为自由找到出路。由于他和蒲鲁东在关注物质利益等社会现实问题、批判当时政治制度和法的制度、从事政治经济学批判、以实现人的解放和自由为目标等方面的一致性，所以马克思此时对蒲鲁东持肯定与褒扬的态度，尤其是以关注社会现实为出发点、写作风格清晰的《什么是所有权》博得了他的好感。从某种意义上说，较早从事法的批判和政治经济学批判的蒲鲁东启发了马克思。随着政治经济学研究的深入，马克思得出如下结论：政治经济学的缺陷就在于把私有财产视为理论前提和确定不移的事实，而不对它作任何进一步的考察；蒲鲁东则对政治经济学的基础即私有财产作了第一次具有决定意义的、无所顾忌的和科学的考察，这种考察是能够引起政治经济学的革命并使其有可能成为一门科学的巨大进步。①

当然，马克思在肯定蒲鲁东的同时，在具体论述中还彰显了两者的分歧，具体体现为《巴黎手稿》和《神圣家族》中所揭示的蒲鲁东理论的如下局限性：一是没有正确认识到私有财产和异化劳动的关系，只是在异化范围内克服异化；二是没有把工资、商业、价值、价格和货币等视作私有财产的进一步形式，仍用它们来构建理想的社会形式；三是肤浅地将私有财产视为劳动的创造物，看不到私有财产的主体本质（劳动）和客体形式（资本）之间的关联。

上述分歧的出现与马克思、蒲鲁东各自介入政治经济学研究的不同方式相关。马克思首先会由现实问题出发圈定所读著作的范围，其次按照自己的论证需要和研究思路作一些详细摘录或简短评述，着重找出既有理论同他所体察到的现实情形不相吻合的和互相矛盾的地方（如私有财产和异化劳动），最后借助他人的理论提升自己对许多复杂现实问题的认识，进而超越这些理论并形成独到见解。马克思经常会反复研读、摘录同一本政治经济学著作，并就同一问题的不同层面进行深度探究，从而准确把握资产阶级社会中各种错综复杂的经济现象，以便更好地从事社会变革。

相形之下，蒲鲁东虽然在遭逢贫困问题时曾阅读并研究过一些政治经济学著述，但是他的研读并不深入，只是在对政治经济学理论有了一个大概的了解后，就开始从事批判和理论构建。起初，这种研究方式的缺陷并不明显，蒲鲁东尚能觉察到所有权同现实社会之间的巨大矛盾。但与此同时，他不能超越政治经济学的各种前提，只能在异化范围内扬弃私有财产，他试图通过一个过渡体系来解决贫困问题的做法不免带有空想的性

---

① 参见《马克思恩格斯文集》第1卷，人民出版社，2009，第255~256页。

质。此后，这种研究方式的缺点逐渐暴露，以致人们能够轻而易举地在蒲鲁东的著作中找出许多常识性的错误。更有甚者，蒲鲁东在创立构成价值论后，试图用它来解决整个社会的经济问题。不论现实问题有了怎样的新变化，蒲鲁东总能论证出构成价值论的适用性。这种做法根本无助于了解错综复杂的社会现实，因之也无法用以指导社会变革。

需要指出的是，马克思在《德意志意识形态》中所探讨的诸多极为广泛的思想议题，彰显他透过观念世界和意识形态的"层层迷雾"，从现实出发理解人、社会与历史的致思路向，以及建立在生产力普遍发达等现实基础上的社会变革路径，为其批判蒲鲁东《贫困的哲学》奠定了坚实的理论基础。在马克思和恩格斯撰完《德意志意识形态》的同时，蒲鲁东也几乎完成了《贫困的哲学》的写作。从这两本著作的内容可以看出，马克思和蒲鲁东在社会的前提和存在方式、历史演进过程及其动力、社会变革的途径等方面存在"不可弥合的裂口"：前者以现实的个人及其物质生活为前提，将不同社会形态间的更替归结为各民族的生产力、分工和内部交往的发展程度，梳理了分工所表征的历史演进序列和"历史向世界历史的转变"的过程与环节，论证了作为"消灭现存状况的现实的运动"的共产主义的必要性；后者则将普遍理性或上帝作为社会存在的前提，认为观念是推动历史演进的根本动力，"人类的事实是人类观念的化身"，[①] 只需要通过研究社会经济的规律即创立有关理性规律的理论或创立哲学就可以完成社会变革。

基于这些思想"裂隙"，再加之蒲鲁东在给马克思的回信中否定了革命的"行动的时刻"、恩格斯在担任共产主义通讯委员会巴黎支部通讯员期间对蒲鲁东学说危害性的认识与介绍、格律恩将《贫困的哲学》译为德文后在德国工人阶级中传播甚广并引起了他们的思想混乱等因素，马克思开始全面批判《贫困的哲学》一书。

马克思敏锐地觉察到，蒲鲁东的立论要点在于通过描述整个社会经济生活所处的"经济矛盾的体系"，来阐明构成价值论的合理性和实践性，

---

① 〔法〕蒲鲁东：《贫困的哲学》上卷，余叔通、王雪华译，商务印书馆，2010，第167页。

进而实现全部社会产品的平等交换即"只能用产品来购买产品"。只要推翻了构成价值论和"经济矛盾的体系"，蒲鲁东关于工人运动和暴力革命无效性的论断便不攻自破，《贫困的哲学》对工人运动所造成的不利影响自然也会消除。正因如此，马克思根据《贫困的哲学》原书内容的顺序将其论述内容分为两个部分：第一部分以"科学的发现"这一反语为标题，按照《贫困的哲学》中"论价值"章原有的结构内容，逐一进行批判，揭示以解决价值二律背反为目的的构成价值论的自身矛盾性和虚构性；第二部分以"政治经济学的形而上学"为题，从哲学方法论和具体经济范畴的剖析这两个维度，揭示"与观念顺序相一致的历史"（selon la succession des idées）的实质及非现实性。值得注意的是，马克思囿于《哲学的贫困》一书的批判性质，以批判蒲鲁东的论证结构和具体内容为主，其诸多观点多以微言大义式的论断方式出现，而未能详加论述。这就意味着，只有在充分了解马克思此时的思想进程，尤其是《巴黎手稿》《德意志意识形态》等文本中的思想内容的前提下，才能充分理解和深入领悟他对蒲鲁东所作的批判。

尽管《哲学的贫困》出版不久就产生了实际影响，但该书并未实现彻底清除《贫困的哲学》对工人运动的不利影响这一预期效果。这种状况的产生与该书法文初版印数不多（只有 800 册）、传播渠道受限和出版商的个人因素等密切相关。蒲鲁东的学说自 1848 年二月革命后对工人运动的影响愈发深入，它在 19 世纪 50～70 年代遍及法国、德国、意大利、比利时、西班牙等欧洲主要国家，"除了蒲鲁东的著作以外，罗曼语地区的工人在 20 年内没有过任何别的精神食粮"。① 马克思由此认识到与蒲鲁东继续进行思想论战，并从理论上彻底驳倒他的重要性。

承继《哲学的贫困》中的批判方式，马克思从社会主义学说（社会革命理论）、政治经济学及其哲学方法等维度对蒲鲁东进行全面清算，具体体现在《共产党宣言》《1848 年至 1850 年的法兰西阶级斗争》《路易·波拿巴的雾月十八日》《论蒲鲁东（给约·巴·施韦泽的信）》《资本论》及

---

① 《马克思恩格斯文集》第 3 卷，人民出版社，2009，第 309 页。

其手稿中。要言之，与蒲鲁东的关系贯穿于马克思的整个政治经济学研究的思想历程中，而《哲学的贫困》则在其中起着承上启下的作用，它不仅吸收了马克思之前的哲学方法论、历史观和政治经济学的研究成果，更奠定了马克思之后对蒲鲁东进行全面清算的基本框架和分析视角。这一结论要求在对《哲学的贫困》与《贫困的哲学》进行对比研究时，必须将其置于马克思和蒲鲁东各自的思想演进历程、两者关系的演变过程中去考察，尤其要呈现马克思囿于文本的批判性质而未能充分展开的、秉承之前研究成果的思想内容，以及《哲学的贫困》中的思想"萌芽"的"萌发"过程。

三 国内外研究现状及其局限性

对于专业的研究者来说，梳理、借鉴前人的研究成果是不可或缺的环节，重新研究《哲学的贫困》亦不例外。根据本书的梳理，自 20 世纪初至今，国外相关研究主要有三种范式。

一是苏联和东欧马克思主义学者主导的《哲学的贫困》研究，他们主要从唯物史观、马克思主义政治经济学史中的地位这两个角度来阐述这一文本的"里程碑"式意义，且对蒲鲁东的《贫困的哲学》持否定态度。这些学者虽然在具体论述中有些分歧，但是达成了若干共识。例如，《哲学的贫困》是第一部成熟的马克思主义著作，它规范了包括生产关系等在内的唯物史观之基本范畴的科学术语，精准地概括了生产力和生产关系的辩证关系及相互作用，表达了"把经济的社会形态的发展理解为一种自然史的过程"① 和"社会形式是历史的暂时产物"等思想，从而标志着唯物史观的第一次公开的科学阐述。此外，这些学者并未武断地认为蒲鲁东已被马克思彻底批判并放弃研究他的理论，而是将蒲鲁东的政治经济学说置于整个政治经济学发展史中去审视其谬误所在，以此辅证马克思批判蒲鲁东的合理性。

二是以法、英、美等西方国家的非马克思主义学者为主体的研究，他

---

① 《马克思恩格斯文集》第 5 卷，人民出版社，2009，第 10 页。

们在重点关注蒲鲁东思想的原貌，特别是其社会政治理论的同时，还尝试从社会学、政治哲学、经济学、艺术学等角度对马克思和蒲鲁东进行比较研究，这其中都或多或少地涉及《哲学的贫困》和《贫困的哲学》。上述研究过程有两个重要的转折时期。其一，1965 年举行的纪念蒲鲁东逝世 100 周年理论研讨会，它标志着对蒲鲁东思想的研究开始由历史学转向社会学、政治学乃至经济学方面。[①] 其二，以蒲鲁东诞辰 200 周年（2009）为契机，西方学者开始系统地研究蒲鲁东的哲学思想。[②] 值得注意的是，西方学者的研究范式的基本特色是以原始文献为基础（编纂《蒲鲁东全集》），注重厘清马克思和蒲鲁东之间错综复杂的关系。

三是日本学者所开创的研究范式，他们主要从思想史、经济学、文献学等维度重新定位和阐发《哲学的贫困》中的思想，并着力探究马克思与蒲鲁东之间关系的演变过程。其中，日本学者在文献方面为研究《哲学的贫困》做出了极为独特的贡献——于马克思逝世 100 周年（1983）之际，公开出版了田中菊次的《卡尔·马克思著：〈哲学的贫困〉——作者自用、亲笔修改法文初版本（影印版）》，并基于这部文献得出若干基本结论，如《哲学的贫困》是一部作为《资本论》起点的、未完成的经济学著作，这证明了马克思学说即他倾尽毕生精力所从事的关于人类、社会和历史的学问，是由伟大的未完成向伟大的完成发展着的。[③]

同国外学者相比，国内学者对《哲学的贫困》的研究起步较晚，在 20

---

① 其中，研究蒲鲁东的社会学和政治学理论的学者始终占据着主导地位，相反，研究他的经济学理论的人较少，甚至显得"异类"。在后一方面，最具代表性的就是法国蒲鲁东学会前主席雅恩·庞卡尔（Yean Pongour）及其著作《蒲鲁东——多元体制和自治》（Proudhon: Système multidimensionnel et autonome）。

② 这其中最具有代表性的理论成果是法国西巴黎南戴尔拉德芳斯大学教授罗伯特·达缅（Robert Damien）于 2010 年 3 月 20 日在法国哲学会上所作的题为"重新解读蒲鲁东"（Proudhon : Propositions per nue nouvelle lecctrue）的讲演，他从蒲鲁东的"野心勃勃且卷帙浩繁"的作品中归纳出三个主要经济哲学命题。①工业劳动是一种能够生成众多的合理性和多样的一体性的"行动的形而上学"，是一系列行动和技巧的综合。②人只有在与某种协作团体相联系时才能成为主体，这种团体产生了互助的义务。③只有在表达了某种实现了的正义的多重关系的互助式的扩充之中，自由才会得到真正的肯定。

③ 〔日〕田中菊次：マルクス経済学の学問の達成と未成：『資本論』と『哲学の貧困』をめぐる検討，创风社，1988。

世纪初期还以文献翻译和引述日本学者的相关论述为主，尚未形成系统化的研究。到了 20 世纪 80~90 年代，在充分借鉴苏联和东欧学者关于《哲学的贫困》的研究成果的基础上，国内早期的马克思主义哲学史、政治经济学说史等方面的教材，如黄楠森主编的《马克思主义哲学史》、许征帆等编写的《马克思主义学说史》、中国人民大学马列主义发展史研究所主编的《马克思恩格斯思想史》等，几乎无一例外地从唯物史观和马克思主义政治经济学史中的地位来阐述《哲学的贫困》的意义。此外，国内学者在这一时期还就《哲学的贫困》与唯物史观的关系、《哲学的贫困》与《资本论》之间的内在关联、《哲学的贫困》的思想史地位、《哲学的贫困》中无产阶级专政思想等论题展开了充分的研讨。

进入 21 世纪，除了延续以往的研究主题外，国内学者对《哲学的贫困》的研究还有了一定的拓展。例如，强化了对《哲学的贫困》的出版史、传播史和文献学研究，注重总结、吸收国外相关研究成果；基于思想史的视域详细地探究了马克思和蒲鲁东之间错综复杂的关系；开始重视《哲学的贫困》和《贫困的哲学》的比较研究，阐述马克思和蒲鲁东的思想特点与差异性，从而彰显《哲学的贫困》"新世界观的第一次公开问世"的意义及其当代价值；分析《哲学的贫困》中所蕴含的其他思想，如社会有机体理论等。相形之下，国内学界对蒲鲁东思想原貌及《贫困的哲学》的研究则较为贫乏。除了一些摘译的文章和若干本专著之外，其他的研究成果寥寥无几。

综观国内外学界关于《哲学的贫困》和《贫困的哲学》的研究，尽管取得了诸多有价值的成果，但在一些方面还显得较为薄弱，特别是国内马克思主义学界在研究时往往偏重《哲学的贫困》中的"方法"一节，较少研究或完全忽略占该书大部分篇幅的马克思批判蒲鲁东的构成价值论、具体经济范畴和社会主义学说的部分。

对专业的马克思主义哲学研究者来说，仍应从以下方面着手相关的研究工作。第一，应继续结合《贫困的哲学》来研究《哲学的贫困》中所阐发的思想观点，不应采取"一带而过"式的方法，要从文本学研究出发，还原这两部著作中的思想原貌，全面而客观地呈现马克思和蒲鲁东在相同的思想议题方面的差异，并在此基础上作出较为客观的评价。第二，要将《哲学的贫困》研究纳入马克思的思想演进历程，这不是重复既往的研究范式，而是阐述马克思囿于这部著作的批判性质而没有正面展开的思想以及这些思想的演化过程。第三，在充分尊重马克思主义经典作家对《哲学的贫困》思想史地位的表述和过去研究中的正确论断的前提下，从"鲜活"的思想内容本身及其演进过程，而不是从原理的角度去证明这些观点和论断，以此重现《哲学的贫困》在马克思思想进程中的地位。第四，逐一揭示和阐述过往研究中未曾提及或未作深入研究的《哲学的贫困》中的思想内容，诸如现实的个人及其历史地位、社会有机体理论、个体与共同体的关系、阶级分析方法等。第五，应把马克思在创作《哲学的贫困》时期所实现的思想变革与他同时代思想家的思想加以比较，以此凸显马克思在政治经济学和哲学的结合，在认识和改造现实世界等方面的变革性意义。

四 《哲学的贫困》研究的一个新结构

在上述理论工作即整体把握蒲鲁东的思想原貌、梳理清楚马克思与蒲鲁东之间的复杂关系和洞悉国内外研究现状及局限性的基础上，笔者认为，应以"充分依托原著""还原思想原貌""重构逻辑框架""再述理论地位""阐明现实意义"等为宗旨，从以下几个方面对《哲学的贫困》与《贫困的哲学》进行比较研究。

（一）政治经济学的哲学方法上的分歧与争论

虽然马克思与蒲鲁东都是从现实出发，以寻求社会变革之路来实现人的自由而全面发展为己任，从而进入政治经济学的改造或批判，但哲学方法上的分野造成了两者对当时纷繁复杂的社会经济现象的不同乃至相对立的认识。蒲鲁东对政治经济学的态度从彻底批判到运用系列辩证法将其变为一种"在行动中的形而上学"，他认为普遍理性是整个人类社会的前提与历史的出发点，作为普遍理性的工具的经济范畴有着对应的社会形态（阶段），而不同社会形态的更替（历史的演进）是由观念或经济范畴本身固有的矛盾运动来完成的。因此，"要叙述的并不是那种与时间次序相一致的历史，而是与观念顺序相一致的历史"；① 理解了上述观点，就等同找到了经济理论的逻辑顺序和理性序列的方法，就能实现政治经济学的科学体系化。

马克思则从现实的个人及其活动出发来理解社会和历史，他认为经济范畴不是能够推广到一切社会形式中的永恒观念，而是社会生产关系的理论表现和历史的暂时产物。他据此有针对性地对蒲鲁东的政治经济学的哲学方法作了"七个重要的说明"，揭示了蒲鲁东关于逻辑范畴与绝对方法的"生成"过程、经济范畴的实质、社会形态同整个社会机体的关系、经济范畴本身所固有的矛盾的"矛盾"之处、把辩证的现实运动误解为"好的方面"（必要性）和"坏的方面"（后果）、"与观念顺序相一致的历史"的虚构性以及政治经济学和社会主义理论的"合题"的谬误所在。在批判蒲鲁东的方法的过程中，马克思不但形成了"逻辑范畴无法再现具体现实的真正进程""历史的真正出发点是现实的个人""经济范畴只是社会生产关系的理论表现"等思想"萌芽"，而且"萌发"了进行政治经济学研究的科学方法，并延续到《资本论》中。这就是马克思所说的"《哲学的贫困》是《资本论》的萌芽"的意旨所在之一。

（二）破解所有权的"斯芬克斯之谜"的不同方式

马克思与蒲鲁东第一次真正意义上产生思想"交集"就是在所有权或私有财产问题上，这一思想"交集"贯穿于马克思政治经济学研究中。随着蒲鲁东从彻底批判所有权转向部分肯定且将它纳入"经济矛盾的体系"，马克思对蒲鲁东的态度也发生了根本性的变化，即由批判埃德加·鲍威尔（Edgar Bauer）以维护蒲鲁东，转向彻底批判蒲鲁东的自在的所有权理论，并在其后的政治经济学研究过程中延续下去。相应之下，相关的研究需详细梳理这种复杂的思想碰撞过程，应将马克思在《哲学的贫困》中对蒲鲁东所有权理论的肯定与批判扩展到他们整个的关系演变进程中去探讨，从

① 〔法〕蒲鲁东：《贫困的哲学》上卷，余叔通、王雪华译，商务印书馆，2010，第177页（译文有改动）。

整体上对两者的所有权理论进行评述。特别是应加入对埃德加·鲍威尔批判蒲鲁东《什么是所有权》一书所写的《蒲鲁东》一文的论证结构及内容的分析，以此更好地了解和"复原"170余年前那场蒲鲁东、埃德加·鲍威尔和马克思之间的"有关所有权问题讨论"的复杂情形。

（三）价值形式问题上的分野与差异

蒲鲁东在《贫困的哲学》中建构的社会经济学的核心即构成价值论，是由价值形成的二重性与矛盾性、价值的构成过程及其规律、价值比例规律的应用这三部分所组成的。在蒲鲁东看来，古典政治经济学因没有正确地认识和解决价值的二律背反问题而使它无法成为科学的理论，而他本人则因"科学地发现"构成价值论与价值比例规律而使政治经济学成为一门真正的科学。与之针锋相对，马克思以"科学的发现"为题反讽蒲鲁东，他从政治经济学本身和建立在阶级对抗基础之上的社会本身出发，全面批驳了构成价值论。有鉴于此，应当悉心梳理上述内容，并在此基础上对马克思和蒲鲁东此时不同的两种价值形成理论予以客观的评价。

（四）分工和机器、竞争和垄断之间内在关联的不同理解

上述内容是过往研究中极为薄弱的部分。马克思选择分工和机器、竞争和垄断这两对经济范畴进行批判的出发点就在于，他认为只有竞争和垄断才从真正意义上构成了一对"正－反题"，分工和机器只能勉强算是一对，因为它们是不同质的范畴，机器本身和使用机器根本不是一回事，真正存在某种内在关联的是资产阶级社会中的分工和运用机器的方式。至于"经济进化的系列"中的其他范畴，它们之间根本无法两两组成"正－反题"，而且除了所有权之外，都是蒲鲁东"搜索枯肠"制定出来的理论，根本不值一提。更为重要的是，分工和机器、竞争和垄断在马克思整个政治经济学研究中占有重要地位，他在批判蒲鲁东时所形成的理论，如分工和机器的历史发展过程的基本框架、机器自身的发展史、竞争的实质及其在资产阶级社会中的表现、竞争与垄断之间的现实关联等，都几乎无一例外地延续甚至是照搬到《资本论》及其手稿

中，从而再次证明了"《哲学的贫困》是《资本论》的萌芽"的结论。笔者据此认为，应从还原蒲鲁东本人的论述、马克思对他的批判、这些批判所呈现的思想在马克思思想史中的形成和发展过程等角度，展开相关探讨和予以相应评价。

（五）共产主义及社会革命的不同审视

作为同一时代的思想家，马克思和蒲鲁东都面临相同的历史课题，即在纷繁复杂的社会主义思潮中开辟一条真正的社会变革之路，以此来解决各种社会问题，实现人的自由而全面发展。虽然他们都认清了当时一些社会主义和共产主义流派空想性的弊端，但是在如何引导工人运动、对共产主义（社会主义）的定位等方面出现了严重分歧，这直接成为两者决裂的诱因。尤其是始终以革命者形象示人、具有极强影响力的蒲鲁东在《贫困的哲学》中却反对任何形式的政治革命，否认一切罢工与工人同盟的有效性，甚至还将共产主义界定为"经济矛盾的体系"中的乌托邦幻想。上述做法势必会对工人运动产生不利的影响。正因如此，马克思才将《贫困的哲学》称作一本很坏的书，他在《哲学的贫困》中专门辟出一节的内容来批判蒲鲁东的社会革命理论。因此，要着重分析他们在社会革命及共产主义问题上的两种对立认识，详尽梳理这两种认识产生的原因及其发展变化过程，并结合这两种社会主义学说各自在19、20世纪中的实践作出相应的评价。

（六）个人与社会历史的关系之辨

个人与社会历史的关系是《哲学的贫困》中的一条重要思想主线。从现实的个人出发，马克思揭示出从生产力到生产、交换和消费形式，再到市民社会、政治国家的社会历史结构。以此为基础，他批判了蒲鲁东构建的"与观念顺序相一致的历史"，进一步明确了现实的个人作为社会历史"剧作者"和"剧中人"的双重地位及作用，初步阐释了一切关系在其中相互依存、相互影响的社会有机体思想。不仅如此，马克思还详尽考察了阶级的形成发展和历史作用，从而辨明个人与共同体的关系，充分运用透视社会历史的阶级分析法，彻底驳斥了蒲鲁东无视现存的社会构筑于阶级及阶级对抗之上的事实，否定工人运动与政治革命等谬误，为变革社会的现实运动奠定了坚实的思想基础。

最后，笔者认为还有必要从《哲学的贫困》与《德意志意识形态》的思想关系、它在马克思思想进程中的地位、它所呈现的马克思与同时代思想家之间的分野，以及当代实践格局和理论体系中的《哲学的贫困》等方面作总体观照和总结。事实上，马克思通过批判蒲鲁东"形而上学方法—政治经济学重组—社会主义学说（社会革命理论）"这条思想主线的方式，对他自己思想的三个有机组成部分即唯物史观、政治经济学和社会主义学说作了系统整合，从而标志着马克思新世界观的首次公开问世。这种整合是马克思主观上要实现的，是以批判蒲鲁东的方式出现的。很显然，这种新世界观不是通过一本著作就能完成构建的，其中相当多的思想在马克思之前和之后的思想发展中得到了拓展、深化、变革和修正。要从思想史演进的角度而不是某些原理深化的角度，结合同时代其他思想家（斯密、黑格尔和蒲鲁东）的思想比较，来重述《哲学的贫困》的思想史价值。上述做法并非否认过往研究中对《哲学的贫困》的思想史价值所作的正确结论，而是用具体的思想本身的演变过程去重新证明这些结论。此外，除了思想史的维度，当代的实践和理论，特别是新兴的经济哲学研究和近期在国内外热销的托马斯·皮凯蒂所著的《21世纪的资本》① （*Capital in the Twenty-first Century*） 等，也为理解和评价《哲学的贫困》提供了重要参照，凸显了其当代价值。重新研究《哲学的贫困》理应将上述内容囊括。

① 中信出版社出版的中译本名为《21世纪资本论》，笔者认为该书应译为《21世纪的资本》。

第一章 马克思政治经济学批判的"黄金时代"

政治经济学批判是马克思与蒲鲁东主义进行思想论战的核心议题。回顾与总结马克思政治经济学批判的前期思想历程，是探究马克思与蒲鲁东主义的思想论战的必要前提。从 1843 年开始进行"原本批判"到 1859 年《政治经济学批判。第一分册》的出版，可谓凝结着马克思一生"黄金时代"的深邃思考。在这个过程中，马克思不断用新的哲学方法和历史观，反复考察政治经济学中的重要议题，从而创立了他自己的政治经济学的哲学基础，"第一次科学地表述了对社会关系具有重大意义的观点"。①

一 社会历史结构及其形态演进的深刻理解

按照马克思本人的说法，他出于在《莱茵报》工作时期遇到了所谓物质利益问题，转变了之前的理性自由主义立场，开始介入经济问题研究。在历经关于新闻出版自由、林木盗窃法、摩泽尔河沿岸地区农民生活状况、自由贸易和保护关税等论辩后，马克思意识到，物质利益决定着社会不同阶层的政治态度与思想行为，并最终导致普遍自由的沦丧。与此同时，他也注意到了当时作为现实批判的法国社会主义和共产主义思潮，对这些"带着微弱哲学色彩的回声"和"肤浅言论"② 提出了反对。尽管如此，马克思最终还是由于研究的不够深入而暂时放弃了对法国主要社会思潮的评判："在和奥格斯堡《总汇报》的一次争论中坦率承认，我以往的

---

① 《马克思恩格斯全集》第 29 卷，人民出版社，1972，第 546 页。
② 《马克思恩格斯文集》第 2 卷，人民出版社，2009，第 591 页。

研究还不容许我对法兰西思潮的内容本身妄加评判。"①

　　为了解决使其"苦恼的疑问",即理性的观念与反理性的现实之间的对立和冲突,马克思从以下两个方面着手理论工作:一是诉诸历史事实弄清所有制、阶级、国家和法的问题;二是通过批判黑格尔法哲学的方式,将诉诸历史的考察提升到理性自觉的高度。上述两个理论工作的成果分别为《克罗茨纳赫笔记》和《黑格尔法哲学批判》。在研究过程中,马克思逐步认识到,私人利益体系即市民社会决定着政治国家,并导致政治国家违背普遍理性而处于异化状态。因此,不是仅从政治国家的制度层面来扬弃其异化,而是对市民社会进行深入批判和实际改革才能为自由寻得真正的出路。

　　到了创办《德法年鉴》时期,马克思进一步批判黑格尔的市民社会理论,开始"对现存的一切进行无情的批判"和"对当代的斗争和愿望作出当代的自我阐明(批判的哲学)"。②他在《论犹太人问题》中以当时德国社会中的犹太人问题为切入点,通过批判布鲁诺·鲍威尔(Bruno Bauer)的方法,揭示现代市民社会中的异化现象,提出了实现人的解放的目标和途径。在《〈黑格尔法哲学批判〉导言》中,马克思提出,"以宣布人是人的最高本质这个理论为立足点",③以观念批判和人的实践、哲学和无产阶级的"联姻"方式实现宗教解放、政治解放和人的解放。

　　马克思在历经上述思想的历练后意识到,人的关系的根本问题和答案

---

① 《马克思恩格斯文集》第 2 卷,人民出版社,2009,第 589 页。这表明了马克思科学严谨且谦逊的研究态度。事实上,马克思此时已经对法兰西思潮作了大量的研究。为了批判黑格尔的法哲学和现代史(主要是法国革命史)研究,马克思从 1842 年 7 月到 1844 年初,研读了包括瓦克斯穆特的《革命时代的法国史》、路易·勃朗的《十年历史》、卢梭的《社会契约论》、孟德斯鸠的《论法的精神》、路韦的《回忆录》、蒙格亚尔的《法国史》、德穆兰的《论法国和布拉班的革命》和巴贝夫的著作等在内的涉及法国当代革命的哲学和史学著作,撰写了《法兰西历史笔记》。恩格斯曾对马克思的这段思想历程作了总结,他指出,法国"在大革命中粉碎了封建制度,建立了纯粹的资产阶级统治,这种统治所具有的典型性是欧洲任何其他国家所没有的。而正在上升的无产阶级反对占统治地位的资产阶级的斗争,在这里也以其他各国所没有的尖锐形式表现出来。正因为如此,马克思不仅特别热衷于研究法国过去的历史,而且还考察了法国时事的一切细节,搜集材料以备将来使用"(《马克思恩格斯文集》第 2 卷,人民出版社,2009,第 468 ~ 469 页)。

② 《马克思恩格斯文集》第 10 卷,人民出版社,2009,第 7、10 页。

③ 《马克思恩格斯文集》第 1 卷,人民出版社,2009,第 18 页。

就隐藏于政治经济学领域，只有从"副本批判"推进到"原本批判"，才能为实现自由找到真正的出路。于是，马克思在巴黎开始系统地研究政治经济学，他先后阅读、摘抄和评判了大量的政治经济学著作。再加之对当时的经济事实的体察，马克思渐渐产生了表述自己独立观点的想法。随着评论性的评注逐渐增多并发展为长篇阐释和系统论证，马克思撰写了著名的《巴黎手稿》。他从资产阶级政治经济学的各个前提即私有财产、分工、竞争、交换价值等出发，揭示出现代市民社会中工人及其劳动产品的异化现象，探讨了异化的规定、根源与扬弃方式，评判了当时主要的几种社会主义和共产主义学说。此外，马克思还意识到要对黑格尔辩证法和整个哲学进行批判，试图超越它们来实现异化观的变革。

在此期间，马克思得到了那个用于指导其研究工作的总的结果——社会的经济结构模式和经济的社会形态的演进过程。其要点大致包括以下几个方面。①人们的物质生产力水平决定着与之相适应的生产关系的形成，生产关系是必然的、不以人们的意志为转移的。②社会经济结构是由生产关系的总和构成的，生产关系的总和同时作为法律的和政治的上层建筑而存在，且制约着人们的全部社会生活、政治生活和精神生活。③社会的物质生产力是不断向前发展的，当生产关系或财产关系不再适应于生产力的发展水平时，社会革命（经济基础的变更和受此决定的上层建筑变革）的时代就要到来。④生产力与生产关系的现存冲突，并不会立刻导致社会形态的更迭，因为任何社会形态都不会在其所能容纳的全部生产力发挥起来之前灭亡，新的更高的生产关系也不会在其物质存在条件成熟之前出现。⑤"大体说来，亚细亚的、古希腊罗马的、封建的和现代资产阶级的生产方式可以看做是经济的社会形态演进的几个时代。"① ⑥资产阶级社会中孕育着解决资本主义生产关系这最后一个对抗形式的物质条件，即在此社会中不断发展的生产力，人类社会的史前时期就以现代资产阶级的生产方式的终结而告终。

据此，马克思将整个资产阶级社会的经济生活作为研究对象，全面批

---

① 《马克思恩格斯文集》第 2 卷，人民出版社，2009，第 592 页。

判资产阶级政治经济学，以正确地揭示和理解社会变革的前景与方向，即消灭资本主义私有制。在具体考察社会变革时，他主张将物质生产的变革与意识形态的变革严格区分开来，并且把前一种变革作为主要研究对象，因为后一种变革是由前一种变革决定的。"我们判断一个人不能以他对自己的看法为根据，同样，我们判断这样一个变革时代也不能以它的意识为根据；相反，这个意识必须从物质生活的矛盾中，从社会生产力和生产关系之间的现存冲突中去解释。"①

需要指出的是，恩格斯及其所作的《国民经济学批判大纲》，对于马克思"原本批判"的思想历程起着重要的影响。马克思不仅详细摘录了《国民经济学批判大纲》的主要内容，还给予它高度评价，如"批判经济学范畴的天才大纲"②、"已经表述了科学社会主义的某些一般原则"③ 等。

从内容及结论来看，马克思和恩格斯是不谋而合的。在《国民经济学批判大纲》中，恩格斯详尽论述了资产阶级政治经济学的起源、发展阶段、作用和影响，剖析了商业、价值、价格、竞争、垄断、资本、劳动、土地等基本范畴，揭示了资产阶级政治经济学在私有制社会中所具有的"最丑恶的自私自利"的特征，具体分析了以劳动与资本相对立为特征的资本主义私有制所导致的诸多后果，论证了私有制的不合理性以及消灭它的必要性。基于此，恩格斯得出了如下结论：①社会经济关系及作为其理论表现的经济范畴，不应被视为某种永恒的事物，而是历史的产物；②必须从资本主义私有制本身的矛盾来批判它，通过全面变革社会关系的方式消灭私有制，并把这个制度的消灭看作它本身辩证发展的结果；③工人阶级只有推翻资本主义私有制、与社会主义相结合，才能真正获得自身解放。④ 显然，这个结论与马克思所说的"总的结果"具有一致性。

① 《马克思恩格斯文集》第 2 卷，人民出版社，2009，第 591~592 页。
② 《马克思恩格斯文集》第 2 卷，人民出版社，2009，第 592 页。
③ 《马克思恩格斯文集》第 3 卷，人民出版社，2009，第 491 页。
④ "一般说来，所有的工业工人都被卷入了反对资本和资产阶级的各种斗争……他们构成了同一切有产阶级相对立的、有自己的利益和原则、有自己的世界观的独立的阶级，在他们身上蕴蓄着民族的力量和推进民族发展的才能。"（《马克思恩格斯文集》第 1 卷，人民出版社，2009，第 475 页）

此后，马克思和恩格斯开始共同写作《德意志意识形态》，阐明其思想同德国哲学的意识形态之间的对立。通过批判青年黑格尔派和当时流行的"真正的社会主义"思潮，他们详细地阐释了自己的哲学思想及体系，论证了作为"消灭现存状况的现实的运动"的共产主义的前提和实现方式，进而为政治经济学研究奠定了新的哲学观和历史观基础。具体而言，就是解决了政治经济学研究的前提问题，即从现实的个人及其物质生活条件出发来理解社会和历史。正如马克思所写的："我们开始要谈的前提不是任意提出的，不是教条，而是一些只有在臆想中才能撇开的现实前提。这是一些现实的个人，是他们的活动和他们的物质生活条件，包括他们已有的和由他们自己的活动创造出来的物质生活条件。因此，这些前提可以用纯粹经验的方法来确认。"①

二　政治经济学批判的实践探索和理论过渡

仅仅从方法论上解决了政治经济学的历史性视域问题是远远不够的，还要阐明政治经济学批判的实践维度或理论归旨。也就是说，论证无产阶级社会革命的必要性与现实性。正因如此，马克思才在《〈政治经济学批判〉序言》中将《共产党宣言》和《关于自由贸易的演说》作为表达他和恩格斯的见解的代表著作。

马克思和恩格斯在《共产党宣言》中对资产阶级社会作了深刻且系统的分析，揭示了资产阶级社会的内在矛盾，指明了作为被剥削阶级的无产阶级采取革命的形式实现自我解放的必要性和紧迫性。这本著作的基本思想为："每一历史时代的经济生产以及必然由此产生的社会结构，是该时代政治的和精神的历史的基础……如果不同时使整个社会永远摆脱剥削、压迫和阶级斗争，就不再能使自己从剥削它压迫它的那个阶级（资产阶级）下解放出来。"② 这显然同马克思所说的"总的结果"是一致的。在《关于自由贸易的演说》中，马克思通过批判包林博士自由贸易演说的伪

———————

① 《马克思恩格斯文集》第 1 卷，人民出版社，2009，第 516～517 页。
② 《马克思恩格斯文集》第 2 卷，人民出版社，2009，第 9 页。

善性，揭示自由贸易制度和保护关税制度的实质，得出了如下结论：自由贸易在以资本自由的形式榨取工人最后脂膏的同时还加速了社会革命的产生。马克思认为，保护关税只是某国建立大工业和促进国内自由竞争发展的手段，自由贸易则为资本榨取工人阶级最后脂膏的自由；保护关税在大工业时代是保守的，而自由贸易对资产阶级社会起着破坏作用，它们都与无产阶级的利益毫不相干。自由贸易只有在加速社会革命的意义上，即"正在瓦解迄今为止的各个民族，使无产阶级和资产阶级间的对立达到了顶点"，① 才会有助于无产阶级的阶级利益的实现。

在马克思关于政治经济学的各种著作中，《哲学的贫困》无疑起到了承上启下的重要作用，并被他赋予首次科学地概述其有决定意义的论点的地位。他以批判蒲鲁东"形而上学方法—政治经济学重组—社会主义学说（社会革命理论）"这条思想主线的形式，对自己思想体系的三个重要组成部分作了系统的思考和整合。此外，马克思还在该书的最后部分逐一批判了蒲鲁东关于工人运动和政治革命无效性的各种论断，进而阐释了资产阶级社会的暂时性，以及工人阶级结为同盟并进行社会革命实现自我解放的必要性。显然，这些观点与马克思所始终强调的政治经济学批判的理论归旨是相契合的。马克思充分吸收了其之前的哲学方法论、历史观和政治经济学的研究成果，《哲学的贫困》此时可谓集大成之作。

综观马克思政治经济学批判的"黄金时代"，《哲学的贫困》和这一时代的扛鼎之作——《1857—1858 年经济学手稿》——是一脉相承、密切相连的。

首先，从政治经济学的哲学方法来看，马克思批判蒲鲁东的系列辩证法所得出的基本结论，诸如历史的真正出发点是现实的个人，逻辑范畴无法再现社会经济生活的真实进程，经济范畴只是社会生产关系的理论表现等，直接延续到《1857—1858 年经济学手稿》中，最终形成了以现实的个人及其在一定社会关系中进行的物质生产为起点、逻辑和历史相统一的政治经济学研究方法。此外，批判"冒牌的黑格尔语句"还使马克思对黑格

---

① 《马克思恩格斯文集》第 1 卷，人民出版社，2009，第 759 页。

尔辩证法进行全面反思，使他意识到黑格尔辩证法作为认识世界而非改造世界的工具的重要性，并最终汲取了这部分合理因素来进一步"加工"政治经济学的材料。①

其次，从政治经济学的研究对象，即整个资本主义生产关系及作为其理论表现的经济范畴来说，马克思在《哲学的贫困》中对所有权、分工、机器、竞争、垄断等的分析，奠定了他在《1857—1858 年经济学手稿》中探讨这些经济范畴的基本论证框架。例如，他在《哲学的贫困》中从所有权的本质出发，以资产阶级土地所有权为范例，初步批判了蒲鲁东的"自在所有权"理论，并将后者把所有权作为特殊范畴和永恒观念的做法界定为形而上学的或法学的幻想。到了写作《1857—1858 年经济学手稿》时期，马克思继续站在方法论的高度，揭示了作为经济范畴的所有权的本质，阐述了资本主义生产方式"普照光"下所有权规律的转变，考察了资本主义生产方式以前的各种土地所有权形式，从而形成了对蒲鲁东的"自在所有权"理论的深层批判。

最后，就政治经济学的理论归旨即社会变革的方式而言，《哲学的贫困》和《1857—1858 年经济学手稿》是保持一致的。在《哲学的贫困》中，马克思立论的落脚点在于工人阶级结盟和社会革命的必要性，进而为建立消灭一切阶级和阶级对抗的"新联合体"奠定了现实基础。而在《1857—1858 年经济学手稿》中，他进一步明确了自由人的联合体的具体内涵："建立在个人全面发展和他们共同的、社会的生产能力成为从属于他们的社会财富这一基础上的自由个性。"② 也就是说，每个人的全面发展是整个社会发展的表征，整个社会都将每个人的发展视为其发展的目标和动力。

《哲学的贫困》出版后不久，马克思在布鲁塞尔德意志工人协会的一

---

① 在写作《1857—1858 年经济学手稿》期间，马克思曾致信恩格斯说："我又把黑格尔的《逻辑学》浏览了一遍，这在材料加工的方法上帮了我很大的忙。如果以后再有工夫做这类工作的话，我很愿意用两三个印张把黑格尔所发现、但同时又加以神秘化的方法中所存在的合理的东西阐述一番，使一般人都能够理解。"（《马克思恩格斯文集》第 10 卷，人民出版社，2009，第 143 页）

② 《马克思恩格斯全集》第 30 卷，人民出版社，1995，第 107～108 页。

次讲演中，专门谈到了雇佣劳动与资本的关系问题。他指出，在劳动力成为商品的资本主义生产中存在这样的假象：资本家以支付工资的形式即用货币来购买工人的劳动，工人为了货币而出卖自己的劳动。实际上，工人向资本家出卖的是他们的劳动力。工资不是工人对其所生产的商品的部分占有，而是资本家的生产费用的一部分，是原有商品中由资本家用以购买一定量的生产性劳动力的那部分。为了获得满足自我生存所必需的生活资料，工人不得不将作为自己生命活动的劳动出卖给他者。换言之，工人本身的生命活动就成为谋生的一种手段，工资即为社会生产关系的一种表现。

同样，作为一种用以进行新的生产的积累劳动，资本也是一种社会生产关系，具体来说是资产阶级和资产阶级社会的生产关系。诚如马克思所言："资本以雇佣劳动为前提，而雇佣劳动又以资本为前提。两者相互制约；两者相互产生。"① 资本只有同劳动力相交换、进而产生雇佣劳动后，才能实现增值；雇佣劳动唯有使作为奴役它的权力的资本加强时，方可和资本交换。在资本与雇佣劳动的交换过程中，工人用自己的劳动力换取生活资料，资本家拿他的生活资料获取劳动这种工人的生产活动和创造能量。工人的这种宝贵的再生产力量不仅能补偿他们所消费的东西，还使积累劳动具有比以前更大的价值——这正是剩余价值的奥秘所在。

三　政治经济学批判的反复中断与延续发展

1848~1849 年的欧洲革命，使马克思暂时中断了政治经济学研究，转而论证政治革命的必要性。这段时期内，整个欧洲经历了波谲云诡的政治革命浪潮，周期性的经济危机再度爆发，各地的起义和革命层出不穷，政治局势和社会秩序都处于极度动荡之中。受这种政治动因的影响，马克思直至 1850 年夏流亡伦敦以前，都未能重拾政治经济学批判的工作。然而，这场革命没有持续很久就失败了。基于对欧洲革命的全方位反思，马克思认为有必要重新衡量经济因素对政治革命起作用的程度。从 1847 年的经济

---

① 《马克思恩格斯文集》第 1 卷，人民出版社，2009，第 727 页。

危机到加利福尼亚和澳大利亚金矿的发现等一系列重要的经济事实，促使他去作进一步研究以完善其思想："英国博物馆中堆积着政治经济学史的大量资料，伦敦对于考察资产阶级社会是一个方便的地点，最后，随着加利福尼亚和澳大利亚金矿的发现，资产阶级社会看来进入了新的发展阶段，这一切决定我再从头开始，批判地仔细钻研新的材料。"① 与此同时，《经济学家》杂志中关于1848—1850年经济史的评述，进一步丰富了马克思的研究素材。

在此基础上，马克思对政治革命作了全面的剖析。在他看来，资产阶级社会的一般矛盾即生产力与生产关系的矛盾，是导致政治革命的根本原因；而政治革命爆发的直接原因则是作为一般矛盾之现实表现的资本主义经济危机，以及它所带来的大规模失业和人口的普遍贫困。1850年，随着资产阶级社会经济繁荣时期的到来，工人运动开始步入低谷。"在这种普遍繁荣的情况下，即在资产阶级社会的生产力正以在整个资产阶级关系范围内所能达到的速度蓬勃发展的时候，也就谈不到什么真正的革命。"②

经历了现实的革命"洗礼"，马克思意识到自己将资产阶级社会危机与社会革命间的关系看得略微简单了。他所做的论证不是建立在对社会结构的严谨分析基础之上，而是一种对社会现象的直观描述。马克思未能详细考察经济危机所波及的人口的阶级构成和贫困化程度，以及在此条件下各个阶级的阶级意识是否足以形成大规模的政治革命行动。事实上，经济危机虽然使农民和小资产阶级的生活条件日益贫困乃至破产，从而不断接近获得无产阶级的地位和阶级意识来进行政治革命，但这种趋势在欧洲革命时期不甚明显或根本不存在。因此，若要证明经济危机及贫困普遍化是政治革命的直接原因，既有待于进一步研究政治经济学，又需要详细考察经济危机对社会阶级结构变化的影响和经济危机影响下各个阶级革命愿望的程度。换句话说，社会制度与政治制度的不合理是一回事，而这些制度的不合理性是否已经超出了社会所能够容忍的界限从而必须进行变革，则

① 《马克思恩格斯文集》第2卷，人民出版社，2009，第593页。
② 《马克思恩格斯文集》第2卷，人民出版社，2009，第176页。

是另一回事。只有通过更深层次的政治经济学批判，真正揭示经济发展、经济危机、人口普遍贫困、资本主义生产关系之间的内在机制（先分析资本主义经济本身的机制和特点，再叙述资本主义生产关系即雇佣劳动制条件下经济生产如何受到了束缚和限制），才能判断是否已经到了必须变革资本主义生产关系的临界点。

由此可见，延续和发展政治经济学批判，对于马克思来说是顺理成章之事。此时，科伦共产主义者也写信要求马克思完成政治经济学一书的写作。从 1850 年 9 月到 1853 年 8 月，他写下了大量以摘录为主的笔记和小部分手稿，这就是著名的《伦敦笔记》。在标有序号的 24 本笔记、共计约 1250 页的内容中，马克思探讨了以下三个核心思想议题。

其一，探寻 1847 年资本主义经济危机的原因。以资产阶级政治经济学的货币理论和信贷政策为"靶子"，马克思的摘录和评论主要涉及货币的职能与形式、银行机构和信贷种类的发展史、资本主义经济危机影响下的货币政策发展趋势等。基于经济危机源于资产阶级社会物质生产的内在矛盾而非流通领域的认识，马克思批判了蒲鲁东和格雷等人试图通过银行与货币改革来消除经济危机的做法，[①] 彻底否定了以李嘉图的货币数量论为核心的基本理论。

其二，探究雇佣劳动与资本的关系，以及工人阶级在资产阶级社会中经济地位的发展变化。内容包括资本的原始积累、工资基金理论、土地肥力递减规律、工作日法案及工作日的缩短、工人的居住条件和受教育情况等。这是马克思从政治经济学批判出发探讨社会变革前景的致思路向的延续。

其三，整体把握人类社会和历史的形成过程。马克思通过考察人类历史在世界范围的演变过程中所呈现的多样性特征和形式，详细分析了资本

---

① "因为货币市场上发生了普遍危机，而资产阶级生产的全面恢复表现为一些征兆，这些征兆不用说会突然重新成为［普遍危机的］原因，所以，再简单不过的事情，莫过于那些目光短浅的、坚持资产阶级基础的改良家们希望改革货币了。他们保留产品同产品的可交换性之间的分离，因为他们保留价值和私人交换。但是他们想好好地安排这种分离的符号，以便让这种符号表示同一。"（《马克思恩格斯全集》第 10 卷，人民出版社，1998，第 643 页）

主义以前的各种生产方式、殖民体系问题、自然科学和技术问题、宪法史、文学史、文化风俗史、建筑学史、妇女问题、伦理史和外交政策问题等当时西方社会出现的各种文化科学。

值得注意的是，在伦敦系统研究政治经济学期间，马克思已经有了整部《政治经济学批判》的新计划，完成了提纲和材料准备用以签订出版合同后专心致志地着手写作。这个计划分三卷，包括对传统政治经济学经济范畴的批判、对当时的社会主义者批判和对政治经济学说史本身的梳理。这就意味着，政治的、道德的和法律的批判等马克思写作《巴黎手稿》时期的构想已被正式放弃了。然而，上述计划遭到了出版商勒文塔尔的反对，他建议马克思一开始就写政治经济学说史的部分。马克思显然不能同意对提纲的上述修改，却受限于经济情况的拮据又无法拒绝乃至放弃书稿的出版。恩格斯建议马克思在必要的情况下，加上一些附加条件以同意出版商的建议，将提纲修订为四卷。[①]

从上述内容可以看出，马克思此时的批判工作不仅局限于资产阶级政治经济学，而且注意到了一些社会主义者特别是蒲鲁东的社会经济学。例如，在《伦敦笔记》的笔记本Ⅶ中，马克思针对当时经济学界讨论最为激烈的经济危机问题，着重研究了货币、信用和流通等，批判了蒲鲁东等人用资产阶级货币制度的缺陷解释经济危机，以及将资本无法兑现归因于缺乏信用等错误观点。不仅如此，《伦敦笔记》中还有摘录和评述蒲鲁东《无息信贷》的部分。马克思在这部分中着重探讨了货币和利息问题，指出蒲鲁东走向阶级调和论的原因在于对资产阶级社会的经济现象的肤浅认

---

① "如果只能这样做，那么勒文塔尔必须负责出版两卷，你也需要这么大的篇幅，一则是为了作初步的批判，再则也是为了在最终决不会按伦敦的成本价计算稿酬的情况下使你多少有些收益。而第三卷可以出《社会主义者》，第四卷出《批判》——《批判》之外可能剩下的东西——和已经非常有名的'正面的东西'，即你'本来'想写的东西。这种写法是有它的困难的，然而也有优点，就是在最后才把人们十分渴望知道的秘密揭示出来，而且是在庸人们看了三卷，好奇心越来越大之后，才告诉他们我们不是要制造莫里逊药丸。对于多少能思考问题的人来说，有前几卷的暗示，反蒲鲁东和《宣言》，就足以把他们引上正路了；至于普通的购买者和读者，如果在第一卷中就已经向他们揭示了大秘密，那他们对历史等等就不会再感兴趣；正像黑格尔在《精神现象学》中所说的那样，他们读一下《序言》，一般东西那里就全有了。"（《马克思恩格斯全集》第48卷，人民出版社，2007，第433~434页）

识。深入透视资产阶级社会的本质之后，即可发现无产阶级和资产阶级之间有着不可调和的对抗性。

进一步而言，从政治经济学批判的理论归旨来看，批判蒲鲁东主义的社会主义学说也是极为必要的。马克思于1851年曾经计划写一本批判蒲鲁东《十九世纪革命的总观念》的著作，将它发表在《革命》杂志上。尽管这一计划未能实现，① 但是能在马克思的一些通信中找到其批判思路。第一，蒲鲁东主义者既极力排斥资本又试图保留资产阶级社会，他们只铲除这种社会形式中的不良倾向和弊病。第二，"社会清算"只是通过废除利息来重建"健全的"资产阶级社会的手段。而在资本价值不断贬值的规律的作用下，资本不仅没有产生利息，甚至无法进行自身的再生产。因此，"社会清算"本身是矛盾的、不确切的，它必然会致使小的非产业资本家变成产业资本家、大资产阶级永久存在。第三，银行是蒲鲁东赖以实现一切目标的手段，他将"把资本变成现金"和"以货币形式贷出资本"两项银行业务的难易程度混为一谈。"然而最后他会发现，如果他依靠假想的一定量的货币形式的资本，在最好的情况下，也只是使资本的价格按资本的利息降低的比例提高。其结果无非是使他的证券失去信用。"② 第四，强大的工人协会是蒲鲁东依靠的组织形式，可他却没有准确地说明这一组织形式和其他具体举措之间的区别，诸如公社分享土地与房屋、工人占有工厂等。可见，蒲鲁东主义的实质是反对共产主义。

一段时期以后，马克思再次中断了政治经济学批判的写作，专门从事报刊自由撰稿人的工作。这些为美国《纽约每日论坛报》撰写的一些关于英国和欧洲大陆经济事件的评论性文章，如《工厂工人状况》《英国工厂制度》《1844年银行法和英国金融危机》《英国的贸易危机》《欧洲的金融危机》《欧洲的危机》《法国的危机》等，使他熟识了大量经济事实的细

---

① 主要原因在于《革命》杂志的停刊和没有其他的发表机会，最终完成且保存下来的是恩格斯应马克思的请求写的一篇评论，即《对蒲鲁东〈十九世纪革命的总观念〉一书的批判分析》。在这篇文章中，恩格斯对《十九世纪革命的总观念》一书作了大量的摘录和评论。

② 《马克思恩格斯文集》第10卷，人民出版社，2007，第90页。

节（尽管是被动的）。尤其是关于经济危机的分析，客观上促进了马克思政治经济学批判的实质性进展。

通过具体考察欧洲各主要国家的工业、贸易和金融业状况，详细分析英格兰银行和法兰西银行的利率变动情况，时常追踪当时作为欧洲狂热投机活动中心的巴黎证券交易所的证券涨落行情，马克思总结出，虽然资本主义在19世纪50年代发展的一个主要特点是大规模投机企业的出现和与之相联系的交易所投机活动，但绝不能像一些资产阶级政治经济学家那样将投机过度与信贷滥用归结为经济危机的根源。工商业的周期性"痉挛"和"危机仍然每隔一段时间就有规律地重新出现"，① 是资产阶级社会物质生产内在矛盾的结果。经济危机的加剧使各国政府竭力挽回资产阶级的损失，将危机的诸多恶果转嫁给工人阶级，从而恶化了后者的贫困处境。工厂主们不仅无休止地延长工作日和降低工人工资，甚至还公然违反议会通过的法令，使用童工代替成年工。这最终导致"工厂主与工人之间的对立正在迅速接近爆发真正的社会战争的地步"，② 客观上为社会变革奠定了扎实的阶级基础。

1857年经济危机的再次爆发，使马克思看到了欧洲革命新的希望，促使他立即决定撰写《1857—1858年经济学手稿》，并迅速完成了近50个印张的内容，以便在革命"洪潮"之前把一些问题搞清楚。1857年夏到1858年春的这段时期几乎是马克思一生最为高产和繁忙的时期，他在将近一年的时间内通宵达旦写了比以前更多的东西。除了《1857—1858年经济学手稿》和为《纽约每日论坛报》撰写的几十篇文章外，他还同意为《美国新百科全书》（*The New American Cyclopedia*）撰写了许多词条，还编写了3本题为《关于危机的笔记》（*Crisis Notebooks*）的摘录笔记。与以往的手稿不同，这些笔记是由大量关于当时经济危机的材料组成的，包括欧洲和北美等地经济危机的进展、贸易汇率波动、著名的破产事件和股票市场趋向等。可是，革命运动并未随着经济危机的再次爆发一并出现，这使马

---

① 《马克思恩格斯全集》第16卷，人民出版社，2007，第501页。
② 《马克思恩格斯全集》第16卷，人民出版社，2007，第116页。

克思意识到他距离完全掌握材料以彻底完成政治经济学批判还有很长的路要走,《1857—1858 年经济学手稿》也就只停留在草稿阶段。尽管如此,这部手稿仍然是马克思的思想进程中的主要著作,它不仅涵盖了整个《资本论》及其手稿中所涉及的主要思想议题,还有许多颇具价值的独特理论成果,故而成为马克思的思想取得实质性进展的重要标志,同时也为彻底清算蒲鲁东主义奠定了坚实的思想基础。

第二章　蒲鲁东论政治经济学的形而上学

蒲鲁东哲学思想的重要特点是实现形而上学与政治经济学的结合，或者说用哲学方法进行政治经济学批判。过去的研究普遍忽视或一味拔高或（完全）贬低蒲鲁东的上述理论：要么倍加推崇蒲鲁东的无政府主义思想，完全无视其经济哲学理论；要么对其经济哲学理论持有彻底否定或全部肯定的态度，轻视理论本身的具体内容。特别是马克思对蒲鲁东及蒲鲁东主义的彻底驳倒，使人们对于蒲鲁东及其学说的认识带有脸谱化的倾向，脱离具体语境而片面地引用马克思的相关语句就对其盖棺定论。事实上，政治经济学的形而上学贯穿了蒲鲁东的研究始末，他最初主张通过所有权批判，进而求得形而上学规律在政治经济学上的应用；在创立了"系列辩证法"之后，他建构了"经济进化的系列"，力图将政治经济学变为一种"在行动中的形而上学"。尽管蒲鲁东的上述思想包含政治经济学变革的要素和可能，但由于其带有强烈的观念论色彩而无法付诸实现，也必然会遭到马克思的严厉批判。

一　关于蒲鲁东经济哲学研究的学术史

首先有必要梳理一下关于蒲鲁东经济哲学研究的学术史。早在 19 世纪末，蒲鲁东就被塑造成无政府主义的先驱，包括克鲁泡特金（Kropotkin）、爱玛·戈尔德曼（Emma Goldman）、亚历山大·贝克曼（Alexander Beckman）和埃里科·马拉泰斯塔（Errico Malatesta）等在内的无政府主义者都极为推崇蒲鲁东《贫困的哲学》中所包含的互助论和无政府主义思想。然而，《贫困的哲学》中所包含的以构成价值论为"基石"的社会经济学及社会财富的分配方式，却遭到了无政府主义者们的反对或改造。与《贫困的哲学》相比,《什么是所有权》更受无政府主义者们推崇。例如,与蒲鲁东处于同一时代的约瑟夫·德雅克斯就认为产品应当归属于需要使用它的人,而不是生产它的劳动者所有;克鲁泡特金也不同意蒲鲁东平均工资的说法,他在主张房屋、田地、工厂等由私人所有转为公社或国家所有的同时,还力主废除货币、工资和贸易。

从 20 世纪初至今,国外学者对蒲鲁东经济哲学理论的研究进入了新的阶段,出现了以下两种主要研究范式。其一,苏联和东欧的马克思主义学者主导的研究,对蒲鲁东经济哲学理论基本上持否定态度。他们的研究围绕论证马克思批判蒲鲁东的合理性展开,在整个政治经济学发展史的视野下审视蒲鲁东经济哲学理论的谬误所在,并未因蒲鲁东被马克思所彻底驳倒而放弃研究其理论。比如,卢森贝在《政治经济学史》中将蒲鲁东归为与经济自由主义者对立的小资产阶级社会主义者,他从一般前提、哲学方法、"体系"及其"基石"等方面,阐述了《贫困的哲学》的经济学思想。当然,包括卢森贝在内的马克思主义者对蒲鲁东经济哲学理论的定位和甄别主要延续了列宁的如下评判:"不是消灭资本主义及其基础——商品生产,而是清除这个基础的各种弊端和赘瘤等等;不是消灭交换和交换价值,而相反,是'确立'交换价值,使之成为普遍的、绝对的、'公正的'、没有波动、没有危机、也没有弊端的东西。——这就是蒲鲁东思想。"[1]

其二,法、英、美等西方学者所开创的以蒲鲁东思想的原貌为主的研究方式,逐步从蒲鲁东的社会学、政治学和历史学思想研究,转向他的哲学和经济学思想研究。在这个过程中,一个标志性事件是 1965 年在法国巴黎举行的"纪念蒲鲁东逝世 100 周年理论研讨会"。当然,在这其中研究蒲鲁东社会学和政治学理论的学者始终居于主导地位,研究其经济哲学的人则较少。在后一方面,最具代表性的人物是法国蒲鲁东学会前主席雅恩·庞卡尔,他在《蒲鲁东——多元体制和自治》中提出用蒲鲁东的"自治社会主义"来取代公有制和私有制,以克服后两种经济制度所必然

---

[1] 《列宁选集》第 2 卷,人民出版社,2012,第 346 页。

导致的极权主义和官僚统治。直到 2009 年即蒲鲁东诞辰 200 周年，西方学者开始系统地研究蒲鲁东的经济哲学理论。最具代表性的理论成果当属法国西巴黎南戴尔拉德芳斯大学教授罗伯特·达缅所归纳的蒲鲁东思想中的三个主要经济哲学命题。①

西方学者关于蒲鲁东经济哲学理论的研究普遍是以原始文献为基础的。其中，最权威的专家皮埃尔·霍普曼（Pierre Hauptmann）通过摘引蒲鲁东生前未公开发表的若干日记和信件（其中最多的是他和格律恩的交流），对照马克思给安年科夫的回信并分析《贫困的哲学》之后，得出了如下结论：《贫困的哲学》暗藏着蒲鲁东运用"正—反—合"方法分别批判马克思、恩格斯所代表的唯物主义和格律恩、艾韦贝克所代表的人道主义。此外，在新版《蒲鲁东全集》第 1 卷下册中，编者以 "Proudhon et Marx"（蒲鲁东与马克思）为题收录了蒲鲁东阅读《哲学的贫困》法文初版所作的批注，认为这些批注兼具学术史和心理学的文献价值。应当注意到西方学者这种以原始文献为基础的研究只是一种表面上的客观，他们在态度上明显偏向蒲鲁东。比如，蒲鲁东所作的诸如"恶语中伤""无稽之谈""还是人吗"等之类的批注昭示着他已经情绪失控和出离愤怒，而西莱斯汀·布格勒（Célestin Bouglé）等编者却宣称这些批注表露了蒲鲁东在阅读过程中所产生的复杂感情。

同国外学者相比，国内学者关于蒲鲁东经济哲学理论的研究乏善可陈，普遍借鉴了苏联和东欧的马克思主义者的研究结论，以一种先入为主的、全盘否定的态度来进行相关研究。相关的研究成果也较为缺少，只有一些摘译性的文章和几部研究著述，如陈汉楚的《蒲鲁东和蒲鲁东主义》（1981）、朱进东的《马克思和蒲鲁东》（2000）等。

综观国内外蒲鲁东经济哲学理论研究，整体上呈现一种先入为主的"态度决定一切"的特点，即先有一个对蒲鲁东思想的整体态度（肯定或否定），然后再进行相关研究，最后得出的结论往往服从于那个作为前提的整体态度。有鉴于此，本书尝试以蒲鲁东的原著为基础，系统梳理他关

---

① 　参见本书 11 页注释②。

于政治经济学的形而上学的论述，力求在准确地呈现其经济哲学理论原貌的前提下给予其客观的评价。

二 哲学的实证化与社会经济学的建构

综观蒲鲁东一生的主要著作，他不仅在哲学和政治经济学之间的关系等问题上有着独特且深入的见解，而且其不同著作之间也有着密切的联系，发表时间稍后的著作往往都在解决在此之前的著作中所遗留的理论问题。按照本书的理解，蒲鲁东的《关于星期日的讲话》（1839）、《什么是所有权》（1840）、《论人类秩序的建立》（1843）、《贫困的哲学》（1846）、《社会问题的解决》（1848）和《十九世纪革命的总观念》（1849）等著作，表征着其经济哲学理论不断丰富和完善的过程：以所有权批判为核心的哲学实证化探索→系列辩证法指导下的社会经济学建构→构成价值论的实践化尝试。

早在最初介入哲学研究时，蒲鲁东就产生了一种用哲学的实证化来从根本上解决各种社会问题的构想，并将"平等"和"正义"确证为人类社会的基本原则。当他将贫困现象归因于所有权并由此导向政治经济学和法的批判时，便与其当初的哲学实证化的构想契合了起来，"第一次在哲学上采用了一种真实的方法并且用一种适当的分析法真实地说明了用直觉或摸索所永远找不到的真理"。① 蒲鲁东认为，贫困是某种导致其产生的原因的一个不公正的结果，而这个原因就是所有权。在当时，不论政治经济学家还是法学家，他们在建构各自理论时，都无一例外地将所有权当成既成事实和理论前提。换言之，政治经济学的核心就是所有权，且它不过是关于所有权的法典或惯例的集成。至于财富为何会集中在某些特定社会阶层手中，并非政治经济学家的关注点。这样就能理解旨在增加社会财富以实现社会上人人平等的政治经济学与社会贫困之间形成巨大张力的原因。所以，只要完成了对所有权的"破坏"（destruam）与"重新建设"（oedifio-abo），就能实现对政治经济学的批判。

---

① 〔法〕蒲鲁东：《什么是所有权》，孙署冰译，商务印书馆，2009，第3页。

　　据此，蒲鲁东提出要按照以下次序进行所有权批判。首先，运用反面论证法，从赞同所有权合理的两个自明性前提即"先占"（occupation）和"劳动"（travail）出发，却得出了否定所有权的结论。一是先占理论和民法授权的惯常合法性不支持所有权的天然存在，因为这些理论如同承认附属性质一样都是事先承认了财产的存在。二是劳动只能实现劳动产品的所有权，不能实现生产资料的所有权。何况一切人类劳动产品都是集体生产力的结果，也就是说，劳动对于每个人来说都是相同的，因而无法形成所有权和私有财产。其次，采取正面论证法，从逻辑上说明以正义（平等）为原则的所有权却带来了现实中的非正义（不平等），由这个矛盾推导出所有权的不可能性。最后，从正义原则本身出发，论证所有权怎样并为何存在即所有权的现实存在与逻辑不合理并存的根源，通过共产主义与所有权之外的第三种社会形式完成社会秩序重建。这就是蒲鲁东所谓的"绝对平等的体系"，"在这个体系之下，除去所有权或所有权流弊总和之后的一切现有的制度不但可以存在，而且它们本身还可以用来作为平等的工具……一个用作过渡手段的立即可以实行的体系"。①

　　建立上述体系，从根本上说要有一个哲学基础，这就是蒲鲁东所说的"系列辩证法"或"系列"定律。借鉴孔德实证主义理论中关于知识部门的三阶段说，蒲鲁东提出了"三阶段定律"，即人在认识世界的过程中要历经宗教、哲学和科学这三个阶段。与之密切相关的是系列定律，即人在上述各个认知阶段中形成的"判断"（raisonnement）组成了一个"系列"或"统一性或多样性的合题"。人们可以按照系列辩证法对论断进行归类，能纳入正确系列中的判断就是正确的判断；反之，不能纳入正确系列中的判断则是错误的判断或诡辩。系列辩证法不仅是认识的方法，因为人类为了开辟系列的理论必然要历经宗教、哲学和科学这三个时期，还是社会存在的原则，因为整个人类社会是具有同等重要地位的、彼此之间相互制约的成员所构成的特殊系列。这样，就能从系列辩证法中推导出平等，从而为建立"绝对平等的体系"找到哲学依据。正因如此，蒲鲁东将其创立

---

① 〔法〕蒲鲁东：《什么是所有权》，孙署冰译，商务印书馆，2009，第36页。

的系列辩证法称作"新的形而上学、简单明了而且有益的形而上学，不是德国的形而上学"，它"将在哲学领域掀起的革命胜于康德的哥白尼式的革命"。①

系列辩证法一经创立，便被蒲鲁东应用到政治经济学批判中。他试图将政治经济学变为与哲学密切结合的社会经济学，从而真正成为一门"在行动中的形而上学"。蒲鲁东一方面否定政治经济学的科学性，指明它自相矛盾的属性；另一方面则肯定社会经济学本身所具有的现实性、进步性和绝对确实性。他指出，作为人类劳动的产物，社会经济学既是一种形而上学，即关于理性和观念的理论，又从属于自然神学和心理学；它先是以逻辑学的形式出现，在此后的发展中又以心理学的形式出现。此外，实现整个人类的福利（包括精神自由和物质财富）这一共同目的，促成了社会经济学和哲学的结合，社会经济学中对财富生产与财富分配的各种规律的确定过程本身就是事后由果及因地创立哲学。更为重要的是，社会经济学的性质及研究对象内在地决定了它要以系列辩证法为指导原则。它是要探究社会的全部存在状态或过程，而不是片面地考察社会过去的某个具体形态或未来发展的某个趋向。它的研究对象应当囊括社会存在的全部原则，而不仅仅是某个特定时期的社会状况或秩序。通过这些原则，人们能够按照一定的进化次序将各个不同时期的社会状况集合起来，进而发现整个社会的统一性和系列关系。

按照蒲鲁东的理解，尽管政治经济学是一种自相矛盾的理论，但它与社会经济学在本质上没有区别，两者都以阐明价值规律为目的，只是在是否将这个规律付诸实践这个方面有所不同。由于政治经济学"是迄今为止对财富的生产与分配的各种现象进行观察的成果的综合，也就是对劳动与交换的最一般、最自发，因而也是最现实的形式的观察成果的综合"，② 所以，构建社会经济学要充分汲取政治经济学的有益成果。但与此同时，政治经济学的缺陷也是显而易见的，它不加批判地承认一切既有事实的合理

---

① Prodhon, *De la création de l'ordre dans l'humanité : ou, Principes d'organisation politique*, Paris, 1927, p. 5.

② 〔法〕蒲鲁东：《贫困的哲学》上卷，余叔通、王雪华译，商务印书馆，2010，第46页。

性，把社会贫富差距的极度扩大化视为一个有组织的、休戚与共的社会合理现象，将社会分裂为贵族阶级与无产阶级，并使之成为社会的终极状态。克服政治经济学的上述缺陷离不开形而上学的方法，要用这个方法来探索社会发展的永恒规律，"重新研究事实，研究经济惯例，找出它们的精神所在，阐明它们的哲理"，① 否则便会因未能获得有关社会进程的知识而无法从事任何社会改革。

在政治经济学批判过程中，蒲鲁东并未过多地强调系列辩证法的内涵，仅仅使用了一些描述性的语句，诸如辩证法的灵魂、理性的最高形式、最高级别的辩证工具等。这表明蒲鲁东的主要意图在于阐述系列辩证法在构建社会经济学过程中的具体运用与呈现，具体有以下几个方面。第一，普遍理性对人类社会起着决定作用，整个人类社会（蒲鲁东所谓的"社会天才"）本身就是受某种特殊规律所支配的、具有独特智能和活动力的、体现为其全体成员协调一致的有机统一体。第二，社会是通过普遍理性创造经济范畴的形式而不断进步的，经济范畴是普遍理性的工具及其在人类社会的具体展开。第三，每个具体经济范畴，诸如分工、机器、竞争、垄断、税收、对外贸易、信用、所有权、共产主义和人口等，都对应着特定的社会形态（阶段）。历史的演进即社会形态的更替，是通过经济范畴固有矛盾的运动来完成的，整个社会经济生活就处于"经济进化的系列"或"经济矛盾的体系"中。第四，既然社会存在的前提是普遍理性，那么"要叙述的不是那种与时间次序相一致的历史，而是与观念顺序相一致的历史"。② 在蒲鲁东看来，上述观点共同组成了构建社会经济学的逻辑顺序和理性序列的哲学方法，用这个方法进行政治经济学批判，就能完成这一学科的体系化。

三　构成价值论的各种实践化尝试

蒲鲁东的理论探索中包含强烈的实践诉求，他将"构成价值"（la

---

① 〔法〕蒲鲁东：《贫困的哲学》上卷，余叔通、王雪华译，商务印书馆，2010，第124页。
② 〔法〕蒲鲁东：《贫困的哲学》上卷，余叔通、王雪华译，商务印书馆，2010，第177页（译文有改动）。

valure constituée）或"综合价值"（la valure synthétique）视为社会经济学的基本概念和核心范畴，用整个社会经济生活所处的"经济矛盾的体系"状态，来证明这个核心范畴的科学性和实践性，进而用它来实现全部社会产品的平等自由交换。正如蒲鲁东所分析指出的，社会经济学的基石是构成价值论，即产品的比例关系理论，因为价值的构成问题是同正义、平等和公平密切相关的，"社会的公平不是别的，就是价值的比例"，"只要人们是为生存而劳动，而且是自由地劳动，公平就是博爱的条件、联合的基础；可是，如果价值不确定，公平就不仅是不完整的，而且是不可能的"。① 要言之，只要确定了构成价值，正义、公平和平等这些社会基本原则就能得以实现，自人类社会诞生之日起就困扰着它的贫困问题就能得以解决。实现构成价值的直接途径是平等交换，即"只能用产品来购买产品"或者"用产品来抵偿劳动"。

蒲鲁东指出，构成价值与古典政治经济学家所说的价值有着本质的区别，后者从未揭示价值的真正内涵，只是在简单地重述价值"天生"具有使用价值和交换价值的两副"面孔"这一事实。而一旦价值无法被确定或者尚未构成，交换价值与使用价值的关系就会一直处于变动状态，价值本应发挥的作用就会始终是不规则的。要言之，古典政治经济学理论的不合理性和非科学性，就在于它没有正确认识和解决价值的二律背反。蒲鲁东由此提出，要从使用价值和交换价值的关系，包括价值的二律背反、何为构成价值、在价值的构成中要遵循怎样的规律及这种规律在实践中的应用，来对作为社会经济学的研究对象和目的的价值进行重新定义。

蒲鲁东极为重视构成价值论的现实性或实践化，他认为该理论能被应用于社会变革的原因在于，整个社会经济生活在现实中（时间性的历史）所处的矛盾状态，也就是观念的历史中的"社会天才"确定构成价值的过程。在他看来，价值先后以使用价值、交换价值和构成价值这三种形式出现，具体表现为：使用价值在矛盾状态下产生了交换价值，这两者又相互渗透、彼此吸收从而产生构成价值，只有这第三项价值才是真正的价值。

---

① 〔法〕蒲鲁东：《贫困的哲学》上卷，余叔通、王雪华译，商务印书馆，2010，第95、90页。

从这个角度来说，观念的二律背反是全部经济学的起点，社会的进步就在于不断解决价值的构成问题。"社会天才"首先"发明"了分工范畴以解决价值的二律背反，而分工本身却又是一个真正的二律背反现象，它既能实现财富增值（"好的方面"），又会造成人类智力衰退和文化贫乏（"坏的方面"），成为贫困的根源。此时，为了在消除分工弊病的同时保留其有益的方面，社会便创造出机器这个范畴，而它又是一个新的二律背反，它在重新联结分工所造成的劳动分割的同时，产生了资本和雇佣劳动，使劳动者沦为机器的奴隶，加剧了其贫困境况。此后，社会接连创造出竞争、垄断、税收……人口，直到解决人类社会的全部矛盾为止。由于上述过程中的后一个范畴都是为了解决前一个范畴的固有矛盾而出现的，因此，只要跳回全部矛盾的出发点，按照一项统一的公式即构成价值，所有的矛盾就会迎刃而解。

这样，蒲鲁东就勾勒出一条用构成价值或者说用直接平等的交换来解决贫困问题以实现社会变革的线路，并将其作为基本理论贯穿于他之后在理论研究和政治活动中所提出的各种社会改革方案中，着力实现构成价值论的实践化和社会革命理论的系统化及两者的有机结合。蒲鲁东认为，社会革命首先是经济革命，而非政治革命；劳动和财产方面的革命的完成是政治革命的前提和必要条件。作为社会问题的王权所有权和货币的三位一体①的解决，其关键在于成立交换银行（"人民银行"）来实施无息信贷，将用于交换的全部产品都折算为银行券，人们凭借银行券各自获得所需的、与自己的产品完全等值的产品，从而实现全部社会产品的直接交换，消除通过货币进行间接交换所带来的贫困、剥削、奢侈等一系列恶果。虽然法国二月革命的失败表明反动的力量在某种程度上影响了革命，但社会的趋势仍决定 19 世纪革命的必要性。这种社会的趋势具体表现为社会的贫

① 蒲鲁东指出，货币是君主理性安排和国家的某些执政者特殊意志的产物，而剥削的根源则是货币的出现，它破坏了"只能用产品来购买产品"的规律，使产品由直接交换变为间接交换，并产生了专门从事产品交换活动的商人阶层。他们为了追求货币而任意提高产品的市场价格，这使小生产者不能用自己制造出来的某种产品的价值从市场中买回等值的产品。

困化和政府的腐败化，前者是由分工、竞争、交换、信贷和所有权等经济力量的失衡所造成的，后者则是国家支持大地产和资本的结果。

在蒲鲁东看来，解决上述问题不应诉诸联合原则和权威原则——前者不是经济力量的均衡，而是信条；后者则是专制的体现，是革命的障碍——而应诉诸互助这一新原则，并采取如下做法："第一，完全制止我们从以前的革命继承下来的瓦解倾向，并借助新原则着手清算现存的利益；第二，借助新原则来组织经济力量和建立所有权结构；第三，把政治的或政府的制度溶化、淹没和强制消失在经济制度中。"① 这就是著名的"社会清算方法"，它是让国家银行来对包括国债、抵押债务、普通债务、建筑物、地产等在内的全部社会财产进行清算，然后将信贷、所有权、分工、机器、竞争、构成价值、对外贸易等经济力量组织成为一个新的经济体系，使整个社会处于一种无政府的状态，从而真正完成革命。

四　蒲鲁东经济哲学理论的内在缺陷

不容置否的是，蒲鲁东的上述思想有其合理的与革命的一面，它指出了政治经济学的弊端，为政治经济学变革提供了一种可能。政治经济学的一个重大缺陷就在于，没有对作为其理论前提的所有权和私有财产作任何进一步的考察，而是把它们当成不言自明的、确定不移的事实。"蒲鲁东则对国民经济学的基础即私有财产作了批判的考察，而且是第一次具有决定意义的、无所顾忌的和科学的考察。这就是蒲鲁东在科学上实现的巨大进步，这个进步在国民经济学中引起革命，并且第一次使国民经济学有可能成为真正的科学。"②

事实上，马克思与蒲鲁东几乎是同时介入政治经济学批判的（蒲鲁东相对要早一些），他们都看到了相同的理论旨归、作为理论基础的社会现实能够奠定哲学和政治经济学之间结合的可能性。从某种程度上来说，马克思早期和蒲鲁东早期的政治经济学批判有着多方面的一致性，诸如关注

---

① Prouhon, *Idée générale de la révolution au XIXe siècle: choix d'études sur la pratique révolutionnaire et indus-trielle*, Paris, 1923, p. 196.

② 《马克思恩格斯文集》第 1 卷，人民出版社，2009，第 256 页。

物质利益等社会现实问题、以实现人的解放与自由为目标、批判现存的政治制度和法律制度等。正因如此，马克思最初对蒲鲁东早期的政治经济学批判理论持肯定与褒扬的态度。与此同时，马克思也认识到蒲鲁东在哲学实证化的初步尝试中的缺陷所在：一是没有厘清私有财产与异化劳动之间的关系，只是在社会异化状态范围内克服异化；二是没有看到私有财产的主体本质（劳动）和客体形式（资本）之间的内在关联，只是肤浅地将私有财产界定为劳动创造物；三是没有找到扬弃私有财产的正确道路，只是用诸如工资、商业、价值、价格和货币等私有财产的进一步形式及其现实制度作为"过渡体系"来实现社会变革，即只是在私有财产范围内扬弃私有财产。

按照马克思的理解，"自我异化的扬弃同自我异化走的是同一条道路"。① 易言之，产生异化的社会条件本身亦是扬弃异化的前提条件；作为对私有财产的扬弃，共产主义运动的前提是准确地理解私有财产的普遍本质，且需诉诸产生并促进私有财产发展的现实基础和条件。马克思曾提醒蒲鲁东应从哲学和政治经济学内在整合的可能性出发来加以批判和承认，② 蒲鲁东后来用系列辩证法构建社会经济学的做法表明他接受了马克思的建议，却也提出了与马克思相反和对立的观点："通过经济的组合把原先由于另一种经济组合而逸出社会的那些财富归还给社会。换句话说，在政治经济学中使财产的理论转过来反对财产，以便产生您们——德国社会主义者们称之为共产主义而我目下只称之为自由、平等的那种东西。"③

上述状况的产生与马克思和蒲鲁东各自介入政治经济学的方式不无相关，尽管他们的政治经济学批判都是由现实中遭遇到的实际问题引发的。其中，马克思读书、思考和写作的大概过程是：遭逢现实问题→阅读研究他人著作→对他人理论和思路进行分析批判→产生独立思想并力求更准确地将其表述出来→遭逢新的现实问题……如此周而复始。在上述过程中，

① 《马克思恩格斯文集》第 1 卷，人民出版社，2009，第 182 页。
② 〔苏〕卢森贝：《政治经济学史》第 3 卷，郭从周、北京编译社译，生活·读书·新知三联书店，1960，第 214 页。
③ 〔苏〕卢森贝：《政治经济学史》第 3 卷，郭从周、北京编译社译，生活·读书·新知三联书店，1960，第 219 页。

马克思尤为关注既有理论与他所体察到的现实之间不相吻合和相互矛盾的地方（如私有财产和异化劳动），在借助和超越他人理论的同时提升自身对各种错综复杂的经济现象的认识，使其理论更有利于社会变革。

相形之下，蒲鲁东对既有政治经济学理论的理解和把握是不全面的、不深入的。诚然，他认识到政治经济学将所有权视为理论前提的缺陷所在，较为精准地将政治经济学定义为关于所有权的法典或惯例的集合，觉察到所有权与社会现实之间的巨大"割裂"，但是，其仅仅在异化范围之内批判所有权，没有超越政治经济学所依赖的诸多前提，从而使其用一个过渡体系来解决贫困问题的构想不免具有空想的性质。伴随着蒲鲁东陷入思辨哲学的幻想，其经济哲学理论的缺点不断暴露出来，以致能够轻而易举地从中找出诸多常识性的错误。

例如，蒲鲁东认为只要确定了产品的比例关系，就能实现供求关系的均衡，但现实情况却刚好相反：稍微懂得经济学常识的人都知道，在供求关系处于均衡的状态下，任何产品的相对价值都是由包含在其中的劳动量来确定的。蒲鲁东缺乏对古典政治经济学的深入理解，他只是将分工、机器、竞争等范畴简单地排列组合一下，就宣称完成了政治经济学批判。这种简单的做法直接说明，蒲鲁东的理论水平远在古典政治经济学家之下，后者的研究材料毕竟是人的现实经济生活，而蒲鲁东的研究材料则是经济学家的教条。更有甚者，蒲鲁东还把社会经济学和构成价值论当作解决社会全部经济问题的理论基础。他甚至不关心社会现实问题在不同时期的不同特点与新的变化，只是一味地论证构成价值论的合理性和普适性。这种做法既无助于理解错综复杂的社会现实及其关系，也无益于实现社会变革。

蒲鲁东用以指导政治经济学批判的系列辩证法不免带有黑格尔辩证法的色彩，但远未达到后者透视社会现实的深度。蒲鲁东虽接受了黑格尔辩证法的如下前提，即外部世界的实在性只有通过观念的运作才能被把握，却仅将作为哲学范畴的普遍理性当作出发点而已。诸如普遍理性如何生成经济范畴、经济范畴何以能成为观念演进的社会形态的特征等一些必要的理论问题，蒲鲁东都未详加说明，"观念生成范畴"在他看来是不言自明的真理。蒲鲁东试图模仿黑格尔辩证法来创立独有的哲学，却把历史辩证法简化为善恶辩证法，将原本用于认识世界的工具变成了改造世界的手段；他不懂得社会矛盾的现实性，反而将其理解为理性系列中的固有现象，妄图通过范畴的运动而非现实的运动来消除社会矛盾。

蒲鲁东多次宣称自己是黑格尔的学生，但他缺乏黑格尔的思维方式所具有的强大历史感。不论表现形式多么抽象和观念化，黑格尔的思想发展总是与世界历史的发展相平行，尽管后者只是对前者的验证。基于这种强大的历史感，黑格尔深入资产阶级社会的内在结构，以作为伦理精神的内在规定之自由为主线，将家庭、市民社会和政治国家整合在一起（家庭包含自由的直接形式，市民社会是自由的普遍性阶段，政治国家体现普遍性和现实性的统一，是自由的实现阶段），从而形成了对政治经济学的独特见解，并使其哲学思考也具有了社会历史的规定性。历史感的缺乏使蒲鲁东犯了同古典政治经济学家一样的错误，他们都把经济范畴的关系视为永恒规律而非历史规律。这决定了蒲鲁东根本无法理解黑格尔辩证法合理性的一面，只能陷入思辨哲学的幻想之中。正是在上述意义上，马克思才在哲学和政治经济学的双重维度下批判蒲鲁东的经济哲学理论，这种批判无疑是中肯的。

第三章 政治经济学批判的哲学方法

哲学方法的不同，造成了蒲鲁东和马克思对社会经济现象理解的对立和政治经济学批判的不同路径。前者把普遍理性看作社会存在的前提，认为社会经济形态的演进是作为普遍理性的工具的经济范畴矛盾运动的结果，尝试用系列辩证法来构建一门新的社会经济学。后者则以现实的个人及其活动为起点来把握社会和历史，认为经济范畴只是特定社会时期生产关系的理论表现和暂时产物，在唯物史观的维度下有针对性地批判蒲鲁东系列辩证法，并且萌发出政治经济学研究的科学方法，沿用到《资本论》及其手稿中。观照社会经济现象的不同哲学方法的背后，是马克思和蒲鲁东对黑格尔辩证法的不同态度、把握社会现实的不同程度和社会变革方法的不同可行性，这些足以成为评判他们哲学方法的依据。

一 系列辩证法与政治经济学批判

蒲鲁东要早于马克思进行政治经济学批判，并得到了后者的认可：蒲鲁东首次对政治经济学的基础即私有财产作了有决定意义的批判性考察，这是他在科学上实现的巨大进步，足以引起政治经济学的革命，并使之有可能成为一门真正的科学。蒲鲁东此时将所有权视为政治经济学的核心和一切社会流弊的总和，认为只要完成了对它的"破坏"与"重新建设"，就能完成政治经济学批判。蒲鲁东此时的理论，是构筑在抽象哲学原则之上的，他试图寻求那些超越历史和客观事实的普遍法则来规范社会秩序、引导社会发展。在他看来，历史和客观事实对自由、平等的实现是没有任何意义的，因为社会弊病的存在已表明社会自身根本无法解决它们。只有在遵守正义原则的前提下，才能超越历史与客观事实来解决社会问题，真正实现所有人的自由、平等。基于正义原则批判所有权的前提是明确这一原则的内涵及必要性，然后再检视所有权是否符合它的要求，最后找出所有权的存在性和不合理性并存的根源，指明"重新建设"的基本方向。这些就是"形而上学的定律或公式在政治经济学、民法、政治学上的应用以及对这些科学的批判"。①

蒲鲁东虽然批判所有权与作为其现实制度保障的私有制，但本身并不排斥除私有制外的其他一切现存制度。在他所谓的"绝对平等的体系"中，这些制度不仅能够存在，而且还可被用作实现平等的工具。建立这样的体系要有新的哲学方法即系列辩证法，后者既是认识方法又是存在原则，因为社会本身是一个由相互之间平等的且具有同等重要地位的成员所构成的系列。蒲鲁东赋予系列辩证法以最高的哲学法则地位，例如，它是最高级别的辩证工具，哲学的最后一个步骤就是按自然类别把各种观念组成系列；它又是理性的最高形式，任何事物只有被纳入系列中才可以被称为"理性的"；等等。

在系列辩证法的"指引"下，蒲鲁东转变了对政治经济学的总体看法，他在继续批判政治经济学的同时，看到了其进步性，即它与哲学之间有着某种内在关联，尽管这种关联是通过社会经济学来实现的。蒲鲁东认为，社会经济学与哲学之间的一致性表现在如下几个方面：一是形式的一致性，社会经济学最早以哲学的形式出现，具体表现为逻辑学与心理学；二是目标的一致性，两者都是为了实现全人类的包括物质财富和精神自由在内的福利；三是方法的一致性，上述目标的实现必然离不开形而上学，因为后者是确定规律的根本方法。政治经济学和社会经济学在本质上是没有任何区别的，仅在是否"行动"方面有所不同：前者是使人们认识到价值规律的各个矛盾，后者则在阐明这个规律的同时使其在各方面付诸实现。蒲鲁东由此总结指出，政治经济学是一切学科中最适于实践的一门，若用形而上学方法将它改造或重组，就能使其成为一种"在行动中的形而上学"。

蒲鲁东论证的重点不是系列辩证法的具体内涵和作用，而是它在社会经济学中的具体运用与呈现，即揭示"经济进化的系列"或"经济矛盾的

---

① 〔法〕蒲鲁东：《什么是所有权》，孙署冰译，商务印书馆，2009，第3页。

体系"。具体而言有以下几点。

第一，普遍理性对人类社会起着决定作用。"社会天才"看似在自发地、无目的地前行，实则有着明确的目标即不断进步。有目的性就表明社会的背后必然有着某种外在的动力或"最高意志"即普遍理性。普遍理性是一个认识社会规律的实证概念，而非经由演绎、归纳或综合得出的先验概念。

第二，"社会天才"（"集体的人""普罗米修斯"）是通过普遍理性创造经济范畴的形式而不断进步的。反过来说，经济范畴是普遍理性在社会中的具体展开。"社会天才"所要解决的首要问题是在创造和发明各种经济范畴的过程中，在供给和需求的不断波动关系中确定劳动所创造出来的产品的价值。这个价值既不是使用价值，也不是交换价值，而是作为两者综合的构成价值。换句话说，使用价值在矛盾状态下产生了交换价值，这两者又相互渗透、彼此吸收而产生构成价值。

第三，社会经济形态的演进是经济范畴矛盾运动的结果。为了解决价值的构成问题，"社会天才"先后创造出分工、机器、竞争、垄断、税收、对外贸易、信用、所有权、共产主义和人口等经济范畴。它们本身都是"真正的二律背反"现象，有着"好的方面"和"坏的方面"，后一个经济范畴始终是为了解决前一个经济范畴的固有矛盾而出现的，直到最后一个经济范畴为止。整个社会就在不断解决二律背反的过程中，实现了不同经济形态之间的更替，每个经济范畴对应着一个社会阶段。

第四，经济范畴的固有矛盾是不可避免的，它所反映的是观念与现实之间的矛盾，即以平等原则为前提的经济范畴在现实中却造成了不平等与贫困。不能通过消灭经济范畴来解决矛盾，而是寻求一项统一的公式。这个公式就是价值的构成规律，因为当"走向"矛盾尽头的时候，人们就会发觉一切矛盾都是由价值的二律背反引起的，只要跳回原点就可解决全部的矛盾。

第五，"要叙述的并不是那种与时间次序相一致的历史，而是与观念顺序相一致的历史"。① 由于上述经济范畴在逻辑上的同时性和现实上的混

① 〔法〕蒲鲁东：《贫困的哲学》上卷，余叔通、王雪华译，商务印书馆，2010，第177页（译文有改动）。

乱性，政治经济学难以将它们系统整合起来。只要通过系列辩证法重新梳理各种经济范畴的逻辑形式和现实样态，就能掌握经济理论的逻辑顺序和理性序列。

第六，实现政治经济学与社会主义学说的合题。既然社会的发展取决于普遍理性，而理性判断往往是以既有的经验事实为依据，那么，作为对经验进行总结的科学有权参与社会的治理与改革。政治经济学和社会主义学说是互相对立的且都自认为科学的理论。正确的做法是认清它们的进步性和局限性，存利去弊。

二 唯物史观视野下的系列辩证法批判

蒲鲁东的上述哲学方法显然是对思辨哲学与黑格尔辩证法的一种简单应用，远未达到后两者透视社会的深度。蒲鲁东尽管自以为已经克服了思辨哲学忽视经验事实的缺陷，但是本身没有意识到其已经沦为"唯心主义经济学的最新的体现者"。① 众所周知，思辨哲学摒弃了启蒙哲学的理性批判原则，重新赋予理性以批判和解释世界的能力，用一套概念框架整合各种感性知识，使之上升到知性和理性认识的层面。思辨哲学认为，外部世界的实在性恰是以观念的形式向人类呈现的，它只有通过观念的运作才能被把握。蒲鲁东虽然接受了思辨哲学的上述理论前提，但只是将普遍理性当作起点而已，其构建的"经济进化的系列"毫无逻辑和现实性可言。普遍理性怎样"生成"经济范畴？不同的经济范畴缘何能成为观念演进的社会形态的特征？"与观念顺序相一致的历史"有何存在依据？……蒲鲁东对这些问题的回答都是含糊不清的，"理性产生观念"被他视为不言自明的真理。

马克思并未从思辨哲学和黑格尔辩证法本身出发，来驳斥蒲鲁东的这些"冒牌的黑格尔词句"，② 而是基于新的哲学方法即唯物史观展开批判；它不是马克思通过对基本概念或观点进行概括、推演的形式来完成的，而是根植于现实和历史的深邃哲思。一是对社会和历史的前提的理解，即

---

① 《马克思恩格斯全集》第 25 卷，人民出版社，2001，第 426 页。
② 《马克思恩格斯文集》第 1 卷，人民出版社，2009，第 598 页。

"活着的"现实的个人，而非"僵死的"普遍理性。社会是现实的个人之间相互活动的产物，它的发展与个人的发展是紧密相连的。历史，即社会的结构及其运动，是由个人生产范围的扩大、个人生产活动之间的联系所构成的。二是对社会历史结构的揭示，即生产力→生产关系（生产、交换和消费形式）→市民社会（社会制度、相应的家庭、等级或阶级组织）→政治国家。个人生产活动之间的联系构成社会的结构及其运动，决定了整个现代社会制度就处于普遍联系之中。三是社会变革方式的呈现，即诉诸"行动"而不是头脑中的观念。社会形态的演进和更替不是观念的推演，而是真实的社会运动。社会的变革只有通过作为"消灭现存状况的现实的运动"的共产主义方可实现。用各种范畴在"头脑中奇妙的运动"① 来代替社会变革的现实运动，注定会失败。

基于唯物史观的维度，马克思从七个方面驳斥了蒲鲁东的系列辩证法，而且这"七个比较重要的说明"② 与系列辩证法在社会经济学中的具体运用几乎是一一对应的。这体现了马克思批判的针对性与深刻性，他是在完全理解系列辩证法实质的基础上展开批判的。

第一，逻辑范畴和黑格尔辩证法的实质。逻辑范畴能够进行自我设定的原因就在于其纯粹性，除其自身外没有与之合成的主体和与之对立的客体，这决定逻辑范畴只能围绕自身不停颠倒。逻辑范畴没有呈现具体事物的多样性，它离事物的现实样态越来越远。如果把逻辑范畴的展开过程"颠倒过来"，诸如房屋之类的事物就会被逐步抽象为"物体"、"空间"和纯粹的"量"。以此类推，人或事物等一切主体在被抽去全部有生命的或无生命的"偶然性"后只剩下了作为"实体"的逻辑范畴。可见，黑格尔辩证法不是对整个世界进行分析，而只是抽象。黑格尔辩证法尚且如此，蒲鲁东依法"炮制"的"经济进化的系列"更是漏洞百出，只不过是将人们所熟知的经济范畴用哲学语言加以修饰和编排次序而已。蒲鲁东试图用二律背反解释社会经济的现实运动过程，但只是描述了经济范畴的

---

① 《马克思恩格斯文集》第 10 卷，人民出版社，2009，第 51 页。
② 《马克思恩格斯文集》第 1 卷，人民出版社，2009，第 598 页。

"好的方面"和"坏的方面",即最简单形式的正题和反题,与真正的辩证法相差甚远。以哲学家自居、宣称用哲学方法解决贫困问题的蒲鲁东,呈现给人们的却是哲学上的极度贫乏。

第二,经济范畴只是社会生产关系的理论表现。社会生产关系的历史性和暂时性,决定了经济范畴只是历史的暂时的产物。蒲鲁东不仅将两者的关系颠倒了,还错误地把经济范畴视作永恒的事物。

第三,社会形态必然依附于整个社会有机体之上。在每个特定的社会形态中都会形成相应的生产关系,它们"都形成一个统一的整体",即"一切关系在其中同时存在而又互相依存的社会机体"。① 而作为社会生产关系的理论表现的经济范畴,如分工、竞争、垄断和所有权等,也作为其中的环节在同一个具体社会形态中构成了有机统一体,不能成为某个特定社会阶段的直接表征。诚然,蒲鲁东也将社会作为整体等同视之。但是,这个整体始终是抽象的而非具体的社会形态。在蒲鲁东的"经济矛盾的体系"中,每个经济范畴之间是逐一"生成"的关系。一旦涉及对特定社会形态的具体考察,他就只能诉诸其他的特定社会形态,以及决定着经济范畴的社会生产关系加以说明。可是,此时这些社会生产关系在"与观念顺序相一致的历史"中尚未生成。蒲鲁东的错误在于,将原本处于社会有机体中的各个环节,割裂为同等数量依次出现的不同社会形态。殊不知,单凭运动、顺序和时间的唯一逻辑公式,根本不能说明社会有机体的存在状态,只会使人们对社会的认识滞留于孤立的抽象层面。

第四,经济范畴本身固有矛盾的"矛盾"。"好的方面"和"坏的方面"共同构成了每个经济范畴所固有的矛盾,用一个范畴消解另一个范畴的矛盾的做法不仅会陷入矛盾的无限循环中,还会由于消除"坏的方面",切断真正的辩证运动即两个对立方面的共存、斗争与融合。以奴隶制为例,按照蒲鲁东的思路,只能用折中的办法,寻找自由和奴役之间的平衡来解决这个问题。然而,自由和奴役之间的对抗是奴隶制自身的产物。这就意味着,只有通过消灭奴隶制的现实运动,诉诸构筑于一系列现实条件之上的行动,才

---

① 《马克思恩格斯文集》第 1 卷,人民出版社,2009,第 603、604 页。

可以让奴隶真正获得自由。就当时的情况而言，难以达成上述条件，① 因为"直接奴隶制是资产阶级工业的基础""没有奴隶制，北美这个进步最快的国家就会变成宗法式的国家……消灭奴隶制就等于从世界地图上抹掉美国"。② 究其实，黑格尔辩证法作为一种认识世界的方式，具有一定的合理性。蒲鲁东却将它稍加修饰就用来改造世界，显然是无稽之谈。

第五，历史的真正起点是现实的个人。"与观念顺序相一致的历史"若能成立，便会推论出"不是历史创造了原理，而是原理创造了历史"。若进一步追问为何某个特定的原理会出现在特定的时期，就需研究这些特定时期的人们的生活、需要、生产力水平和相互关系。这就是说，即使存在观念上的历史，其前提也是探究现实的和世俗的历史。只要理解了现实的个人在社会历史中的双重地位和作用，把这些人"当成他们本身历史的剧中人物和剧作者"，③ 便会发现蒲鲁东已经与历史的"康庄大道"渐行渐远。

第六，"与观念顺序相一致的历史"的虚构性。经济范畴本身固有矛盾的运动所导致的"矛盾"，使蒲鲁东只能寻求一个公式"跳"出一切矛盾，并最终用"天命"来解释历史。但天命终究只是一种解释历史的方式，与真实的历史之间不能画等号。这种做法仅仅强调将历史的结果当作事实与前提，完全忽略了产生这个结果的原因；其危害在于把各个历史时期人们的不同需求和生产资料全部当成依天命行事，割裂了旧生产力所取得的产品与新生产资料之间的有机联系。例如，倘若用蒲鲁东的天命历史观审视苏格兰圈地运动，不管羊群赶走人是怎样产生的，它始终是苏格兰地产制度的目的性结果。事实上，从英国工业的发展到羊毛的销量和需求量剧增，再到地产集中与耕地变为牧场，直至小农庄被消灭及租佃者离开

---

① 正如恩格斯所说："直至北部开始生产供输出用的谷物和肉类，并且成为工业国，而美国棉花的垄断又遇到印度、埃及、巴西等国的激烈竞争的时候，奴隶制才有可能废除。而且当时，奴隶制的废除曾引起南部的破产，因为南部还没有以印度和中国苦力的隐蔽奴隶制代替公开的黑人奴隶制。"（《马克思恩格斯文集》第 1 卷，人民出版社，2009，第605 页）事实上，始于 19 世纪初的美国废奴运动，历经半个多世纪才最终通过南北战争得以实现。

② 《马克思恩格斯文集》第 1 卷，人民出版社，2009，第 604～605 页。

③ 《马克思恩格斯文集》第 1 卷，人民出版社，2009，第 608 页。

家园，这些环节对于苏格兰地产制度的形成来说是缺一不可的。当然，对蒲鲁东天命历史观的否定，绝不意味着拒斥平等观念，而是批驳把天命当作实现平等所必须遵循的方式。

第七，合题的实质是一种合成的错误。理论是社会现实的产物与时代的"印记"，纷繁复杂的时代背景造就了充满差异的、形式多样的政治经济学理论和社会主义学说（见表3-1），它们在各自领域内尚且无法达成统一，理论领域之间的合成就更无从谈起了。一方面，蒲鲁东将他所认为的"好的方面"即政治经济学阐释的经济范畴的永恒性，以及所谓"坏的方面"即社会主义学说揭示的社会贫困现象，直接并为一个合题，没有看到产生这两者之间对抗的具体过程与现实因素。另一方面，蒲鲁东企图以科学权威为靠山，简单地以为运用科学公式就能解决资本主义生产关系中的对抗，完全忽视了变革社会的现实运动。自认为同时批判了资产阶级政治经济学和社会主义的蒲鲁东，其实远在这两者之下。"他希望充当科学泰斗，凌驾于资产者和无产者之上，结果只是一个小资产者，经常在资本和劳动、政治经济学和共产主义之间摇来摆去。"①

表3-1 形式多样的政治经济学理论和社会主义学说

类别	阶级属性	具体派别		形成的时代背景及条件	解决对抗性的方式
资产阶级政治经济学家	资产阶级的学术代表	宿命论	古典派	资产阶级同封建残余作斗争，并以迅速提高生产力、发展新的工商业为目的	以研究经济规律、实现财富增长为己任，漠视对抗性的存在且将其视为"分娩的阵痛"
			浪漫派	资本主义迅速发展时期，资产阶级与无产阶级处于对抗状态，财富增长与贫困加剧相伴而生	以饱食者的姿态去关注财富最大化的实现，将劳动者视为制造财富的"活"机器
		人道学派			尝试缓和对抗，建议资产阶级节制生产，无产阶级要安分守己
		博爱学派，即完善的人道学派			否认对抗的必然性，寻求将理论付诸实践的途径，以实现人人平等享有社会财富为目标

① 《马克思恩格斯文集》第1卷，人民出版社，2009，第617页。

续表

类别	阶级属性	具体派别	形成的时代背景及条件	解决对抗性的方式
社会主义者和共产主义者	无产阶级的理论家	空想主义者	社会生产力、无产阶级均未能充分发展，阶级斗争尚未具有政治性	竭尽所能探求一种革新的科学，但并未认识到阶级对抗可以成为社会变革的力量，只是把贫困视为无产者的现实处境
		科学的革命者	生产力的普遍发展、世界性的普遍交往的逐步形成，无产阶级的斗争日益明显	认为贫困能够推动推翻旧社会革命的产生，倡导采取社会革命的方式解决这种对抗

三　政治经济学研究的科学方法

马克思对蒲鲁东的批判一直持续到《资本论》及其手稿的创作过程中，诸如"逻辑范畴无法再现具体现实的真正进程""历史的真正出发点是现实的个人""经济范畴只是社会生产关系的理论表现"等批判性论断，作为唯物史观的具体运用，萌发出政治经济学研究的科学方法。

其一，在社会中进行生产的个人及其在一定社会关系中进行的物质生产，是政治经济学研究的起点。孤立的个人在社会关系之外从事生产活动是不可能的，个人始终是历史发展的结果：在最初的家庭、氏族和各种形式的公社中，从事生产的个人是非独立的和始终属于一个较大整体的，社会关系始终是个人的内在规定；只有到了18世纪的市民社会中，各种社会关系在个人那里才表现为外在的必然性，成为个人实现其私人目的的手段，只要个人尽量凭借货币的力量支配产品就能从社会中独立出来，并在一定程度上支配资本主义生产方式。包括斯密和卢梭在内的18世纪思想家一般都把从政治共同体向市民社会发展步骤中产生出来的历史的近代人表述为脱离历史和现实的，生来就享有自由、平等、财产和人身安全等权利的自然人。

到了19世纪，市民社会完全被资本统摄起来，个人完全内化于其中，成为整个资本主义生产方式的附属物。个人在现实中的物质生产是如何运行的（资本主义生产方式）应当成为首要的研究对象。自然人只存在于理论和法律意义上，个人实际上成了由商品、货币和资本所产生的运动形态的承担者。作为经济学家的蒲鲁东的错误就在于将过时了的自然人性论引入政治经济学批判中，他采用编排神话的方式，把包含从事生产活动的现实的个人之间错综复杂的关系的社会比作"普罗米修斯"，"来对一种他不知道历史来源的经济关系的起源作历史哲学的说明"，"再没有比这类想入非非的陈词滥调更加枯燥乏味的了"。①

其二，政治经济学研究的正确叙述方法在于从一般的抽象规定到再现具体本身的产生过程。研究方法和叙述方法是既有区别又有联系的：前者与具体到抽象的过程相关，主要包括充分占有材料、分析研究对象的各种发展形式及其内在关联等步骤；后者则是适当地叙述现实的运动，并以研究方法为基础从抽象上升到具体。从现实的个人及其物质生产活动出发研究政治经济学，有两种叙述方法：一是逐层剖析具体实在并找出一些有决定意义的一般的关系，如劳动、分工、价值和货币等，将上述事物之间的相互联系作为社会经济的运行规律，指导国家政策的制定；二是从抽象上升到具体，即"抽象的规定在思维行程中导致具体的再现"，这才是"科学上正确的方法"，② 它实现了思维与存在、逻辑与历史的统一，因为一般的抽象规定所具有的历史性只有在现实的历史关系中才能显现。以此反观蒲鲁东的政治经济学研究，虽然以作为一般抽象规定的经济范畴为起点，甚至曾花费大量篇幅来讨论思维和存在的关系，③ 但完全忽略经济范畴在不同社会形态中的差异，乃至将它们当作永恒观念推广到一切社会形态中，因而无从实现逻辑与历史的统一，只能在头脑里建构的"与观念顺序相一致的历史"中徘徊。

其三，政治经济学研究中要正确把握作为一般的抽象规定的经济范畴与具体现实之间的关系。具体包括简单范畴和具体范畴的优先性、经济范畴与现实的历史进程是否一致、经济范畴能否适用于一切社会形态以及如

---

① 《马克思恩格斯文集》第 8 卷，人民出版社，2009，第 6 页。
② 《马克思恩格斯文集》第 8 卷，人民出版社，2009，第 25 页。
③ 〔法〕蒲鲁东：《贫困的哲学》下卷，余叔通、王雪华译，商务印书馆，2010，第 629 ~ 647 页。

何把握经济范畴的发展。在马克思看来，社会形态越复杂、越发达，比较简单的范畴就越有可能得到深度和广度上的充分发展，而比较具体的范畴的发展则可能与之相反。抽象的经济范畴只有在特定历史条件下才具有充分适用性，同一个经济范畴在不同的社会形态中有着质的差别。同一个经济范畴在不同社会形态中的地位是不同的，经济范畴在历史上发挥作用的次序是它们在近代资产阶级社会中相互关系的颠倒形式。

马克思由此总结指出，政治经济学的分篇不应以经济范畴的历史作用先后为序，就像蒲鲁东所做的那样，而应采取新的结构，即其在《〈政治经济学批判〉导言》中所说的"五篇"结构。[①] 其中，"一般的抽象的规定"是指在社会诸形态中处于从属地位的，包括占有、交换、交换价值、货币、劳动一般等在内的基本范畴。随着近代资产阶级社会的形成与发展，上述范畴作为社会现实的抽象的属性愈发明显，最终被政治经济学阐述出来。由于这些基本范畴依附于近代资产阶级社会中，所以研究它们对于理解近代资产阶级社会具有重要的作用。马克思基于此将资本、雇佣劳动和土地所有权，确证为形成近代资产阶级社会内部结构及其基本阶级所依据的范畴，然后再研究国家、对外贸易和世界市场。这显然要比蒲鲁东那种把经济范畴当成永恒观念的纯粹抽象分析更具有现实意义。

四 把握现实及解决问题的不同程度

如何理解社会历史和经济范畴，构成了马克思和蒲鲁东在政治经济学的哲学方法方面的主要分歧点。正是蒲鲁东哲学方法的转变颠覆了马克思对他的评价，从最初的政治经济学的革命到"可笑的哲学"。出于对所谓物质利益所带来的"苦恼的疑问"的关注，马克思逐步由"副本批判"转向"原本批判"，在此基础上完成了对思辨哲学的厘清与超越。相形之下，蒲鲁东先是立足于解决贫困问题，通过批判所有权的方式完成政治经济学批判，随后却偏执于运用思辨哲学的方法重新建构一门新的社会经济学。马克思深刻认识到，蒲鲁东一方面只是肤浅地理解了科学辩证法，另一方

---

① 参见《马克思恩格斯文集》第 8 卷，人民出版社，2009，第 32 页。

面却"赞同思辨哲学的幻想",① 因为他把经济范畴错误地理解为永恒范畴,而不是一定的生产关系的理论表现。

众所周知,黑格尔辩证法是以强大的历史感为基础的。马克思并不否认这一点,特别是它作为解释世界的工具的合理性。马克思主要是批判它在物质利益问题面前的软弱性:从最初批判黑格尔将市民社会和政治国家的现实关系头足倒置的做法,到直指黑格尔所描绘的历史辩证运动只是对现实运动的抽象且思辨的表达,再到揭示思辨结构的秘密;最后到尝试离开思辨的基地来解决思辨的矛盾,着力解决自我意识如何展开同外部世界的关系问题,指出唯有以现实的个人为起点的唯物史观,才能从根本上扬弃与超越思辨哲学。在批判黑格尔辩证法的同时,马克思始终没有否定它所包含的合理因素,指出"黑格尔常常在思辨的叙述中作出把握住事物本身的、现实的叙述";② 黑格尔辩证法的伟大之处是"抓住了劳动的本质,把对象性的人、现实的因而是真正的人理解为人自己的劳动的结果";③ 等等。相形之下,蒲鲁东始终不加分辨地模仿和应用思辨哲学,从最初的用哲学实证化来解决现实问题,到模仿康德二律背反的手法来批判所有权,再到借鉴孔德和黑格尔"发明"出系列辩证法,将其直接套用到政治经济学中。除了用黑格尔的"矛盾"作为阐发手段来代替康德所无法解决的二律背反之外,没有任何实质内容的变化。

马克思和蒲鲁东对思辨哲学特别是黑格尔辩证法的不同态度,决定了他们把握社会现实的程度和政治经济学研究的理论深度。马克思从解决物质利益所带来的"苦恼的疑问"着手全面清算思辨哲学,逐渐介入政治经济学领域,不断贴近真正的社会现实。在分析私有财产的进一步形式时,马克思看到了工人创造的财富越多反而越贫困的事实,揭示出劳动异化及其四个规定,积极探寻扬弃私有财产和劳动异化的出路。在剖析具体的经济范畴时,马克思揭示了社会历史的真实结构,从人本身出发来阐述人与人的关系以及社会现实的运动过程,同时超越了李嘉图从物的角度来把握

---

① 《马克思恩格斯文集》第 3 卷,人民出版社,2009,第 19 页。
② 《马克思恩格斯文集》第 1 卷,人民出版社,2009,第 280 页。
③ 《马克思恩格斯文集》第 1 卷,人民出版社,2009,第 205 页。

社会现实和黑格尔将社会描述为观念的自我运动的做法。反观以社会现实的洞察者自居的蒲鲁东，居然将社会历史的过程同所谓观念演进的顺序直接等同起来，用不同的经济范畴直接指称特定的社会经济形态，完全无视经济范畴背后的社会生产关系总和的有机统一。蒲鲁东虽然看到了资本本身无法创造财富和资本家无偿占有工人劳动产品的事实，但无法找出导致这些事实的真正根源，只能诉诸普遍理性，苦苦追寻所谓科学的公式，在政治经济学和社会主义的各种派系与学说之间来回摇摆。

马克思和蒲鲁东的政治经济学批判有相似的理论旨向，即基于社会现实的认识探寻社会变革的方向，进而实现人的自由全面发展。不同的是，马克思在唯物史观维度下进行政治经济学批判，论证了作为"消灭现存状况的现实的运动"的共产主义的必要性；蒲鲁东则致力于思辨哲学的实证化，用系列辩证法改造政治经济学，通过财产或福利的平等来真正实现人的自由。蒲鲁东以为只需找到感性世界背后的社会活动规律，就能彻底解决各种社会问题，所以，他反对任何形式的社会政治革命，特别是组织劳动和工人运动。政治革命或"行动起来"被蒲鲁东视为对私有财产的"屠杀"，会毁掉社会变革的物质基础，用"文火烧掉"私有财产更为妥当。上述做法在马克思看来是不可取的，变革社会的共产主义运动需要同时满足如下条件：生产力的普遍发展、世界性普遍交往的形成和占统治地位的民族"一下子"同时行动。否则，社会变革就会是不彻底的，整个社会或是由于极端贫困而"复燃"各种旧的制度，或是由于普遍交往的尚未建立而让共产主义只能在部分地域范围内实现。这样看来，马克思和蒲鲁东的政治经济学的哲学方法的归旨——前者超越解释世界的思维框架，在深度把握社会现实的基础上提出"行动起来"改变社会；后者则偏执于思辨哲学的思维方式，主张依靠理论来完成社会变革——之间的优劣，不是很容易就能分辨出来的吗？

第四章　棱镜中的所有权问题

　　"什么是所有权"这个问题使许多思想家困惑莫解，时至今日仍为国内外学界讨论的热点话题。关于所有权问题的持久讨论背后蕴含现代社会的性质与根基的争论，它贯穿整个近现代西方思想史中，成为任何从事哲学、法学、政治学和经济学研究的思想家都绕不开的环节，马克思、蒲鲁东和埃德加·鲍威尔也不例外。在破解所有权的"斯芬克斯之谜"时，蒲鲁东主张重塑正义这一超越历史和现实之外的普遍法则来规范社会秩序和引导社会发展，因为作为一切社会流弊总和的所有权的存在，恰恰表明社会自身无法解决它。埃德加·鲍威尔却认为蒲鲁东没有认清贫困与所有权在整体上的内在统一性与存在的合理性，只是站在维护无产者利益的立场上空喊正义、平等的口号。在肯定蒲鲁东所有权批判的革命性意义和批判埃德加·鲍威尔曲解蒲鲁东本意的同时，马克思指出作为所有权现实形态的私有财产导致了人的自我异化，唯有通过变革现实的共产主义运动才能实现私有财产的积极扬弃。

一　所有权问题的思想史谱系

　　在具体探讨相关问题之前，本书认为有必要先对所有权理论的思想史作简要回溯。综观西方思想史中的所有权理论，其实质是论证从"占有"（Besit）到"领有"（Aneignung）再到"所有"（Eigentum）的实现过程，或言之，所有权就是让人们对物的占有事实由自然状态转化为权利状态。其中，"占有"是指只能使用而不能随意支配和转让某物；"领有"是在对某物长期的、实际的、有效占有的基础上将本不属于自身的这一物品据为己有；"所有"则是对某物拥有绝对的支配权与排他权，即能够占有、使用和转让它。

所有权理论最早可以追溯到罗马法时期，但它不是现代法权意义上的概念，而是受"先占"原则决定的概念。"先占"顾名思义就是最先占有，即通过占有无主物以取得该物的所有权，它属于法的关系下的占有行为。自近代至 19 世纪初期，西方思想史中的所有权理论呈现"百花齐放、百家争鸣"的局面，其发展大致可分为四个阶段。一是以格劳秀斯、普芬多夫和霍布斯等为代表的近代最早说明所有权的阶段，他们将所有权确立为人类社会的基本原则，阐述所有权从自然权利向社会权利的转变过程。二是以洛克和斯密等为代表的论述所有权正当性的阶段，前者将正当性源自劳动的所有权视为个体自由和社会权利的基础，后者则把劳动一般看作财富的本质，从经济学的维度与洛克相呼应。三是以卢梭等为代表的对所有权的批判和反思阶段，他们开始认识到所有权与社会贫困之间的巨大矛盾和对抗，将所有权归为不平等和贫困等一系列社会问题的深层症结。四是以康德、黑格尔等为代表的德国古典哲学家批判和反思所有权所达到的新思想高度阶段。其中，康德以理性概念为基础讨论了所有权的理论根据，由此论证了国家的正当性前提在于保护所有权，指出较以理性人格为基础的所有权机制而言，国家乃是保护该权利的二级机制；黑格尔则以理性和意志结合的人格概念通过历史的方式展示所有权的形成和演进，在更加开阔的历史视野下讨论了现代性的展开过程。

总体而言，以肯定或批判所有权为前提，上述四个阶段的思想家就所有权的本质和基础、不平等的根源及其解决出路等基本问题展开了一系列讨论，并在马克思、蒲鲁东与埃德加·鲍威尔的争论中达到了高峰。为了清楚呈现这一思想史背景，选取上述四个阶段中部分思想家的观点，以表的形式展示（见表 4 - 1）。

表 4 - 1 四个阶段中部分思想家的观点

思想家	所有权的本质	所有权的基础	不平等的根源	不平等的出路
洛 克	个人自由和权利的首要基础，由自由平等原则产生的自然权利	自然状态下的劳动和社会状态下的先占权及法律	与所有权无关的公民个人问题	运用政府职能对这种已有状况加以确认和保护

思想家	所有权的本质	所有权的基础	不平等的根源	不平等的出路
斯 密	神圣且又不可侵犯的自然权利	劳动和劳动所有权	没有探讨	用劳动创造财富来消灭不平等
卢 梭	一种协议和人为制度，穷人与富人订立的"契约"	劳动使连续占有变为私有	财产的私人占有	以社会契约建立的"公共大我"来消除不平等
康 德	人对物的占有，看似权利在物中，实则在于人与人的社会关系	先天依据法权行为	理智、勤奋和命运	没有具体说明
黑格尔	自由最初的定在，人唯有在所有权中才能真正作为理性存在	建立在契约的社会秩序上，穷人们被胁迫进入这个契约	社会政治秩序	以"国家的普遍行动"实现"道德政治"和"国家善治"的统一

　　由此不难看出，上述所有权理论的核心问题就在于：既然自由和平等作为人类社会的根本原则，那么所有权是否根据上述原则而产生？如果是，那么人类社会中出现的不平等的状况（即财富和贫困的对立与共存）该如何解决？这种不平等的现状与所有权是否有着必然联系？如果不是，所有权又是如何产生的？它的合理性依据在什么地方？不平等又是如何产生的？究竟该如何解决不平等问题，实现自由平等？……上述问题共同构成了马克思、蒲鲁东、埃德加·鲍威尔探究所有权问题的思想背景。

　　需要指出的是，政治经济学领域内有关所有权的讨论与所有权理论的发展是同步的，以格劳秀斯为代表的关于所有权的自然权利和社会权利双重属性的论述、以洛克为代表的用劳动和占有为基础而构建的所有权理论等，为现代财富的动力机制提供了合理性依据。具体而言，国民或公民个人在法律上具有创造与自由支配财富的权利，这个权利同自由权、平等权和人身安全权一样是自然权利，它在形式上可被分为占有权、使用权、转让权和用益权等，并且作为现代文明的基本规则，支撑着现代财富和政治经济学的发展。由此可见，政治经济学不是全部谈论诸如财富增长、利益分配、货币交换、贸易自由之类的经济事务，而是要在政治上对国家这一共同体形式进行"解剖"，要探讨政治经济学如何成为一门科学。

研究国民财富的性质和原因，就是要强调它是经济学家、政治学家、法学家乃至哲学家共同来研究的一门学问。因此，从法学与经济学的双重维度来批判所有权在某种程度上是必然要遵循的方式。蒲鲁东正是这样去做的。

二　所有权批判及"批判的批判"①

在蒲鲁东看来，思想家们确证所有权的方式不外乎以先占为基础的公权和以劳动为基础的自然权这两类，它们非但不能成为所有权的有效基础，反而会推导出否定所有权的结论。与其这样，倒不如提出一个直接的口号，即"所有权就是盗窃"，更为合适些。为了支持这一"革命的想法"，蒲鲁东做了如下论证：根据作为人类社会普遍原则的正义来纠正普遍谬误。具体而言，人们在进行推理时既依靠理性又不自觉地受习惯所影响，后者作为一种不完全的观察通常提供的是错误的次要法则，进而形成错误偏见和不能克服的普遍谬误。这种偏见因强烈的先入为主色彩而使人们不自觉地维护它，甚至以其为前提来说明和论证一切事物。尽管存在偏见和普遍谬误等诸多后果，但它们不能完全摧毁正义原则，因为正义原则可被用以规范一切社会事务，包括消灭特权、废除奴隶制和实现权利平等。

正如蒲鲁东所说："正义，再没有别的东西，这就是我的论证的始末；我把治理世界的任务留给别人去做。"② 导致社会贫困的根源不是政府的软弱、阴谋叛乱、愚昧无知和普遍腐化，而是对正义的定义、原则、特征与公式等的模糊或错误理解。历史经验表明，尽管人们总是在特定的时期不断修正对正义的理解和应用，但仍不可避免地存在各种误解，且皆用人的偏见代替正义。1789 年法国大革命确立的各种法律条目只是在形式上以平等为原则，但实际上却是以等级、财富和选拔办法的不平等为前提，并最终导致财富上的特权与不平等即所有权成为社会的基础。蒲鲁东由此主张

---

① "批判的批判"和"批判的蒲鲁东"都是马克思在《神圣家族》的"蒲鲁东"章中对埃德加·鲍威尔的称呼。

② 〔法〕蒲鲁东：《什么是所有权》，孙署冰译，商务印书馆，2009，第 41 页。

让正义原则重新超越所有权，实现每个人都能在劳动平等条件下的财产平等。

由于当时绝大多数的理论家都认可所有权的合理性，而蒲鲁东却将所有权视为一切社会流弊的总和，所以论证所有权的非正义性绝非易事。蒲鲁东自认为已经找到了"即将遵循的道路"与"必要的方法"。①

首先，运用反面论证法，从赞同所有权合理性的两个自明性前提——先占和劳动出发，却得出了否定所有权的结论。所有权与它自身存在的前提具有矛盾性，因而它是不可能实现的。没有任何法律、经济学和哲学上的论据可以在它们的原则中给予所有权以合理性。一方面，先占的理论和民法授权的惯常合法性不支持所有权的天然存在，因为这些理论如同承认附属性质一样都是事先承认了财产的存在性。至于财产是如何产生并收归己有的，在上述理论中并不存在这样的原则，除了掠夺以外没有人可以对财产占有绝对的支配地位。另一方面，劳动虽然能够导致劳动产品的所有权的实现过程，但不能确保生产资料本身作为财产的合理性。换言之，劳动不能实现对生产资料的所有权。同样，劳动对于每个人来说都是相同的，况且一切人类劳动都是集体生产力的结果，也就不能形成所有权和私有财产。

其次，采用正面论证法，从逻辑上说明以正义或平等为原则的所有权却带来了现实中的不平等，由这个矛盾推导出所有权的不可能性。诸如：所有权导致工人的劳动报酬无法买回其制造的产品，因为雇主支付给工人的工资只是他们集体劳动成果的一部分，工人劳动报酬之和远远小于工人集体劳动所创造的价值；哪里存在所有权，哪里的产品生产成本就高于其真实价值；所有权与政治权和公民权的平等是不相容的；所有权从事消费、储蓄或积累资本时，都不能产生效用；所有权不能自我存在，只能依靠强力和欺诈来实现；等等。要言之，所有权是不能存在的，因为它否定平等。

最后，从正义原则本身出发，论证所有权怎样并为何存在，即所有权

---

① 〔法〕蒲鲁东：《什么是所有权》，孙署冰译，商务印书馆，2009，第43页。

的现实存在性与逻辑不合理性并存的根源，通过作为共产主义与所有权之外的第三种社会形式的自由来完成"重新建设"。所谓"自由"，不是无组织和无秩序，而是自发实现了的人与人之间的平等或者说权利与义务的平衡。而"社会"这个概念则包括三层内涵：第一，它同正义、平等是三个相等的、可以互相解释的名词；第二，它是唯一的真正合法的财产所有者，一切积累起来的财富都归属于它；第三，基于生产工具和交换等值性来维持平等的"自由联合"是唯一可能的、唯一合乎正义的和唯一真实的社会形式。

蒲鲁东的所有权批判理论在当时引起了强烈反响，其中不乏各种争议和责难。埃德加·鲍威尔就是反对者之一，他对蒲鲁东所有权批判理论的阐述始于评定《什么是所有权》一书。他认为，在不了解作者原意的基础上所作的批判是无本之木。于是，他便以"批判的蒲鲁东"自居，用还原作者论证结构以找出其缺陷所在的方式来进行批判。具体来说，就是按照蒲鲁东的论证顺序，即革命的想法→先占妨碍所有权→劳动摧毁所有权→所有权的不可能性，逐一进行评述。埃德加·鲍威尔指出，蒲鲁东所谓"革命的想法"无非就是塑造一个"正义之神"、阐明"正义不断战胜非正义"的过程，这与宗教无异，因为"每一种宗教观念都具有把如下情况奉为信条的特点，即两个对立面中最后总有一个要成为胜利的和唯一真实的"。[1] 蒲鲁东以社会贫困现象来批判所有权的做法是片面的，因为贫困与所有权（及其作为其现实表现的富有）在现实中构成了内在统一的整体，它们都属于绝对观念的范畴，两者是作为一个整体而存在的，都具有存在的合理性。只有认清了这两者的内在联系与整体性，并向这个整体本身探寻其存在的前提，才是正确的做法。

在埃德加·鲍威尔看来，由于贫困所对应的观念是奴役或不平等，因此，蒲鲁东只能使用正义、平等之类的观念来解决贫困与所有权的对立，他在证明先占妨碍所有权时也不例外。蒲鲁东批判这样一种哲学——从人的自由、平等推论出所有权的不可侵犯性——的非现实性，他依据平等在

①　《马克思恩格斯全集》第2卷，人民出版社，1957，第41页。

理论层面与现实层面的矛盾提出重新考察这一原则。但哲学本身是超越现实的，"它到现在为止无非是事物现状的抽象表现；它总是受被它认为是绝对的东西的事物现状的前提的束缚"，① 蒲鲁东在没有认清哲学本质的前提下就批判它的非现实性，必然是错误的。而且，所有权本身是一种抽象的权利，无法解释全部事实。蒲鲁东从它本身所无法解释的事实即贫困出发来批判所有权，显然是错误的。更为重要的是，平等原则所造成的排他性的后果比平等本身更强有力，蒲鲁东完全没有必要不停地强调平等原则的重要性以使其获得意外强力。

埃德加·鲍威尔一再强调，蒲鲁东是站在无产者的立场上为他们的利益而写作的，这就表明他对无产者无法占有以及失去财产的担忧。蒲鲁东在批判所有权的同时却主张无产者享有所有权的做法，不免有些言不由衷。蒲鲁东把"拥有"和"不拥有"视为两个绝对范畴与思考的重要对象，并要求每个人都应当等份拥有的倡议与社会现实形成了巨大的反差——现实中的个人最想拥有的恰恰是别人没有的或比他们多的事物，"拥有"在某种程度上也就意味着唯我独有。一旦实现了蒲鲁东所说的平等，每个人均等占有，"拥有"本身也就因失去了其内在规定性而变得毫无意义。在平等的情况下，拥有与平等对个人来说都已变得无关紧要。此外，蒲鲁东也没有厘清劳动作为所有权的基础而得出的两个对立结果，即"劳动导致财产平等"与"劳动摧毁所有权"之间的关系。事实上，可以从理论上假设所有权能够建立在财产平等之上。在蒲鲁东并未证明在财产平等的情况下，所有权便不存在了。只有证明了这一点，他才能说以正义、平等为原则的所有权会消灭它的排他性特质。

与批判蒲鲁东的反面论证不同，埃德加·鲍威尔对所有权不可能性论据的批判较为简洁，只是强调工人买不起其创造的产品的原因不在于所有权，而在于单个被雇用的工人原本就不能买得起作为集体劳动产物的产品；单个工人生产一件产品的费用要远大于其工资，况且绝大部分产品仅靠一个工人是无法被制造出来的。雇主没有支付工人集体劳动成果全部报

---

① 《马克思恩格斯文集》第 1 卷，人民出版社，2009，第 264 页。

酬的根源不在雇主本身，恰恰出自工人自己。工人的思维只顾及自己、只索取个人报酬，丝毫不考虑集体合作所产生的巨大力量。

总括地看，埃德加·鲍威尔在尝试复原蒲鲁东本意的基础上完成了对他的批判。对照前文所梳理的蒲鲁东的观点，不难发现"批判的蒲鲁东"对蒲鲁东观点的理解具有部分合理性，比如，他以蒲鲁东解决所有权问题的可能性为立论点，指责其观点的不切实际性、只是在空喊口号等。特别是他将论述的大量篇幅放在蒲鲁东法学批判的研究上的做法，是值得肯定的。然而，这并不足以掩盖"批判的蒲鲁东"的根本错误所在，例如，他没有完全领会蒲鲁东的写作本意与批判对象，更无法理解《什么是所有权》所带来的现实性意义；他没有认识到所有权造成的绝对贫困与人的异化现象，甚至完全忽略了无产者在社会变革中所能发挥的巨大作用；他指责蒲鲁东解决所有权问题的不切实际性，而他本人却将所有权背后所反映的现实关系与现实利益的冲突全部统摄到绝对观念中，试图用思辨来解决现实问题等。

三　所有权批判的现实性和革命性意义

按照马克思的理解，"批判的蒲鲁东"犯了双重错误：其一，在翻译过程中扭曲作者原意并赋予其丑恶的特征；其二，通过批判的评注公开攻击蒲鲁东的所有权批判理论。"批判的批判"在评述中脱离蒲鲁东所批判对象的语境（政治经济学领域），因而就不能真正解释所有权背后表征的财产关系及复杂的社会现象，他的述评也因失去原本内容而变得毫无意义。马克思主要是从所有权及作为其演变的现实形态的私有财产来肯定蒲鲁东和批判埃德加·鲍威尔的。

在对蒲鲁东进行肯定时，马克思并未直接使用"所有权"（Eigentum）一词，而是从"私有财产"（Privateigentum）的角度进行论述。表面看来，上述两个用语的差异并不明显，但绝不能将两者混同起来。"现实的私有财产恰好是最普遍的东西，是和个性没有任何关系甚至是直接破坏个性的东西。只要我表现为私有者，我就不能表现为个人——这是一句每天都为图金钱而缔结的婚姻所证实的话。""实际上，我只有在有可以出卖的东西的时候才有私有财产，而我固有的独自性却是根本不能出卖的物品。我的大礼服，只有当我还能处理、抵押或出卖它时，只有当它还是买卖的物品时，才是我的私有财产……私有财产不仅夺去人的个性，而且也夺去物的个性。"① 也就是说，蒲鲁东所讨论的是一般意义上的所有权或财产，马克思则着重分析作为所有权现实形态中的那部分可用来被出卖的财产的私有财产。从透视社会现实的深度来看，马克思显然要强于蒲鲁东。

此外，马克思早在《穆勒评注》中就指明了 Privateigentum 的两种含义，即私人所有权和私有财产的区别与联系。他说，私有财产是经济学的范畴，而私人所有权是法的范畴；私有财产是私人所有权的经济基础，而私人所有权则是私有财产的法律表现。占有者同他的私有财产不仅存在私人所有权关系，而且存在其也需要同另一个人的劳动产品有内在的所有权关系。确认"私人所有权"是两个私有者之间交换各自产品的前提。拥有私人所有权的人必须是一个特殊的占有者，他通过这种特殊的占有证实自己的人格，并让自己同他人既相区分又相联系，私有财产就成为他的内在本质所在。然则"在私有权关系的范围内，社会的权力越大，越多样化，人就变得越利己，越没有社会性，越同自己固有的本质相异化"。② 这样，马克思就揭示出私人所有权乃是产品交换者之间相互排斥的异化关系。

在《神圣家族》中，马克思首先高度赞扬了蒲鲁东批判所有权的做法：与政治经济学将私有财产当作理论前提与既成事实而不加考察不同，蒲鲁东对这一基础作了批判的考察并使政治经济学有可能成为一门真正的科学。其之所以作如此评述，就在于蒲鲁东揭露了私有财产的非人性假象：以合乎人性与合理性著称的私有财产关系却造成了贫困加剧与贫富对立的非人性现实。同神学家总是用合乎人性的观点解释超越人性的宗教观念的矛盾做法一样，政治经济学也在不断地同作为其理论前提的私有财产发生矛盾。例如，工资作为私有财产的一种表现形式，它在政治经济学理论中被定义为由工人与资本家自由协商确定的、依据工人劳动在产品中所

---

① 《马克思恩格斯全集》第 3 卷，人民出版社，1960，第 253 ~ 254 页。
② 《马克思恩格斯全集》第 42 卷，人民出版社，1979，第 29 页。

占的合理比重对其做出的分配或补偿。在这里，工资与资本的利润互惠互利，仿佛处于最合乎人性的状态。然而在现实中，工人由于往往是被资本家所雇用的、在两者关系中处于不利地位，被迫让资本家去确定工资，并且资本家为了实现利润最大化往往会把工资压到极低的水平。这样一来，现实中的非人性的强制代替了工人与资本家最初立约时的自由，工资与资本的利润在现实中却处在最对立、最相反的关系中。私有财产的另一种形式——价值亦是如此，它最初"是由物品的生产费用和物品的社会效用来确定的。后来却发现，价值是一个纯粹偶然的规定，这个规定根本不需要同生产费用和社会效用有任何关系"。①

　　同样，商业等其他一切政治经济学所讨论的范畴也存在理论与现实的矛盾。尽管部分政治经济学家意识到了这些矛盾，他们也在批判私有财产的个别形式对想象中的本来合理状态的扭曲，例如斯密抨击资本家、西斯蒙第指责工厂制度、李嘉图批判土地所有权等。但他们只是在指责私有财产个别形式的滥用行为，并未反思整个私有财产本身。而蒲鲁东则正好相反，他认为社会流弊的根源不是所有权的滥用，而是所有权本身。正如马克思所说，蒲鲁东"严肃地看待国民经济关系的人性的假象，并让这种假象同国民经济关系的非人性的现实形成鲜明的对照……他不是以限于局部的方式把私有财产的这种或那种形式描述为国民经济关系的扭曲者，而是以总括全局的方式把私有财产本身描述为国民经济关系的扭曲者。从国民经济学观点出发对国民经济学进行批判时所能做的一切，他都已经做了"。② 具体而言，蒲鲁东从私有财产造成贫困这一政治经济学用诡辩方式掩盖（他们认为私有财产的运动只会为国民创造财富）的相反的矛盾出发来批判、否定私有财产。反观以"批判的蒲鲁东"姿态示人的埃德加·鲍威尔却在蒲鲁东倡导正义观念方面大做文章，丝毫未提及政治经济学与蒲鲁东所有权批判的现实性意义，更无法真正解释诸如私有财产及其关系之类的复杂社会现象。

------

① 《马克思恩格斯文集》第1卷，人民出版社，2009，第256页。
② 《马克思恩格斯文集》第1卷，人民出版社，2009，第257页。

四 私有财产的本质及其扬弃方式

在对私有财产的理解方面，马克思坚决反对埃德加·鲍威尔通过思辨解决现实问题，即把贫困与富有看成一个整体并统摄于绝对观念的做法，而是用人的自我异化来剖析私有财产及其对立面。马克思认为，不应将贫困与财富、无产阶级与私有财产的对立看成一个抽象整体，而应指出实现这两个对立面的现实性运动以及说明它们在整个对立中的地位。正如马克思所说："整个对立无非是对立的两个方面的运动，整体存在的前提正是包含在这两个方面的本性中，可是批判的思辨却避而不去研究这个形成整体的现实的运动。"① 在现实中，一方面，私有财产作为财富在保持自身存在的同时又不得不保持无产阶级的存在，因为财富是无产阶级在雇佣劳动中创造出来的；另一方面，无产阶级为实现自身却不得不消灭作为其对立面的私有财产。从本质上说，私有财产是从属于人的，可它在现实中却成为统治人的异己力量并最终导致资产阶级与无产阶级的自我异化。资产阶级把这种异化当作自我确证的方式与自身力量所在，无产阶级则在其中感到被消灭、无助并处于非人的状态；前者作为保守方要求保持这种对立，后者则作为破坏方以消灭这种对立为己任。一旦无产阶级意识到私有财产给自身造成的精神与肉体的双重贫困和非人化状态，他们便会开始要求消灭自身所处的那种非人的状态进而扬弃私有财产。

无产阶级在历史上发挥的上述作用不像埃德加·鲍威尔所理解的是由包括蒲鲁东在内的社会主义者们站在无产者立场上且将他们奉为神明所造成的，而是由无产阶级所处的雇佣劳动的现存关系造成的。马克思指出，上述问题的关键不在于无产阶级究竟是什么，不在于他们凭借什么在历史上发挥作用，而在于他们受现存的雇佣关系所迫而不得不作为。"由于在无产阶级身上人失去了自己，而同时不仅在理论上意识到了这种损失，而且还直接被无法再回避的、无法再掩饰的、绝对不可抗拒的贫困——必然性的这种实际表现——所逼迫而产生了对这种非人性的愤慨，所以无产阶

---

① 《马克思恩格斯文集》第 1 卷，人民出版社，2009，第 260 页。

级能够而且必须自己解放自己。但是，如果无产阶级不消灭它本身的生活条件，它就不能解放自己。如果它不消灭集中表现在它本身处境中的现代社会的一切非人性的生活条件，它就不能消灭它本身的生活条件。"① 这样，现存的雇佣关系就成为无产阶级的贫困处境与自我解放的现实基础。至于"批判的批判"，由于他把绝对观念与自我意识看成是创造历史的唯一因素，故其根本无法看到无产阶级的历史作用，提出消灭贫富对立的现实行动更无从谈起。

综观埃德加·鲍威尔对蒲鲁东的全部批判，其要领无非在于否认正义原则、平等原则的适用性。马克思认为，这种做法等同于自我否定，因为与鲍威尔兄弟将绝对观念或自我意识当作立论基础一样，蒲鲁东把平等看作与其直接矛盾的私有财产的创造原则。将自我意识与平等原则稍加比较就会发现，两者所表征的事物是一致的：前者按照德国的方式即抽象思维所要表达的，就是后者用法国的方式即用具象思维所说的东西。换言之，自我意识是人在纯粹思维中的一律平等，平等则是实践领域的诉求。"因此，正如德国的破坏性的批判在以费尔巴哈为代表对现实的人进行考察以前，试图用自我意识的原则来瓦解一切确定的和现存的东西一样，法国的破坏性的批判也试图用平等的原则来达到同样的目的。"② 自我意识与平等也有不一致的地方，后者无法像前者那样造成比自身更为强力的结果。自我意识只有脱离了异化状态才能成为宗教观念的创造原则，而作为所有权基础的平等却在现实中产生了自我否定的一面——私有财产。所有权本身就是自相矛盾的且不断进行着自我异化，它作为一种制度和原则都是不可能的。

不仅如此，"批判的批判"还用自我意识代替了一切变革现实的可能性，他将蒲鲁东否定私有财产的做法和辨析"拥有"与"不拥有"这两个绝对范畴简单等同起来，甚至认为连仅仅说明这两个范畴都不值得去做。但是，"不拥有"在现实中却远不止一个范畴那样简单，它是一无所有的

---

① 《马克思恩格斯文集》第 1 卷，人民出版社，2009，第 262 页。
② 《马克思恩格斯文集》第 1 卷，人民出版社，2009，第 264 页。

人连生存都无法保证乃至完全脱离其对象性的最悲惨的状态。"不拥有"意味着拥有一切不合人道的非人现实，诸如饥饿、寒冷、疾病、罪过、屈辱、愚钝等。纵使如埃德加·鲍威尔所说在平等的情况下，拥有与平等对个人来说都已变得无关紧要是正确的，但在不平等的情况下，不拥有与不平等却对个人意味着最悲惨的现实，拥有与平等就显得弥足珍贵了。蒲鲁东不像埃德加·鲍威尔理解的那样以拥有反对不拥有，而是扬弃不拥有与拥有的旧形式，将"占有"看作一种"社会职能"并以此反对私有财产这一拥有的旧形式。

马克思分析指出，蒲鲁东看到了作为人的对象性存在的所有权或私有财产在现实中的异化状态，即以平等为原则的所有权在现实中却表现为不平等的贫困。蒲鲁东扬弃不拥有与拥有的旧形式的做法其实质是扬弃人同自己的"对象性本质"（实物本质）的实际的异化关系，以及人的自我异化在政治经济学上的表现。但是，蒲鲁东用重新确立的平等、正义观念来对抗现实中存在的所有权造成的不平等，只是在"异化范围内对异化的扬弃"。因为"占有"或"平等的占有"也是政治经济学所使用的观念，蒲鲁东在批判政治经济学时还在受这一前提的束缚，他没有揭示出在剥掉异化的假面之后的所有权的真实存在形式，即"对象作为为了人的存在，作为人的对象性存在，同时也就是人为了他人的定在，是他同他人的人的关系，是人同人的社会关系"。① 要言之，蒲鲁东仍旧将所有权看作人对物的权利问题，马克思则更加明确地指出所有权更重要的是人与人的关系问题。

此外，马克思还指出，工人无法重新买回自己创造的产品不是由于现实中每个工人只是作为个体存在，产品则是工人集体劳动的产物，而是由工人在同资本家的现实雇佣关系中始终处于不利地位所决定的。也就是说，资本家无偿占有了工人的产品，工人则被迫不得不重新买回自己的产品。况且"购买"一词也已表明"工人把自己的产品当做他失去的、异化

---

① 《马克思恩格斯文集》第 1 卷，人民出版社，2009，第 268 页。

了的对象来对待"。① 按照蒲鲁东的本意，工人集体劳动所创造的产品总和要远远大于资本家付给单个工人的工资总和，工人并非作为集体劳动力的一部分而被雇用。蒲鲁东所批判的恰是资本家无偿占有这部分差额的行为。"批判的批判"却将上述观点牵强附会成了工人是单个被雇用的人，并把造成上述资本家无偿占有工人劳动成果的现实归因于工人在思维中只顾及自己，即他只为个人索取报酬，而不考虑集体劳动本应获得的部分。在现实中，英国和法国的工人更是都成立了工人联合会，在为他们集体劳动的付出寻求合法权益。他们根本不赞同用纯粹思维就能摆脱受剥削的社会地位的想法，而主张采取实际行动来克服自我异化。

五　共产主义与私有财产的积极扬弃

囿于所批判的文本内容的限制，马克思未能在《神圣家族》中就如何解决所有权问题详加展开，而这一工作是在几乎同一时期所写的《巴黎手稿》（尽管这一文本的创作时间要略早于《神圣家族》）对政治经济学的批判中进行的。不同于蒲鲁东从权利和政治的角度解决所有权问题，区别于埃德加·鲍威尔在思维向度内自我意识的考量，马克思主要从概念体系中分析异化劳动与私有财产的关系，并提出通过共产主义运动扬弃私有财产的方式来解决所有权问题。

与蒲鲁东看到资本家支付工人的工资无法买回其全部产品相似，马克思也注意到了工人生产的商品越多反而越贫困的事实。但他并不满意蒲鲁东这种将工资平等看作社会革命目标的做法，而是要超越他和古典政治经济学家的水平来解决工人的绝对贫困问题。马克思从作为政治经济学前提的私有财产的具体形式，如工资、地租、资本的利润的分析出发，推导出这一学说的错误所在。他认为，古典政治经济学错误的根源，就在于将私有财产当成了既成事实且并未说明其产生原因。众所周知，古典政治经济学把私有财产的来源简单归结为人的劳动能力，全部人类的劳动构成国民财富的内容。私有财产在社会现实中经历一定的物质过程，它包括私有财

---

① 《马克思恩格斯文集》第 1 卷，人民出版社，2009，第 272 页。

产中劳动、资本、土地的相互分离，以及分工、交换、竞争、垄断之间和人的价值贬值之间的相互分离与对立。政治经济学家们把这些物质过程当作规律，而没有说明这些过程产生的原因。这种看待问题的方式最终导致他们分析社会经济现象时出现本末倒置的情况，把应当加以阐明的东西当作了前提，把原因当成了结果，把本应是必然产生的事实当作了偶然的、强制的结果。马克思的目的就是要找出这些分离的原因。随后，他分析了异化劳动的四个规定，即物的异化、自我异化、人的本质异化以及人同人相异化。

据此，马克思提出了考察政治经济学系列范畴所需要解决的两个理论任务。"（1）从私有财产对真正人的和社会的财产的关系来规定作为异化劳动的结果的私有财产的普遍本质。（2）我们已经承认劳动的异化、劳动的外化这个事实，并对这一事实进行了分析。现在要问，人是怎样使自己的劳动外化、异化的？这种异化又是怎样由人的发展的本质引起的？"① 马克思希冀超出古典政治经济学家的水平，用异化劳动说明"当前的经济事实"，这样就产生了上述新的问题。在他看来，解决异化劳动和人类发展的关系就是在解决私有财产起源和本质问题的基础上实现私有财产的积极扬弃。

马克思认为，探讨私有财产的起源必然要回答如下问题。①作为劳动产品的私有财产既然在现实中是存在的，那么它的所有者是谁？②这一所有关系又是怎样产生的？③私有财产是如何从劳动产品中剥离出来的？这一所有者是如何占有私有财产的？

首先，私有财产的所有者是"他人"，而非工人。劳动产品既然相对于工人来说是异己的，那么就必须由"他人"来拥有。马克思指出，这个"他人"既不是神也不是自然界，因为前者从不是劳动的主宰，它只从形式上占有劳动产品，后者可以被人通过劳动来支配。这一存在物只能是"人自身"，并且是与工人相对的异己力量、站在工人之外占有工人劳动的"他人"。

其次，上述所有的关系都是通过工人异化劳动产生的，工人通过异化

---

① 《马克思恩格斯文集》第 1 卷，人民出版社，2009，第 167~168 页。

劳动产生了与之对立的非工人对劳动、劳动对象和工人的三种关系。这种异化导致非工人对工人产品及其劳动的占有，这样，包括资本和劳动关系的私有财产就成了非工人的、与工人异化的私有财产。

最后，私有财产的发展是带有阶段性的：在最初阶段，它既是外化劳动的结果，又是促进劳动外化的一种物质力量；只有到最后阶段，私有财产由于自身膨胀的需求，促成更多劳动的外化，主体与客体对立就表现出来，而此时的外化劳动成了真正意义的异化劳动。异化劳动与私有财产相互作用、相互促进。

至于私有财产的普遍本质，马克思将其归结为作为主体本质的劳动和作为客体本质的资本。私有财产的关系是劳动、资本相互运动的关系，两者既统一又彼此对立，同时还与自身相对立。劳动和资本的对立达到极端，就必然是整个关系的顶点、最高阶段和灭亡，是私有财产消失的阶段，是人类发展的必然阶段。资本与劳动的对立在资产阶级社会中表现为各种矛盾的尖锐对立。要解决社会矛盾，让工人脱离异化的困境，使社会跳出普遍奴役的樊篱，就必须扬弃私有财产。在阐明了私有财产的普遍本质后，马克思又为解决所有权问题找到了一条现实的变革之路，即"共产主义是对私有财产即人的自我异化的积极的扬弃"。① 这里的"共产主义"既不是以巴贝夫等为代表的粗陋共产主义，也不是政治领域的共产主义（前者没有跳出私有财产观念的圈子，只是简单粗暴的平均主义做法；后者则是局限于私有财产关系和理论形式），而是引导私有财产向其主体本质即人的本质复归。共产主义不是一种社会制度与社会形态，而是如何扬弃以所有权、私有财产为基础的人的现存状况的运动。

有鉴于此，应从建立在所有权上的社会客观矛盾的发展中得出共产主义必然性的结论，要在私有财产的运动中找到经验和理论的基础。马克思认为，只有这样才能提供"历史之谜的解答"，因为"历史的全部运动，既是这种共产主义的现实的产生活动，即它的经验存在的诞生活动，同

①《马克思恩格斯文集》第 1 卷，人民出版社，2009，第 185 页。

时，对它的思维着的意识来说，又是它的被理解和被认识到的生成运动"。① 在这样的基础上，马克思表达了对共产主义的期许——它是"通过人并且为了人而对人的本质的真正占有；因此，它是人向自身，也就是向社会的即合乎人性的人的复归，这种复归是完全的复归，是自觉实现并在以往发展的全部财富的范围内实现的复归"。② 共产主义是人的一切感觉和特性的彻底解放，是所有人需要的极大丰富和最大限度的满足，是人的社会存在的真正复归。

总而言之，马克思对蒲鲁东和埃德加·鲍威尔的基本看法是：古典政治经济学无一例外都将私有财产当作不言而明的理论，蒲鲁东则把所有权看作现实中一切弊病的根源并提出要在整体上扬弃它；而埃德加·鲍威尔却曲解了蒲鲁东的本意，他认为蒲鲁东没有认清贫困与所有权在整体上的内在统一性与存在的合理性，只是站在维护无产者利益的立场上空喊正义、平等的口号。蒲鲁东和埃德加·鲍威尔的上述看法的实质是在用逻辑关系代替现实关系，用自我意识取代变革社会的现实运动。作为人的对象性存在的所有权，其实质就是所有者作为人同他人之间的人的联系，同时也是人对人的社会关系行为。作为所有权现实形态的私有财产导致了人的自我异化，只有通过变革现实的共产主义运动才能实现私有财产的积极扬弃。

值得注意的是，马克思在写作《神圣家族》时期主要还是从现实意义的维度来肯定蒲鲁东的理论。但是，这种肯定不是全部的，因为他们之间还存在一定的分歧。具体表现在：第一，蒲鲁东更多的是站在法权或政治的角度来批判所有权的，他质疑的是少数人占有大部分财产的合法性以及批判那些以所有权与私有财产的现实状况为前提的政治经济学说；马克思则侧重于分析作为所有权现实形态的私有财产的扬弃，而扬弃私有财产必然要对其产生的历史过程与现实基础作出分析。第二，蒲鲁东从贫困的现实出发来否定作为其对立面的所有权，马克思则从人的自我异化角度着重

---

① 《马克思恩格斯文集》第 1 卷，人民出版社，2009，第 186 页。
② 《马克思恩格斯文集》第 1 卷，人民出版社，2009，第 185 页。

分析私有财产与贫困的对立状态。第三，蒲鲁东用占有作为社会职能来进行重新分配以解决所有权问题，马克思则看重无产阶级在扬弃私有财产的世界历史进程中所能发挥的重要作用，并提出通过共产主义运动来实现上述过程。这些分歧起初并不明显，然而随着蒲鲁东把所有权作为超历史的、永恒的范畴纳入"经济进化的系列"中，所有权就由现实关系蜕变为逻辑关系，他的做法便与鲍威尔兄弟没有了实质性的差别，并最终导致马克思与蒲鲁东的彻底决裂。

第五章　破解所有权之谜的方式

蒲鲁东在创立作为哲学方法的系列辩证法后，转变了之前批判所有权的立场，以土地所有权及地租为范例去论证所有权由"自在"状态转向"自为"状态的可能性。他认为只有将所有权纳入"经济进化的系列"中才能说明其建立的必然性、变质的原因及社会表现、被解决的真正方式。基于对蒲鲁东所犯的错误——将作为认识世界的方式的思辨哲学变为改变世界的方式，把作为经济范畴和历史产物的所有权当作永恒范畴的深刻认识，马克思在《哲学的贫困》中展开了对蒲鲁东"自在所有权"理论的初步批判，并将所有权界定为历史的和暂时的产物。伴随其政治经济学批判的深入，马克思对所有权作了现实的和超现实的剖析，从而得以全面地批判蒲鲁东的所有权理论，这充分体现了其思想的变革性与超越性。

一　所有权的起源、含义及发展趋势

蒲鲁东对所有权的理解发生变化，与其哲学方法由模仿康德的二律背反转向"系列辩证法"密切相关。套用黑格尔在表述绝对理念时运用的两个术语"自在"（en sor）与"自为"（pour sor）——前者有潜在、尚未展开之意，后者则意指区别、分化展开——蒲鲁东将其理论命名为"自在所有权"（la propriété en sor），旨在阐明所有权的起源、含义、发展趋势和与其他经济范畴的关系。

为了更好地解释这一理论，蒲鲁东在《贫困的哲学》中提出了两个重要论断：①从哲学与经济学的基本同一性来重新诠释所有权；②运用"系列"方法将所有权纳入"经济进化的系列"中去理解。蒲鲁东认为，哲学与经济学的同一性在于两者的同源性或同目的性：后者是为了探寻构成产品价值和建立劳动组织的社会规律，前者则是为确定认识的价值和组织常识提供判断的基础。这里的"常识"是一个哲学概念，意指无须推理、单凭直觉就能马上对事物所作出的各种判断。尽管常识能够进行自我判断，但它所得出的是未经证实的"自我"，只是一种自我假定。因此，常识能否自我证实，即思维与存在是否同一，就成为人类认识过程的前提。在蒲鲁东看来，整个西方近代哲学，从笛卡尔的"我思"出发最终回到黑格尔的"我思"（绝对理念），都是围绕常识能否自我证实展开的。既然黑格尔已经完成了哲学革命。那么，常识能够自我证实就是成立的。片面强调理性和突出经验的做法都是荒谬的，科学的不容置辩的特征就是思维与存在的同一。

在"思维与存在的同一性"这一哲学基本问题被解决后，余下最重要的就是哲学方法问题了。蒲鲁东本人是极为重视方法的，他将其视作哲学的一个重要组成部分。为了说明他所创立的系列辩证法的优越性，蒲鲁东重点考察了三段论、归纳法和二律背反这三种主要哲学方法。他指出，从三段论的定义（从一般到个别）能看出其问题就在于无法保证前提的真实性。作为三段论的反面的归纳法，其问题就在于只适用于论证已知事物，无法确证未知事物的真实性。集三段论和归纳法于一体的二律背反虽然能够实现一般与个别的结合，能够同时呈现某个特定观念或事物中的处于对立关系中的两个系列的"斗争"结果，得出一个新的综合观念，但它尚不足以成为最后的、更高级的辩证工具，因为它只能探究特定观念本身，无法呈现这一观念与其他观念之间的联系。只有系列辩证法才能将二律背反所确定的观念加以系统化，破除观念本身的孤立状态；它是既要看到特定观念或事物本身所包含的对立的两个方面，又要将这一观念或事物纳入作为整体的"系列"中去认识。

于是，系列辩证法和三段论、归纳法、二律背反共同组成了人类的全部辩证工具，且各司其职。蒲鲁东认为，若采用上述四种辩证工具来界定所有权，就会出现以下结果：法学家运用三段论将所有权解释为一种凭借占有和掠夺的意志行为所产生的自然权利，这导致占有的可变性与自然权利的不可侵犯性之间的矛盾。经济学家普遍依据归纳法把所有权诠释为凭借劳动所具有的自由处置所有物的权利，其局限性在于无法解释资本利润、地租等不劳动而取得所有权的行为。根据二律背反可以证实所有权的两面性，这为趋利避害地解决所有权问题提供了可能，但可能性不代表必然性。只有运用系列辩证法构建一种"系列"，使所有权在其中能恢复地位和重获形式，"复活"平等、互助、责任心和秩序的积极属性，才能真正解决所有权问题。

这种"系列"就是蒲鲁东所描绘的"经济进化的系列"，所有权作为其中的第八个环节，在逻辑上经历了起源、变质和超越的发展过程。就其起源或建立的必然性而言，所有权是作为"集体理性"的社会的自发的和必然的选择，是为了解决第七个环节即信用所带来的价值虚构等问题。

蒲鲁东在讨论一般意义上的所有权往往是以土地所有权为例证的，他认为一切形式的所有权都是按照土地所有权的范例建立起来的，因为人类对自己的劳动工具有着与生俱来的依赖情感和占有欲望，而土地则是劳动工具的直接代表。与土地所有权密切相关的是地租，后者一方面是以土地所有权的合法收益的形式出现的，另一方面则是付给不劳而获的人的报酬，这显然违反了经济学的基本原则。从这个角度来说，地租的起源是超经济的，因为基于某种心理或道德上的考虑，它始终归土地所有者享有。然而，上述矛盾是可被协调的。土地所有者和佃户之间的利益始终是相反的，地租作为上述两者的争论焦点必然会在经历一系列波动之后被确定下来，就像使用价值与交换价值的对立可以通过构成价值协调起来一样。因此，地租不过是另一种形式的价值问题。

在吸收李嘉图地租理论的基础上，蒲鲁东把地租从生产领域转向分配领域，并将其定义为土地所有者代表社会同佃户签订体现价值不断波动的契约形式。地租不仅取决于供求关系，还有精准的尺度：减去生产费用后的、表现为土地所有者获得的利润与佃户受到的损害的全部产值。就用途而言，地租是"社会天才"为实现平等而创造出来的一种公平分配的工具，"是所有主与佃户之间，在不可能串通的情况下，为了一种更高的利益而从相反方面编成的一份巨大的地籍册，其最终结果是使土地使用者与产业家平等占有土地"。① 要言之，"建立地租制作为财产平等的原则"是"集体理性决定要建立所有权的动机"② 之一。

在蒲鲁东看来，尽管所有权的建立是必然的，但它在社会中却成为一种难以实现的假设，这是由社会本身并不具备阻止所有权变质的力量、所有权滥用的本性会导致建立所有权的契约行为失效所共同造成的；具体表现为占有的无秩序性、生产的非道德性和继承的反社会性。蒲鲁东所理解的所有权远非如此。他之所以将其视为继人类命运之后理性所能提出的最重大、最后的问题，是因为它本身就是一种以政治经济学为其神学的宗教。③ 由于所有权是反社会的，其标准是恣意妄为，所以它就是一种"强力宗教"，并且它不可能一直保持最初的那种赤裸裸的状态，而是在最大限度内进行自我掩饰。其结果是与盗窃同源的所有权成为与之相反的合法行为。蒲鲁东认为，所有权的宗教"宿命"并非不可打破，由于人类本身具有观察、思考和学习的活动能力，他们就能征服自然，便会成为自己的主人与渐进的存在，就能够解决所有权宗教这一命定的存在问题。

二　土地所有权的历史起源与现实表现

抛开"自在所有权"理论的具体内容不谈，仅就其哲学方法的论证而言，表明蒲鲁东还是颇具哲学功底的，他在某些哲学概念（如常识、系列）的使用上极为标新立异，对"思维与存在的同一性"这一西方哲学近代史中的基本命题也有较为准确的把握。可是，这样一位颇懂哲学的人物

---

① 〔法〕蒲鲁东：《贫困的哲学》下卷，余叔通、王雪华译，商务印书馆，2010，第 687 页（译文有改动）。

② 〔法〕蒲鲁东：《贫困的哲学》下卷，余叔通、王雪华译，商务印书馆，2010，第 668 页。

③ 蒲鲁东这里所使用的"宗教"是广义上的，例如，"基督教和佛教是教育人类的宗教""伊斯兰教是宿命的宗教""君主制和民主制是权利的宗教""哲学本身是理性的宗教"等等。（参见蒲鲁东《贫困的哲学》下卷，余叔通、王雪华译，商务印书馆，2010，第724 页）值得注意的是，蒲鲁东使用宗教这一概念，并不能佐证埃德加·鲍威尔指责蒲鲁东的所有权批判理论是一种宗教的结论的正确性，也不能说明其理论的"退步"，因为"批判的批判"旨在突出所有权批判理论具有宗教非此即彼的排他性特征，蒲鲁东则意在说明所有权的宗教性本能。此外，蒲鲁东对宗教的部分认识与马克思在《神圣家族》中的观点具有相似性，他们都看到了神学家（或准理性主义者）用合乎人性（或理性）来解释超越人性（或非理性）的宗教的矛盾。

所构建出来的"自在所有权"理论为何会在马克思那里成为一种"可笑的哲学"，① 表现出哲学上的贫困呢？究其原因，就是思辨哲学作为一种认知世界的方式是毋庸置疑的，而一旦将这种认识世界的方式直接套用到经济学中作为改造世界、解决现实问题的工具，其弊端以及现实利益对这种思维方式的冲击便显现了。任何将经济范畴当作永恒的、超验的观念，忽视它们在社会现实中的基础、表现与演变过程的做法，都是片面的。正是基于上述认识，马克思对蒲鲁东的"自在所有权"理论展开了初步批判。

深入剖析蒲鲁东的"自在所有权"理论，就会发现其"关键词"不外乎为"方法""观念""起源""土地所有权""地租""变质""宗教"（"天命"）。其中，方法是"自在所有权"理论的前提；永恒观念是所有权的基本属性；所有权的起源是命定的必然，是为克服信用制度带来的价值虚构而出现的；土地所有权是所有权的最初形式与基本范例；地租是对社会财富进行平等分配的必然途径；变质是所有权在人类社会中的演变与表现；宗教（或天命）则是所有权的发展趋势。马克思在《哲学的贫困》中并未就上述内容进行逐一批判，而是抓住上述"关键词"的核心，即方法、观念、土地所有权、地租展开批判。他这样做的原因，就在于蒲鲁东"自在所有权"理论是建立在方法、观念与土地所有权范例之上的，他看似在说一般所有权，其实不过是在谈论土地所有权与地租罢了。只要完成对上述内容的批判，"自在所有权"理论就会不攻自破了。

秉承在《德意志意识形态》中关于分工与所有权（制）之间关系的认识，马克思指出，任何时代中的所有权在现实中都是在完全不同的社会关系下发展起来的，研究资产阶级所有权的前提就是要了解资产阶级生产的全部社会关系。一旦脱离了这些关系，把所有权当作一种独立关系、特殊范畴以及抽象和永恒观念的做法，就只能沦为形而上学或法学的幻想。蒲鲁东将所有权定义为永恒观念不止是犯了方法上的错误，他既没有看到社会关系是资本主义生产所具有的各种形式结合起来的纽带，又不懂得特定

---

① 《马克思恩格斯文集》第 10 卷，人民出版社，2009，第 42 页。

时代中各种生产形式只是历史的和暂时的产物。由于蒲鲁东没有认清作为历史产物的现代种种社会制度的起源和发展，故只能对它们进行教条式的批判。

既然所有权是历史的产物，那么其起源就不再是什么神秘的事情，而是在历史中进行的。马克思认为，蒲鲁东将所有权和地租的起源归结为某种超经济因素或诉诸道德与心理上的考虑，"就是承认自己在了解地租和所有权产生的经济原因上是无能的"。① 不论其起源为何，地租只要存在，就是土地所有者与租佃者之间激烈争执的对象，并最终表现为地租的平均数额。

究其实，蒲鲁东是在吸收李嘉图地租理论的基础上完成其地租学说的。"所有这些响亮的词句"，② 首先表明蒲鲁东对地租的理解只是提出与李嘉图相同的问题，并在后面加上一个音节而已。具体而言，李嘉图将地租的数额界定为农产品价格超过其生产费用（包括资本的普通利润和利息）的余额；蒲鲁东则更为"高明"，他将地租描述为"所有者出面干预，从佃农那里夺去超过生产费用的全部产品余额"，③ 其实质就是用propriétaire（所有者）的干预来说明 propriété（所有权），用 rentier（收租者）的干预来说明 rente（地租）。蒲鲁东还仿照李嘉图的学说，认为土地在被劳动赋予价值并按肥力的不同来进行估计之前，不是作为交换价值而是作为公共资源。这就表明蒲鲁东用土地的不同肥力来决定地租，又给地租找到了一个起源。显然，这与蒲鲁东所说的地租源于克服信用制度带来的价值虚构的观点又不一致了。

更为重要的是，地租所表征的绝不仅是像理论上所反映出的农产品的价格与生产费用的差额，也不是土地所有者对佃农劳动产品的剥夺，而是在资本主义生产方式的统摄下，土地所有者与资本家、租佃者、佃农、工人以及不同的土地所有者之间错综复杂的社会关系，以及这些关系演进的真实的历史进程。"当蒲鲁东先生的佃农孑然独存的时候，还没有出现租。

---

① 《马克思恩格斯文集》第 1 卷，人民出版社，2009，第 639 页。
② 《马克思恩格斯文集》第 1 卷，人民出版社，2009，第 640 页。
③ 《马克思恩格斯文集》第 1 卷，人民出版社，2009，第 640 页。

可见，一出现了租，佃农就不再是租佃者而是工人，即租佃者的佃农。劳动者被贬低了，沦为替产业资本家干活的普通工人、日工和雇工；像经营任何一个工厂一样地经营土地的产业资本家出现了；土地所有者由一个小皇帝变成一个普通的高利贷者：这就是租所表现的各种不同的关系。"① 地租的用途与历史作用也不在于蒲鲁东所说的天命的平等或者编成所谓的地籍册以最终实现土地所有者与产业家均等地占有土地，而在于将宗法式的田园生活卷入这样的历史运动中：资本主义生产方式→市场竞争→地租→土地所有权成为动产与交易品→社会阶层的变化→不同阶层生活方式的变化→宗法式田园生活的消失。

三　所有权之谜的现实分析和超现实理解

囿于批判对象的著述的内容，马克思在《哲学的贫困》中只对资本主义生产方式下的土地所有权和地租进行了初步分析。至于所有权这一经济范畴本身的分析，他仅仅写了提纲挈领式的几句话，几乎没有作任何进一步的剖析。随着马克思对政治经济学研究的逐渐成熟，特别是在他找到研究这一学科的科学方法后，他便能够对所有权进行全面的现实与超现实剖析。其中，所谓"所有权的现实剖析"是指从历史的维度上，分析资本、劳动、所有权的关系及演进过程，揭示资本主义生产方式下的所有权规律的转化，探讨资本主义生产方式前的各种所有权形式以及它们在不同社会阶段发挥的不同作用。而"所有权的超现实剖析"则是指从逻辑（方法论）的角度，对由作为一般的抽象规定的"占有"演变而来的所有权的实质进行剖析。在此基础上，马克思对蒲鲁东"自在所有权"理论中的所有权起源说进行了更深层次的批判。

按照马克思的理解，在政治经济学研究中要做到正确把握作为一般的抽象规定的经济范畴与具体现实的关系。他认为，抽象的经济范畴只有在特定历史条件下才具有充分的适用性，不同社会形式中的同一经济范畴在现实中有着质的差别；同一经济范畴在不同的社会形式中具有不同地位，

① 《马克思恩格斯文集》第 1 卷，人民出版社，2009，第 643 页。

经济范畴在历史中发挥作用的次序是它们在近代资产阶级社会中相互关系的颠倒形式。依循上述方法，考察所有权不仅要研究其在资本主义生产方式下的现实形态，还要探究它在这种生产方式之前的各种形式，包括资本主义生产方式之前的土地所有权的形式（见表 5−1）。

表 5−1　资本主义生产方式之前的土地所有权的形式

所有权形式	原始共同体的土地所有权	古典古代的土地所有权	日耳曼时代的土地所有权
典型代表	亚细亚社会	古希腊社会、古罗马社会	日耳曼公社
组成形态	部落共同体（实体） 个人不过是偶然因素 村庄是土地的附属物	共同体（虚体） 个人相对独立 土地表现为城市的领土	共同体只是松散的联盟 个人是独立主体 家庭为单位的散居
具体特点	土地所有者与占有者的分离 共同体拥有土地所有权 个人只是占有并使用土地 个人财产就是公社财产	土地所有者与占有者的同一 共同体土地所有权与个人土地所有权互为中介、并存 个人可以拥有私有财产	共同体土地所有权以"公有地"的特定形式存在 个人土地所有权占主导地位
共同特性	占有土地是劳动的前提而非结果；共同体成员身份是个人占有土地或拥有所有权的依据		

在马克思看来，资本主义生产方式之前的土地所有权形式是与共同体联系在一起的，个人必须凭借共同体成员的身份才能占有土地，"孤立的个人是完全不可能有土地财产的，就像他不可能会说话一样"。① 个人关心土地所有权、从事生产的目的不在于实现财富最大化，而在于建立最理想化的共同体并造就最好的共同体成员。从生产的目的来看，古代社会的观点似乎要比近代市民社会的理论崇高得多，前者把人（的发展）看成生产的目的，后者则将财富看作以生产为直接目的的人的最终目的。但是，如果单从财富的真正本质——在普遍交往中实现人的普遍的全面发展的对象及方式——来审视古代人和近代人的观点，就会发现它们都存在局限性：前者追求的只是其所处的共同体成员的发展（例如，在古罗马社会中生产的目的是使其公民拥有更多的特权，奴隶是被排除在外的），不是人的普遍的全面发展；后者则是在财富的全面异化下，把人的内在本质完全空虚

① 《马克思恩格斯全集》第 30 卷，人民出版社，1995，第 477 页。

化。因此，要研究的问题应该是：什么样的所有权能够以实现人的普遍性与全面性发展为目的的财富的最大化？最理想化的所有权形式是什么？回答上述问题自然离不开回答这个问题：所有权的起源或最初形式到底是什么？

探究上述问题必然要对蒲鲁东的理论有所涉及，马克思再一次强调，土地所有权并非所有权的最初形式，它体现的是作为劳动主体的个人对土地这一劳动的客观条件的关系。这种关系不是个人凭借劳动领有土地，而是占有土地作为个人劳动的前提条件而存在，并且个人占有土地是以共同体成员的身份为前提的。"正像劳动的主体是自然的个人，是自然存在一样，他的劳动的第一个客观条件表现为自然，土地，表现为他的无机体；他本身不但是有机体，而且还是这种作为主体的无机自然。这种条件不是他的产物，而是预先存在的；作为他身外的自然存在，是他的前提。"①

既然蒲鲁东认为一切所有权都是在具有非经济起源的土地所有权的范例上建立起来的，那么作为资产阶级所有权形式的资本与雇佣劳动在他那里自然也会被"扣上"非经济起源的"罪名"。马克思指出，所有权最初意味着人对自然的"领有"，即人以共同体天然成员的身份为中介，将其生产的自然条件看作他本身的自然前提与身体的延伸。人本身的存在以及人在劳动之前以前提方式存在的对自然的改造关系（人对土地的关系）才是所有权的起源。最初的所有权只有通过生产本身即人对生产条件的"能动的、现实的关系"② 才能实现。也就是说，人只有通过能动的生产活动才能获得真正属于自己的东西，即实现"现实的领有"。最初的所有权总是与其所处社会阶段的生产力与生产关系相适应。当然，这里的生产力是指共同体本身或劳动主体相互之间的联系，即社会分工和交往关系；而生产关系则是指整个共同体的分工与协作关系。

四　对上述两种所有权理论的总体评判

需要指出的是，蒲鲁东在其"自在所有权"理论中是从解决作为整体

---

① 《马克思恩格斯全集》第30卷，人民出版社，1995，第480页。
② 《马克思恩格斯全集》第30卷，人民出版社，1995，第486页。

的"经济进化的系列"中的全部矛盾的起点，即通过完成价值的构成来解决使用价值与交换价值的对立、所有权问题的。所谓"价值的构成"，就是产品的直接平等交换，即"只能用产品来购买产品"，并"由此可以推论出生活条件平等的定理"。① 这与他在《什么是所有权》一书中提出的用作为第三种社会形式的、以"平等"为原则的"自由联合"来解决所有权问题，是保持一致的。

无独有偶，马克思在批判蒲鲁东"自在所有权"理论的几乎同一时期，即写作《德意志意识形态》的过程中也指出，用"平等的自由联合体"以克服资产阶级所有权制度与个人劳动的对立，及其造成的"现实的人"成为丧失一切现实生活内容的抽象的个人的弊端。② 但是，上述两种"自由联合"有着质的差异。蒲鲁东是在用平等原则取代所有权、用"工资平等"所带来的个人所有权来反对资产阶级所有权而"平均主义地"解决所有权问题的，从而能够伸张穷人的权利，恢复无产者应有的社会地位，抑制利润、利息和地租等在整个社会财富中所占的比例，"直到在无产者和所有人能够得到相等的收入为止"。③ ——至于他那种将所有权纳入"经济矛盾的体系"中的"更高明"的解决方法，由于是一种纯粹的主观臆想，毫无现实性可言，已经不值一提了。——为了保卫这种个人所有权，蒲鲁东提出了用"自由（联合）"的社会形式来取代共产主义和所有权，消除它们对个人财产的侵害。马克思所说的"自由联合"则是联合起来的个人占有全部生产力的总和，一切财产和生产工具归属于全部个人。并且，这种占有不是平均分配财产、工资平等那样简单，而是克服占有的对象、个人以及方式的制约，即必须在生产力和普遍交往得到极大发展的前提下，依靠完全失去整个自主活动的现代无产阶级采取革命的方式来实现。

事实上，马克思与蒲鲁东最初都看到了所有权的弊端，他们早期的所

---

① 〔法〕蒲鲁东：《贫困的哲学》上卷，余叔通、王雪华译，商务印书馆，2010，第 105 ~ 106 页。

② 《马克思恩格斯文集》第 1 卷，人民出版社，2009，第 538 ~ 539 页。

③ 〔法〕蒲鲁东：《什么是所有权》，孙署冰译，商务印书馆，2009，第 360 页。

有权批判理论在某种程度上同属于现代批判的传统。但是，观照和把握社会历史的不同方式，最终决定他们走向了不同的发展路径。从所有权批判理论到"自在所有权"理论，蒲鲁东并未脱离现代批判传统的思维模式：最初以理论史为线索，批判先占、劳动、普遍承认、时效等一系列为所有权辩护的一切学说；随后运用康德的二律背反的手法来昭示以平等为基础的所有权却造成事实的不平等；再后来用"正—反—合"来论证作为第三种社会形式的"自由"解决所有权问题的可能性；最后模仿黑格尔发明出"系列辩证法"，把所有权纳入整个"经济进化的系列"中去考察、理解。蒲鲁东自认为越来越接近现实，但实际上是离现实越来越远。所有权在蒲鲁东那里就由一个现实问题变为可以应用于一切社会时期的抽象的经济范畴。马克思则是在所谓物质利益问题的疑惑的驱动下，不断深化对资产阶级社会现实的认识，并在此基础上不断修正、完善所有权理论，从历史与现实的维度来把握所有权，最终脱离现代批判传统的思维模式，实现了其思想变革。

除此之外，还能够依据马克思和蒲鲁东的阶级立场来评析他们各自的所有权理论。基于现代大工业生产必将导致两大阶级的对立、无产阶级因其绝对贫困化的处境必将成为革命主体的认识，马克思显然始终站在无产阶级的立场上并主张以革命的方式彻底推翻资产阶级所有权制度。处于小资产阶级的社会主义立场的蒲鲁东，则始终徘徊于资产者与无产者、资产阶级与社会主义者之间，他既"迷恋"于资产阶级社会的物质财富且认为这是改革社会经济组合的基础，又极大地同情人民因绝对贫困所遭受的巨大苦难。他在理论上则游离于政治经济学与社会主义之间，并试图寻求两种学说的合题以从根本上解决贫困问题。这种"徘徊"与"游离"就表明，蒲鲁东理论的水平实际上远在政治经济学与社会主义之下，根本无法撼动资产阶级所有权制度。

需要指出的是，在此阐述马克思对蒲鲁东"自在所有权"理论的批判，并不意味着否认后者早期所有权批判理论的合理的一面。蒲鲁东最早对所有权进行现代批判和反思是从法国开始的。由于小农经济是 18～19 世纪法国社会的主要生产方式，再加之 1789 年法国大革命后，巴黎当局以法令的形式出售了大量的国有土地，使过去大多数处于第三等级的贫困农民成为小土地所有者。所以，当时法国社会中同资产阶级所有权相对立的是小土地所有者和小资产者，尚未达到资本与劳动相对立的阶段。由此可见，蒲鲁东早期的所有权批判理论是与法国当时的国情相适应的，其小资产阶级的社会主义立场正是所有权批判思潮同占主导地位的落后小农经济生产方式之间矛盾的产物。

马克思也正是因为认识到上述方面，才在批判蒲鲁东"自在所有权"理论的同时对他作了部分正面肯定："这样的小资产者把矛盾加以神化，因为矛盾是他存在的基础。他自己只不过是社会矛盾的体现。他应当在理论上说明他在实践中的面目，而蒲鲁东先生的功绩就在于他做了法国小资产阶级的科学解释者；这是一种真正的功绩，因为小资产阶级将是一切正在酝酿着的社会革命的组成部分。"① 从这个角度说，阶级立场可以成为评判马克思与蒲鲁东各自所有权理论的一个标准，但也绝不能凭借两者所处的阶级立场对他们的理论直接进行褒贬。因此，应当舍弃过去那种仅用阶级立场将蒲鲁东"脸谱化"的倾向，还原作为马克思直接批判对象思想的原貌，以此对比、凸显马克思思想的变革性与深邃性。

① 《马克思恩格斯文集》第 1 卷，人民出版社，2009，第 53 页。

第六章　价值形式问题的科学阐释

随着资产阶级社会中商品交换形式的扩大与发展，价值及其形式逐渐明确下来，并且逐渐成为政治经济学研究中不可或缺的重要范畴。马克思与蒲鲁东的思想论战中也离不开这个议题。作为观念论哲学的推崇者，蒲鲁东醉心"发明"各种"科学公式"，用"建议""意见""自由意志"等观念间的推演解释价值形式的二重性与矛盾性，诉诸虚构的历史描述所谓构成价值的基本内涵、决定因素、形成过程及现实应用。马克思在《哲学的贫困》中以"科学的发现"为题对此进行了辛辣的讽刺，从批判这些"变戏法"式的论证手法出发，揭示了构成价值的实质与矛盾，指出它不外乎是相对价值的"另类表达"且完全忽视了建立在阶级对抗基础上的经济事实，故而不能适用于解释金银成为货币的经济原因，证实凡劳动必有剩余的定理。马克思此时的价值形式理论看似尚未超过李嘉图价值理论的内容，实则在方法上尤其在尝试解决剩余价值问题方面实现了实质的超越。相形之下，蒲鲁东的构成价值论虽由于旨在解决工人的贫困状况而具有部分进步意义，却终究无法摆脱沦为工人遭受现代奴役之公式从而被历史遗弃的命运。

一　价值形式的二重性与矛盾性

剖析价值形式的二重性，首先要探究使用价值向交换价值转变的原因和过程。蒲鲁东指出，满足人们需求的产品的有限性或稀少性，决定它们的价值形式的二重性。价值形式表明了一种社会关系，"正是通过交换，使物品的社会性回到它的自然状态，我们才获得了效用的概念"。[①] 由此可

---

① 〔法〕蒲鲁东：《贫困的哲学》上卷，余叔通、王雪华译，商务印书馆，2010，第74页。

见，使用价值与交换价值在观念上是同时出现的。尽管如此，这两者之间仍有先后之别。就像"圣父"与"圣子"的关系一样，交换价值作为使用价值的一种反映而存在，使用价值转变为交换价值的逻辑过程为：产品的有限性乃至不存在，要求人们必须从事产品生产以满足自身生存的需求；与此同时，生产者个人受其精力的限制，不可能生产出满足自身需求的全部产品；于是，个人开始求助其他行业的生产者，"建议"（proposer）通过交换各取所需。在这个过程中，产品剩余是交换的前提，商业是交换的形式。具体如图 6-1 所示。

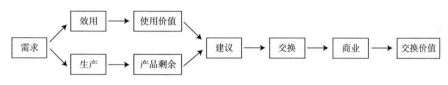

图 6-1　使用价值转变为交换价值的逻辑过程

按照蒲鲁东的理解，揭示使用价值向交换价值转变的原因及过程、辨明它们之间的区别，看似多此一举，实则具有重要的实践意义。从正面来说，遵循使用价值向交换价值转变的规律，等于承认劳动创造价值，故而能够运用这一规律创造幸福和实现自由。"因为劳动能改造天然价值，所以它的权限便不断地扩展和增大，逐渐形成了这样一种情况，就是一切财富由于工业加工而全部归它们的创造者所有，而拥有原料的人则一无所得或者几乎一无所得。"[①] 从反面来说，一旦使用价值转变为交换价值的过程中的某个环节出现问题，势必带来灾难般的后果。运输中断、恶意炒卖、产品失效等状况，都将导致产品生产者无法进行交换。此时，即便其产品堆积如山，生产者亦一无所有；他愈是拼命生产，就愈贫困。相反，产品效用的增加或生产成本的降低，将会使生产者从交换中不断获利，并逐步从辛劳的小康之家成为饱食终日的富户。要言之，使用价值向交换价值转变的必然性与后果是并存的，致富和衰败相伴而生的社会现象也源于此。

———————

① 〔法〕蒲鲁东：《贫困的哲学》上卷，余叔通、王雪华译，商务印书馆，2010，第75～76页。

　　仅仅揭示使用价值向交换价值转变的原因及过程，远不足以推翻古典政治经济学的价值理论。蒲鲁东自然清楚这一点，并为此进一步论证了所谓价值形式的矛盾性以及深藏其中的奥秘。他分析说，使用价值与交换价值之间的矛盾俯首即是。一种商品生产得越多反而越不值钱，数量稀少的奢侈品虽效用不大却价格极高，这样的现象屡见不鲜。发现价值形式的矛盾性绝非难事，关键在于如何理解它的必然性。一方面，个人对产品的需求只能通过劳动来获得它，是命定的必然。另一方面，消费者与生产者之间的产品交换，受双方的"意见"（opinion）及其背后的"自由意志"（libre arbitre）所决定。换句话说，自由意志既是交换的前提，又是令价值形式在效用和意见之间摇摆的决定因素。扩而言之，人们不能取消产品交换的自由，否则社会经济秩序就会因掠夺代替交换而无法保障。自由的消费者追求产品的合理性价比，自由的生产者则谋求产品的价格与成本之差的最大化。如此一来，产品价格就在交换双方自由意志的作用下始终处于波动之中。有见及此，解决这一问题的关键，不是消除价值概念而是重新确定它，不是取消个人交换的自由而是将它社会化。与其在关于价值形式矛盾性的各种争论中迁延不决，倒不如搁置争议，在承认矛盾必然性的前提下寻求协调它的可能性。

　　表面看来，蒲鲁东关于价值形式二重性的分析实现了自圆其说，实际上却漏洞百出。马克思批判道，蒲鲁东的分析充其量是一种同义反复或循环论证，也就是在交换价值已经产生的前提下叙述它的产生过程。不言而喻，满足人类各种需求所进行的多行业生产即为分工，而有了分工就意味着有了交换。需求决定生产的逻辑过程应该为：需求→生产 = 分工 = 交换→交换价值。"这样看来，本来一开头就可以假定有交换价值存在。"①不止如此，处于鲁滨逊式的孤独状态的生产者个人，通过建议其他行业生产者进行产品交换，毫无历史依据可言。只需稍加追问就能产生形成令其难以回应的质疑：孤独的生产者个人怎么就突然向其他生产者建议交换产品？他人为什么会不假思索接受这一建议呢？细究这些质疑，无一不直指

————————

① 《马克思恩格斯全集》第 4 卷，人民出版社，1958，第 78 页。

蒲鲁东用永恒范畴取代历史进程的谬误。他在形式上用建议及其多次方来完成产品交换，抹杀了交换在不同历史时期的内容上的差异。真实的产品交换过程是：起初，用于交换的产品只是生产大于消费的那部分剩余；随后，一切产品都被纳入商业的范围，全部的生产均以交换为目的；最终，全部物质的和精神的东西，包括德行、信仰、知识、良心、爱情等，都可以转化为交换价值。

至于蒲鲁东关于价值形式矛盾性的说法，更是经不起任何的推敲。使用价值与交换价值之间的矛盾绝非遥不可及的秘密，早在李嘉图时期就已经是众人皆知的观点。西斯蒙第、罗德戴尔等人也对此作过充分论证。如一切产品在商业形式下被归结为使用价值与交换价值的对立，使用价值与交换价值成反比例关系，收入减少与生产增长之间成正比例关系等。

进而言之，蒲鲁东论证价值形式矛盾性的第一个手法，即稀少与众多这对范畴的推演，违背了政治经济学的基本常识。只有在需求不变的情况下，产品的交换价值才同它的数量成反比。马克思认为，决定使用价值与交换价值的关系的真正因素，不是产品的数量，而是产品的供给与需求。当产品供大于求时，其交换价值就会相对较低；反过来说，供给越是小于需求，产品的交换价值就越高。随着产品的需求趋于稳定乃至不变，产品数量的增加自然意味着渐进的供大于求，产品的交换价值也就逐渐降低。

相较于第一个手法，蒲鲁东所使用的第二个论证手法依靠效用与意见、自由意志这两对范畴来说明价值形式的矛盾性，也"高明"不到哪里。首先，供求关系绝不等同于效用与意见的对立关系。诚如马克思所言："归根结底，供给和需求才使生产和消费相接触，但是生产和消费是以个人交换为基础的。"[①] 对于供给的产品来说，不仅其效用取决于消费者的需求，而且也在生产过程中与一切具有交换价值的东西进行着交换。换言之，供给绝不只代表效用，而是体现交换价值的总和。同样，需求所代表的也不仅仅是意见，它唯有在满足一定的交换条件下方可生效。在实际的交换中，消费者和生产者各自要求的交换价值出现不一致乃至产生矛

---

① 《马克思恩格斯全集》第 4 卷，人民出版社，1958，第 85 页。

盾，才是真实的对立。将供给和效用、需求混为一谈的做法，无外乎构筑于空洞抽象概念之上的主观臆想。

其次，自由意志的作用在实际交换中要受到很大的限制。囿于生产力的实际发展水平，生产者不能随心所欲创造产品。消费者的意见则取决于其社会地位，特别是资金和需求的状况。马克思举例说，工人购买马铃薯和妇女购买布匹看似遵从各自的意见行事，实则由他们不同的社会地位所决定而形成了质的差别。更有甚者，工人购买马铃薯是异化劳动下的被迫行为，他们为了维持生存不得不重新购买自身创造的生活必需品。现实的个人尚且如此，整个社会组织更是这样。社会需求的体系构筑于整个生产组织之上，个人消费的需求根本无法决定世界贸易。

最后，蒲鲁东的这种论证手法是一种错误的辩证法。马克思指出，为了阐述使用价值与交换价值的对立，蒲鲁东先把全部生产者抽象为唯一的一个生产者，再将一切消费者化作唯一的一个消费者，最后让这两个虚构的人物互相斗争。然则，生产者与消费者之间的斗争远非这般简单，不同生产者之间的竞争和不同消费者之间的竞争，也包括其中。总体而言，生产与消费、供给与需求的关系受一系列因素的影响，诸如生产力发展水平、生产费用、交换手段、消费者的社会地位和竞争等。抹去了这些因素的共同作用，任何关于供求关系的抽象公式皆会变得荒谬绝伦。用矛盾概念取代使用价值与交换价值之间、供给与需求之间的复杂现实关系，蒲鲁东的这种做法即如此。

二 构成价值或综合价值的实质

揭示价值形式的二重性与矛盾性，并非蒲鲁东的全部理论诉求，解决价值形式的二律背反问题方为其最终目的，因为揭示矛盾性并不等同于发现真理，它只为后者提供材料。在他的构想中，综合正—反题求得合题，找到将使用价值与交换价值协调起来的公式，就能真正解决价值形式的矛盾性问题。这个合题即为构成价值或综合价值，也就是各种元素按照一定规律在财富的整体构成中的比例关系或尺度，以此为遵循的规律则是价值比例规律。由于构成价值是组成财富的各元素遵循一定规律的结果，故创造财富的力量即劳动成为构成价值的决定因素。正是劳动本身的固定性和多样性，才既能按照相对固定而又多变的比例把财富的元素组合起来，又可以使财富的组合不断变动从而产生新的比例关系。相应之下，随着社会（"集体的人"）创造出数量、质量和比例均不断改进的产品，人们享受的社会福利得到持续提升。由此可以得出两个基本结论：①产品的比例在社会的任何时期都存在，其合理化程度和社会生产力的发展水平共同决定人们所能享受的社会福利；②产品的数量丰足、种类繁多和比例合适，是社会经济学的研究对象即财富的组成要素。

既然劳动作为构成价值的决定因素，那么劳动本身是否具有价值呢？针对以萨伊为代表的效用价值论——产品效用决定社会财富的价值，蒲鲁东对劳动价值本身作了详细的说明。他分析指出，劳动自身具有价值绝不意味着劳动可以直接成为产品，而只是一种理论假设、文法简略、以果溯因的类比说法。可假设终究不是事实，劳动价值与资本生产皆为虚构，劳动进行生产与资本获取价值才是真实的情况。劳动虽然在本质上具有模糊性和不确定性，但可以借助载体作自我确证。换言之，劳动的质量能够体现于劳动对象上，并借助产品成为现实。把具有天然效用或效用不明显的东西变为具有社会效用的产品，让物品从自然状态过渡到社会状态，是劳动的必然结果。

在指出构成价值的基本内涵和决定因素之后，为了清楚地说明构成价值的形成过程，蒲鲁东运用了比拟的叙述手法。"普罗米修斯"此时又"袍笏登场"。在通过劳动征服自然的过程中，这位"社会天才"不断汲取经验和提高效率，从而创造出更多的产品来获得更高的福利，并且逐渐把劳动当作享受。随着总结出每种产品所需的劳动时间，知晓了劳动与财富的正比例关系，"普罗米修斯"必然首先生产一些成本最低的生存必需品。尔后，基于生存得到了稳定的保障，他逐渐考虑创造一些精神产品乃至奢侈品。要言之，"聪明"的"社会天才"一定会按照产品成本大小的自然顺序进行生产。当然，由于一时的计划失误或贪图享受而忽视必需品的生产，他偶尔也会劳而无获、饥寒交迫。这个事例恰好佐证了价值比例规律的不可抗拒性，凡违背者必将受到应有的制裁与惩罚。

"普罗米修斯"的上述"创世记"不外乎是在描述生产分工而已。在蒲鲁东看来,印证这一过程的历史事实比比皆是。例如,人类在其文明发轫之时,主要从事采集、畜牧、狩猎和捕鱼等省时省力的最简单生产。随着这些原始生产的不断改进,私有物也逐渐增多,因为所有权往往表现为"偏爱",有着最直接效用的产品即"既成价值"(valuer faites)。虽然有时间性的历史事实作为充分的证据,但构成价值的形成过程不属于"与时间顺序相一致的历史",而是符合于"与观念顺序相一致的历史"。正如蒲鲁东所说,人类创造出来的各种事物的发展顺序,需要综合它们的全部发展状况来确定,并不完全决定于它们的起源先后。按照劳动的耗费多少所划分的如下顺序,即采掘生产、商业生产、工场生产、农业生产,是符合以上原则的。其中,农业生产虽自古有之,却受改进速度较慢的影响而叨陪末座。

综上所述,蒲鲁东得出以下基本结论:"价值就是生产者之间通过分工与交换这两种方式自然地形成的社会里组成财富的各种产品的比例关系";"效用奠定价值,劳动则把这种关系固定下来。"① 同理,"事物本身的性质和劳动者本身的需要就给劳动者指出应该按照怎样的顺序来生产组成其福利的各种价值",② 因此,价值比例规律合乎逻辑与自然、主观与客观,从而最具高度确定性。

正是基于这种所谓的最高度确定性,蒲鲁东才会"底气十足"地阐释构成价值的作用和意义,直接将它归结为正义、平等和公平的代名词,并从中推论出全部社会成员生活条件平等的定理。他认为,构成价值一方面作为一种纯粹的理性存在,必然包含同等且和谐的效用与交换的能力;另一方面作为一个实证的确定概念,取消了效用中仅供人享受的消极部分,纠正了将交换的目的视为意见的片面理解,消除了供求关系带来的价格波动和恶性竞争,最终使任何产品的价值都等于其成本,实现全部社会产品的供求均衡。一切产品的价值与成本相等,意味着各种产品彼此互为种属

① 〔法〕蒲鲁东:《贫困的哲学》上卷,余叔通、王雪华译,商务印书馆,2010,第100页。
② 〔法〕蒲鲁东:《贫困的哲学》上卷,余叔通、王雪华译,商务印书馆,2010,第97页。

关系，并且按照一定的比例关系组成一个系列。这个系列存在的前提，必然是任何一个劳动日皆与另一个相等。否则，就会由于价值尺度的不确定，让不同产品之间构成比例关系。既然不同的劳动日之间没有质的差别，那么全部社会成员的工资都是相等的，交换就构筑于完全平等之上来实现。

不难发现，蒲鲁东的构成价值根本没有科学性，因为真正的科学源于批判社会历史运动的认识，即关于本身就产生了解放的物质条件的运动的批判之认识，绝非从主观臆想中得出的解决社会问题的先验公式。马克思据此指出，蒲鲁东不仅对价值形式问题的关键——交换价值的理解，始终是模糊不定、谬误十足和极不彻底的，还误对李嘉图的价值理论作了空想主义式的解释，并使之成为所谓"新"的科学之基。以解决价值形式的矛盾性为"使命"的构成价值，却包含层出不穷的矛盾，具体如下所述。

其一，构成价值不外乎交换价值或相对价值的"另类"表达，抽象的交换价值公式对于解决价值形式的矛盾性毫无裨益。只要承认产品具有一定的效用，就意味着确定劳动作为创造产品价值的源泉。而劳动本身又是由时间来衡量的，因此，但凡以商品生产为基础的生产方式，包括资本主义生产方式，其下创造的任何产品的交换价值，都受生产它所耗费的劳动时间所决定。蒲鲁东"苦心孤诣"地论证构成价值的基本内涵、形成过程和作用意义，不外乎复述了以上内容。只需稍加罗列李嘉图价值理论的几个要义，诸如产品的稀少性和获取它所需的劳动量是交换价值的尺度、产品的绝对价值和相对价值之间有着实质的区别、产品价格受生产费用所调节等，便很容易揭穿蒲鲁东"玩弄辞句的企图"。[①] 李嘉图毕竟谈论的是资本主义生产的实际运动，他从现实的经济关系中得出劳动时间确定交换价值的规律，并用来解释经济社会如何构成价值。相形之下，蒲鲁东却完全撇开现实，妄断构成价值何以成为经济社会的前提性因素，甚至不惜歪曲、捏造出各种假象作为构成价值论的现实应用。

其二，由劳动时间衡量的相对价值，非但无法推论出人人平等的革命

---

① 《马克思恩格斯全集》第4卷，人民出版社，1958，第92页。

学说，反而代表着工人遭受奴役的公式。尤其是李嘉图的价值理论把人变为帽子的说法，看起来言辞刻薄，实质上深刻揭露出现代经济关系的赤裸现实，直接戳穿劳动彻底沦为商品这个资产阶级的最大秘密。生产这种劳动商品，"需要为了生产维持不断的劳动即供给工人活命和延续后代所必需的物品的劳动时间"。① 资本家普遍追逐利润最大化而尽可能降低工人的工资，工资的最低额随之就成为劳动的自然价格乃至市场价格。这样一来，工人只得依靠微薄的收入购买勉强活命的必需品，其命运也被牢牢束缚于资本家手中。可见，由劳动时间衡量的相对价值所表征的现实，不仅是产品的异化、工人和资本家的异化，更是资本家对工人的剥削关系。在这种残酷的情况下，蒲鲁东关于劳动是否具有价值的讨论就显得无足轻重，揭露问题的实质并找到解决办法方为迫在眉睫之事。

就其实质而言，蒲鲁东以劳动时间为价值尺度得出人人平等结论，只是一种循环论证的假说。产品自身包含的劳动量，不会伴随其生产者之间相互地位的改动而变化。假使不同的产品所耗费的劳动量是相等的，这种等价交换也不能动摇生产者的相互关系。在实际的经济生活中，只有将复杂劳动日折算为倍增的简单劳动日的竞争，而不是劳动时间作为价值尺度，才有可能成为衡量各种不同劳动日之间关系的因素。一旦在不同的劳动日之间进行折算，就意味着默认简单劳动是整个社会生产活动的枢纽。再加之分工的高度精细和机器的普遍使用的共同作用，更会带来严重的后果——劳动的主体被置于次要位置，钟表成为衡量不同工人的相对活动的方式。② 换句话说，时间等同于全部生产活动的一切，人至多不过是时间的表现。这种劳动的量化与平均化，注定是工人沦为现代工业之奴隶的真实写照，与蒲鲁东期许的永恒公平和报酬均等没有丝毫瓜葛。

其三，用劳动价值来确定相对价值的做法，不相容于建立在阶级对抗基础上的经济事实。没有正确区分用劳动量和劳动价值来衡量产品价值，把生产费用和工资混为一谈，导致蒲鲁东从李嘉图的价值理论中推论出一

---

① 《马克思恩格斯全集》第 4 卷，人民出版社，1958，第 94 页。
② 芒福德的"钟表而非蒸汽机是工业时代的关键机器"，与马克思的这一观点表达的是同一个意思。

切皆平等的谬误。劳动价值自身是一种需要确定的相对价值，劳动所能生产的产品数量绝非变动不居。因此，用劳动价值来确定相对价值是一种有违事实的循环论证。如此一来，蒲鲁东只能把劳动价值的说法解释为理论假设或文法简略。在构筑于阶级对抗的现代社会中，劳动沦为可被买卖的商品意味着劳动也具有交换价值，后者取决于生活必需品的贵贱和人手供应量的大小等；用来买卖的不是一般劳动而是具体劳动，这类劳动的特性与劳动对象之间互为决定要素；同购买机器一样，人们出于劳动的效用购买它，把它用作生产工具。概言之，"由于劳动是商品，所以具有价值，但它并不生产东西"。①

　　正是意识到把劳动价值归结为理论假设难以应对现实的强烈冲击，蒲鲁东才将由劳动时间确定的相对价值，叙述为构成社会财富的各种产品之间的比例关系。在马克思看来，这种比例关系更是一种具有严重后果的现实虚构，它只有在供求始终均衡、消灭阶级对抗的社会中才能实现。蒲鲁东非但没有正确认识到产品的效用大小与生产它所耗费的劳动时间的关系，反而把这种关系颠倒了。始于文明发轫之时，产品的生产便建立在次序、等级、阶级的对抗之上，最终固定到积累劳动和直接劳动的对立之上。缺失了这些对抗性因素的价值比例关系必然为子虚乌有之事。事实上，各种产品价格之间的关系在不同的历史时期不尽相同，甚至完全相反。例如，中世纪的农产品价格普遍低于工业品价格，而到了近代资产阶级社会中，农产品中的生活必需品价格不断上涨，工业品价格却在低于农产品价格的基础上逐步下跌。资产阶级社会的基石恰恰在于棉花、马铃薯和烧酒等普遍消费品。它们因价格低廉而轻而易举地为资本家所独占，使其进而控制工人阶级的命脉。正如马克思所说："在建立在贫困上的社会中，最粗劣的产品就必然具有供给最广大群众使用的特权。"②

　　确切地说，产品的相对价值是由生产它的最低限度时间即必要劳动时间决定的。因此，蒲鲁东为之神往的比例关系诉诸实践后将导致产品的比

---

① 《马克思恩格斯全集》第 4 卷，人民出版社，1958，第 101 页。
② 《马克思恩格斯全集》第 4 卷，人民出版社，1958，第 105 页。

例失调，要么把产品、生产工具乃至全部的生产部门卷入由竞争带来的普遍跌价之中，要么使单调同一的垄断占据产品领域的统治地位。马克思认为，结合生产所处的具体历史条件，即可弄清楚确定产品的比例关系是否必要。只有在生产资料有限、交换范围极小的古代，产品供求的正确比例才是人们的迫切要求。到了大工业时代，"由于它所使用的工具的性质，不得不经常以愈来愈大的规模进行生产，它不能等待需求"。① 此时，重提产品按比例生产和消费，只能是天真的美好幻想。诉诸正义、公平、平等或平均主义的观念，亦无法改变构成价值被历史所遗弃的命运。殊不知，英国的一些社会主义者，如托马斯·霍吉斯金（Thomas Hodgskin）、威廉·汤普逊（William Thomson）、托马斯·艾德门兹（Thomas Edmonds）、约翰·勃雷（John Bray）等，都曾平均主义地应用过李嘉图的价值理论。其中，受勃雷的影响，英国的一些城市虽设立了产品公平交易所，却在募集了大量资本后纷纷破产。归根到底，产品的交换方式始终要取决并适应于一定的社会生产方式，而阶级社会的生产方式又与阶级对抗相适应。这从根本上决定了等量劳动的公平交换之类的平均主义关系，不过是阶级对抗之现实的"美化影子"。

三　价值比例规律应用的非现实性

　　整体审视蒲鲁东的构成价值论，不难发现它几乎完全套用了古典政治经济学的理论框架——价值二重性→价值尺度→价值要素→价值规律→现实应用，仅仅是稍微调整次序、换个称谓而已。按照他的解释，阐明金银成为货币的经济原因、证实凡劳动必有剩余的定理，是价值比例规律之现实应用的两个明显例证。这也是构成价值论超越资产阶级政治经济学的地方，后者只是约定俗成地论证了金银成为货币的自然原因，把数量稀少、不易损坏、携带方便等金银的独有特性当成主要因素；还由于"崇拜"供求关系调节商品价值的唯一信条，不能正确认识剩余从而确定利润，让劳动剩余的科学公式沦为盗窃他人财产合法化的工具。

---

　　① 《马克思恩格斯全集》第 4 卷，人民出版社，1958，第 109 页。

正是政治国家所作的干预，才赋予金银按一定比值执行支付手段的功能。用蒲鲁东的话来说，金银是价值已经构成的第一种商品，或曰构成价值的发展过程中的首个环节。早在宗法制时期，金银就已经显现与其他商品的比较优势，并逐渐占据支配地位。随着它被君主占有并打上后者的专属印章，便自然而然成为货币这种最优越的商品。商品交易过程中发生的任何动荡，都无法撼动金银于各种支付行为中间所保持的一定比值。即使金银铸币"缺斤短两""以次充好"，也不足以改变这一比值。相反，由上述径导致的货币贬值，刚好证明了金银同其他商品之间存在比例关系。它们既没有改变金银的实际数量，从而与其他商品的比例关系又会在货币数量增加时使金银的交换价值成等比例的降低。金银铸币造假者不外乎是利用了价值具有任意性和不稳定性的原理来获利，而构成价值则是为了打破这一政治经济学的基本原理而生。因此，把金银铸成货币首先关涉确认比例规律的问题，亦即价值构成的第一步的问题。"当人类理解到所有的劳动产品都应该服从一种能够使各种产品都同样可以转换的比例尺度，他便着手把这种绝对可换性只赋给一种特殊的产品，使这种特殊产品成为人类其他一切产品的范本和保证。"①

关于凡劳动必有剩余的定理，蒲鲁东认为它表明了全体社会成员的协调一致，故而最能证实社会是一个"集体的人"，也就是自身具有受一定规律支配的独特的智能和活动能力。易言之，凡劳动必有剩余是社会规律的一种反映，而非社会各成员的活动规律的总和之结果；它必须依靠社会规律来证明，价值比例规律则恰如其分。之所以要用社会规律来证明，是因为个人活动的规律与社会规律相对立，个人财富的损益和社会财富的损益是不可同日而语的甚至完全相反的。"经济方面的新发明决不会给发明者带来和他贡献给社会相等的利益。"② 众所周知，铁路货运的社会效益远超兽力车运输。当它们的运费持平时，铁路货运的利润却要大大低于兽力车运输。此时，维护一部分货运人的微小利益而要牺牲巨大的社会

① 〔法〕蒲鲁东：《贫困的哲学》上卷，余叔通、王雪华译，商务印书馆，2010，第 110 页。
② 〔法〕蒲鲁东：《贫困的哲学》上卷，余叔通、王雪华译，商务印书馆，2010，第 66 页。

效益。然而，铁路货运价格的提升，势必令它在与兽力车运输的竞争中始终居于劣势直至失去一切生意。由于全体社会成员都是潜在的货运人，铁路货运的社会效益的消失势必蔓延到每个人身上，造成更加不可估量的损失。

社会自身是由生产、消费、交换、流通等一切环节构成的相互联系的系统，不同形式的劳动之间存在比例关系，各种实业家的活动形成了一体化。蒲鲁东据此指出，对于诸如新的机器或发明之类的劳动工具而言，只有在公众消费的需求足以持续推动它的使用，或者其他劳动能够充分供养它的时候，才可以被制造出来。这样，"集体的人"每天所消费的始终是其生产的物品，并且在消费过去产品的同时不断生产出新的物品，剩余便由此产生。相较于这个"普罗米修斯"的第二次"创世记"，现实的情形更为错综复杂。其中，财富增长与生产进步是相一致的，人们社会福利的高低和劳动强度的大小、产品种类的多寡成正比例关系。与之相比，消费的内容则要丰富得多，既有谋求政治利益和道义利益的公共消费，又有包括为满足需求而立即支付产品费用从而使生产者直接获利的个人消费。当然，凡劳动必有剩余定理的实现只限于社会整体层面，没有扩及全体社会成员身上。劳动者原本可以在工资均等的情况下享受日益增长的剩余产品而彼此富足，可是社会分化出从中获利和因之致贫的两个不同群体。由此可见，将产品比例规律实践化来解决贫困问题极为必要。

"复盘"蒲鲁东的论证金银成为货币的全部逻辑，极易看出它不过是一套"幼稚多于狡猾"的"戏法"。①马克思分析说，蒲鲁东在用产品中包含的劳动量确定构成价值之后，完全能够通过生产金银的必要劳动时间的变动"有逻辑地"说明金银价值的变化，却"舍本逐末"地开始绕圈子：只要任何有用产品的价值都由生产它的必要劳动时间来衡量，这种产品就有永续的交换性能；金银具有作为普遍交换即货币的特性，从而满足了交换的可能性的条件，自然而然地达到构成价值的状态。于是，问题便聚焦到何种因素使金银成为普遍交换的手段。蒲鲁东的论证结构中预设了

---

① 《马克思恩格斯全集》第 4 卷，人民出版社，1958，第 118 页。

货币的存在，后者需要在正确解答以下两个主要问题后方可成为前提。第一，对于已经形成了的普遍交换，作为特殊交换手段的货币的必要性在何处？第二，货币的本质是什么，它所表征的社会关系缘何属于一种生产关系？显然，相较于货币的必要性与本质，金银成为货币的经济原因是次要的。"这个问题不应当用生产关系的总体系来解释，而应当用金银作为一种物质所固有的特性来解释。"① 这样看来，蒲鲁东从一开始就在方法上犯了颠倒主次的错误。相反，遭受蒲鲁东无端指责的资产阶级政治经济学家却做了正确的事情。

进一步来说，假设构成价值能够成立，任何产品的价值皆不可独存，而是与相同时间内制造的全部产品的数量成比例。金银亦不例外，它要以其他价值已经构成的产品为前提，不能成为价值已经构成的首个商品。马克思认为，蒲鲁东所叙述的金银成为货币的经济原因根本无法成立，这等于承认君主专制是政治经济学的最高原则之一。一定历史时期的政治国家的或市民社会的全部立法，均只作为当时的经济关系的反映而存在。连君主在发号施令时也得服从这些经济关系，无法达到绝对的专制。随着生产和交换的发展，一般交换手段的职能最终会固定到金银等少数适于此用的商品上。换句话说，金银作为一般交换手段"占有"了君主，并让君主盖上印章赋予它自身以政治的神圣性，而不是相反。货币尤其是金银铸币，看似以某种实物的形式出现却绝非实物，实则是经济关系从属生产关系的表现。金银铸币因造假而贬值，根本没有解释清楚一盎司金银的真正价值。随着金银假币以捐税的形式重新回到君主手中，他在造假初期的获利便已损失殆尽。法国国王菲利普一世及其继位者刚将造假的金银铸币投入市面，就下令照原有成色重铸货币，由此可见一斑。

究其实，在金银铸币的价值上，贸易比君主更有"发言权"。在马克思看来，金银铸币为纸币所取代，抑或国际贸易中的金银以产品而非货币的方式进行结算，都足以打破金银被君主赋予货币职能的观点。同蒲鲁东的构成价值论相比，李嘉图的货币价值论在金银成为货币的问题上更具合

---

① 《马克思恩格斯全集》第 4 卷，人民出版社，1958，第 120 页。

理性；后者始终秉持劳动时间决定相对价值的观点，不仅把金银归结为适应于生产它们并使之投入流通所必要劳动量的商品，而且指明由供求规律并非产品中包含的必要劳动时间来确定货币的价值。客观地说，蒲鲁东的观点较接近萨伊的价值理论。将金银成为货币的经济原因视为价值比例规律之现实应用，和用供求规律确定价值的例子解释货币，是本同末离之举。综上所述，"金银之所以永远能够交换，是由于它们具有作为普遍交换手段的特殊职能，而决不是由于它们在数量上和财富总额成比例；或者更明确地说，金银之所以经常保持均衡，是由于在一切商品中只有它们作为货币，作为普遍的交换手段，不管它们的数量和财富总额的比例关系如何"。① 一言以蔽之，金银成为货币的经济原因和构成价值之间没有任何关联。

凡劳动必有剩余的定理，远非价值比例规律能够证实。马克思继续写到，以社会这个"集体的人"为前提，没有超过资产阶级政治经济学的范围，因为后者总会把社会称作精神实体，将各种不存在的属性加诸其身。蒲鲁东试图诉诸"集体的人"证明社会规律与个人活动规律之间的对立，但他枚举的铁路货运和兽力车运输的例子并非事实而只是虚构。这些例子只有在满足一系列条件的前提下才有可能成立，例如，任何事物的比例都是一回事，比例关系可以取代全部事物及其相互联系；全体社会成员均有运货的需求，并且只能在铁路和兽力车中二选其一；每个人的财富是均等的，托运货物的价值皆相等；所有的时间都能创造价值，劳动时间和运输时间在这方面没有实质差别；等等。显然，上述诸条件难以在现实中逐一达成。只从比例自身来说，它根本不能转化为货运资本，货运速度的比例与货运利润也非一回事。新的发明或机器的普遍使用，绝不意味着社会利益与个人利益之间的对立。不论是主张用劳动时间确定价值的李嘉图，还是拥护供求关系决定价值的罗德戴尔，都早已证明生产工具的革新将使资本不断涌入利润高的生产部门，直至这一生产部门的利润率跌到一般水平。

---

① 《马克思恩格斯全集》第 4 卷，人民出版社，1958，第 126 页。

　　至于阶级贫富分化源自社会规律未能充分实现到每个人身上的说法，更是无稽之谈。马克思强调，英国的工作日生产率在几十年内激增 27 倍的事实表明，阶级贫富分化是生产力发展和劳动剩余增加的必要条件。假使凡劳动必有剩余的定理在每个人身上得以实现，也只要重新平均分配社会财富即可，无须改变已有的生产条件。然而，在生产条件无法得到改变的前提下，个人获得极大的财富终将未果。"正是由于竞争使工资时高时低于维持工人生活所必要的生活资料的价格，工人才有可能在某种程度内（即使微不足道）分享社会财富的增长；但正因为如此，他们也可能死于贫困。"① 抹杀了构筑于阶级对抗之上的各种关系，只涉及财富增长与生产和消费之间的联系，蒲鲁东所"复活"的"普罗米修斯"也就变为一个"没有手脚的怪影"。②

四　价值形式所表征的社会生产关系

　　显而易见，马克思在写作《哲学的贫困》时期已经认识到，价值形式所表征的不是物与物之间的关系，而是人与人之间的关系，是一种社会生产关系。不仅如此，他还明确了社会与生产关系的真正内涵，从他同一时期关于雇佣劳动和资本的演讲中可以得到证明："各个人借以进行生产的社会关系，即社会生产关系，是随着物质生产资料、生产力的变化和发展而变化和改变的。生产关系总合起来就构成所谓社会关系，构成所谓社会，并且是构成一个处于一定历史发展阶段上的社会，具有独特的特征的社会。"③ 诚然，马克思此时看上去尚未超越李嘉图价值理论的内容，从没有区分劳动和劳动力、劳动商品的价值取决于生产它耗费的必要劳动时间、劳动的自然价格即为工资的最低额等观点中，可以见微知类。但是，马克思在方法上已经与李嘉图有了本质的区别。李嘉图虽从分配入手考察各独立的社会阶级之间的利益对立关系，却没有深入不同阶级之间对立关系的实质中，仅仅将这种隐蔽的内部联系片面地归结为实物总收益各阶级

　　① 《马克思恩格斯全集》第 4 卷，人民出版社，1958，第 137 页。
　　② 《马克思恩格斯全集》第 4 卷，人民出版社，1958，第 135 页。
　　③ 《马克思恩格斯文集》第 1 卷，人民出版社，2009，第 724 页。

之间的分配。相反，马克思则明确把价格运动背后所实现的分配，确立为人类劳动产品总价值的分配从而进行生产的人们之间的社会关系。

承前所述，蒲鲁东在阐释价值形式的二重性时，虽也谈及价值表示的是一种社会关系，却是与马克思背道而驰的。仅仅意识到需求、效用、生产和交换等社会因素之于价值形式二重性的作用，不能充分说明蒲鲁东已经完全理解价值形式所表征的社会生产关系。在劳动者作为价值创造者的前提下，蒲鲁东的思考全部止于观念之间的推演。与其说蒲鲁东构成价值论是对李嘉图价值理论的抽象性阐释、空想式理解，毋宁言其与西斯蒙第开创的小资产阶级政治经济学之间的关联。具体表现在以下几个主要方面：一是批判古典政治经济学中只顾论证财富生产合理性、忽视其矛盾性的弊端；二是基于劳动创造价值来强调需求和效用之于商品价值的决定作用；三是将生产剩余视作消费不足的结果因而以产品的比例关系为目的。

公允地说，蒲鲁东的构成价值论中有一些值得肯定的部分：他从工人无法买回其劳动产品所导致的贫困状况出发，试图通过一种合理的比例来实现产品按其应有价值出售，最终让工人摆脱贫困的境地。这种矛盾的、理想化的理论色彩的形成，同小资产阶级的现实条件和社会地位是密不可分的。蒲鲁东作为小资产阶级的社会主义者，既迷恋于大资产阶级的奢华，也同情工人阶级的苦难。正是富有与贫困相伴而生的矛盾，才使蒲鲁东将矛盾神化为贯穿于构成价值论的主线。由于鲜明地阐释实践之目的为解决贫困问题，小资产阶级将会成为正在从矛盾中酝酿着的社会革命的重要力量。构成价值论的部分科学性即在于诠释了小资产阶级的历史作用。可是，观念上的矛盾毕竟无法代替矛盾的现实表现。问题的关键不在于承认矛盾的必然性，而在于认清矛盾根植于现实中。此处的现实不只是对工人阶级贫困事实的客观描述或道德谴责，更是事实中蕴含的本质和决定因素，即建立在阶级对抗上的社会。蒲鲁东只想诉诸构成价值来调和矛盾，故而对推翻矛盾的真正基础这个本质问题熟视无睹。真正要解决的不是使用价值与交换价值的对立，而是工人阶级遭受现代奴役的现状。唯有推翻现有不合理的社会生产关系，方可真正平衡不同社会阶级之间的对抗。因此，蒲鲁东也是一个彻头彻尾的空论家，与诸多醉心于发明各种"科学公式"以平衡各种社会矛盾的"社会改革家"无异。

从当时法国官方理论界关于贫困问题的探讨中，也能管窥蒲鲁东构成价值论的部分革命性。受启蒙运动以来倡导平等观念和社会改革思潮的影响，法国伦理和政治科学院于 19 世纪 40 年代就解决贫困问题展开征文研讨。应征者们曾尝试用私人联合、保险契约等原则来解决问题却收效甚微。他们由此从物质领域转向道德领域，论证享乐的欲望和求奢的意愿是人类文明新阶段的主要特征，探究财富增长与享受提高对民族道德的影响、教育制度之于贫困阶级实现幸福的作用。道德谴责虽非贫困之弊病的"治本良方"，亦有"治标"之部分功效。法国科学院却"反其道而行之"，将贫困问题消解于社会经济生活之中，进而维护现有私有制的合理性。

相比之下，蒲鲁东从贫困的社会现实出发，以矛盾质疑私有制的合理性、用构成价值解决贫困问题，具有革命的一面。这种革命性秉承了他在《什么是所有权》中的基本思路，因为实现产品的比例关系可被视为重建所有权的重要内容。从重塑正义以彻底批判私有制到用构成价值重组社会财富，蒲鲁东的理论革命性之程度却随之不断降低，以致完全沦为一种典型的折中主义式的平衡。除了理论目的方面的一定实践性和部分革命性之外，构成价值论中没有任何值得品头论足的地方。面对建立在阶级对抗基础上的经济事实——劳动在资产阶级社会中彻底沦为商品，工人为了获得维持生存的微薄工资而不得不忍受资本家的剥削，唯有打破它的基础即资本主义私有制，方可实现工人从现代奴役中的解放。产品的比例关系终究只是小资产阶级一厢情愿的幻想罢了。

基于蒲鲁东主义的整体性来审视，构成价值同自由的无政府主义紧密相连。根据蒲鲁东的解释，构成价值的形成取决于"意见"，即生产者和消费者双方在产品交换中就价格、数量、时间等达成一致。这种自由的、平等的交换，不应受到政府的一切暴力的压迫，以及所有权的一切经济的掠夺。事实上，构成价值不过是英美习惯法中的合理价值概念。或许出于使其学说更富哲理的需要，蒲鲁东将构成价值的概念黑格尔化，以便在自由平等的"外衣"下，调和使用价值与交换价值的对立。将所有权界定为掠夺，绝非意指个人凭借自身劳动或者同他人劳动相交换而对产品的占有，也绝不意味着蒲鲁东要废除它。从本质上说，只要所有权的基础为劳动和自由平等的交换，无政府主义就是最不能让渡的和可以交换的个人所有权。显然，这种所有权根本无法在资产阶级占据生产资料和生活资料的社会中实现。

值得注意的是，剩余价值也为价值形式中应当加以考察的重要因素之一。马克思在《哲学的贫困》中虽然没有直接谈及剩余价值，但实际上已经打算解决这一问题。正如恩格斯所指出的，马克思此时"不仅已经非常清楚地知道'资本家的剩余价值'是从哪里'产生'的，而且已经非常清楚地知道它是怎样'产生'的"。① 由劳动时间衡量的相对价值注定是工人遭受现代奴役的公式，这一观点表明马克思已经厘清如下两种价值之间的差别，即工人自身劳动所创造的价值和工人凭借劳动从资本家手中获得的价值。工人的劳动须借助生产资料才得以实现，故而上述两种价值的差额就成为生产资料所有者即资本家的财产。

无独有偶，马克思在同一时期所作的《雇佣劳动与资本》中，也着重探讨了剩余价值的产生过程和表征的社会生产关系——"雇佣劳动对资本的关系，工人遭受奴役的地位，资本家的统治"。② 他分析认为，工人为了货币出卖自己的劳动、资本家用货币购买工人的劳动，只是一种假象。工资的实质不在于对其劳动产品的部分占有，而在于资本家生产费用的一部分。工人为了获得必需的生活资料而出卖自己的劳动，意味着其生命活动的异化，即从目的沦为手段。一言以蔽之，工资即为社会生产关系的一种表现。同样，作为用来进行新的生产的积累劳动，资本亦为资产阶级和资产阶级社会的生产关系。不止如此，资本与雇佣劳动是互为前提的、相互制约的、相互产生的：只有同工人劳动相交换进而产生雇佣劳动，资本才能实现增值；唯有使作为奴役它的权力的资本得以增强，雇佣劳动方可同资本相交换。在资本与雇佣劳动相交换的过程中，工人劳动这种巨大的再

---

① 《马克思恩格斯文集》第 6 卷，人民出版社，2009，第 12 页。
② 《马克思恩格斯文集》第 1 卷，人民出版社，2009，第 712 页。

生产力量不仅补偿他们所消费的东西绰绰有余，而且使积累劳动具有比先前更大的价值。这正是剩余价值的奥秘所在。

　　辨明资本与雇佣劳动的关系，有助于直指资本家与工人的利益一致说之要害。马克思认为，资本与雇佣劳动的利益是截然对立的，利润和工资是成反比的。其一，商品的平均价格即它同其他商品相交换的比例，始终取决于它的生产费用。资本家之间的盈亏势必在整个资产阶级范围互相抵消，工资则总是趋向于其最低额。其二，通过改进机器等一些利用自然力的新方法，资本家可以用与过去同等数量的劳动及资本创造更多的价值，工人劳动的价格却在一定范围内保持不变。其三，整个资产阶级的纯收入归根到底为直接劳动使积累劳动增加的部分，是按照劳动使资本增加的比例（利润对工资相对增长的比例）而增长的。即使在表面看来最有利于工人阶级的情况下，在资本迅速增长带来的工人物质生活的极大改善的前提下，也不会消除工人和资本家之间的利益对立状态。在所谓的经济繁荣时期，工资增长的比例要远低于利润增长，因为只有满足工人劳动的交换价值相对下降的情况，资本增长才会等于利润增长。与此同时，横亘于工人与资本家之间的"鸿沟"也日趋扩大，资本支配劳动的权力和劳动对资本的依赖亦愈发严重。相形之下，蒲鲁东虽然看到资本家无偿占有工人集体劳动所创造的价值这个事实，但由于固守"只能用产品来购买产品"的教条和产品的比例关系的幻想，无从得出剩余价值的结论，无法理解工资和利润的真正关系，从而决定了其平均主义方案的非现实性。

第七章　从社会分工中复归人的自由

　　劳动分工和社会自由是贯穿西方现代社会的一个基本问题。随着工业革命的完成，资本主义生产方式下的分工使劳动者不断地沦为机器的附庸。与此同时，启蒙运动所唤起的人本思想则使个人自由成为理想社会形态的目标。于是，这两者之间就出现了矛盾。如何从分工真正复归人的自由，实现社会分工和个体自由的协调发展，成为包括马克思和蒲鲁东在内的思想家建立各自的理想社会形式的核心问题。马克思和蒲鲁东之间的根本不同之处在于：前者基于对分工的实质及其所表征的历史过程的理解，提出联合起来的个体只有实现对全部生产力的占有才能实现劳动向自主活动的转化，真正地消灭分工；后者不仅完全忽视了分工在不同历史时期所呈现的质的差别，错误地将分工作为永恒范畴推广到一切社会经济形态中，还简单地认为找到观念上的"经济进化的系列"就能找到实现自由之路。蒲鲁东的这种观念论式的分工理论必然会遭到马克思的强烈驳斥，这成为马克思《哲学的贫困》中的主题之一。

一　分工的矛盾及其原因和解决之道

　　蒲鲁东对社会分工的阐述主要集中于《贫困的哲学》。秉承其论证具体经济范畴的基本框架，即必然性（正题）→危害性（反题）→应解决的问题（合题），蒲鲁东在上述文本中详细论述了分工理论。按照蒲鲁东的构想，分工是"经济进化的系列"或"经济矛盾的体系"中的首个阶段，因为组织劳动的第一个步骤就是分工。为了凸显其观点的哲学色彩，蒲鲁东特意引入了哲学和心理学的分析，将分工描绘为人类社会经济进化和智能发展并行的首个阶段，逐一探讨了分工的二律背反的表现、原因和解决办法。

在说明分工的必然性之前，蒲鲁东论证了社会的经济进化和智能发展过程的一致性。他指出，在人类社会的发展过程中，智能活动和经济活动是平行地进行的，它们互为表里，互作解释。相应的，分别以上述两种活动为研究对象的心理学①和社会经济学是相一致的，它们从不同的角度展示了人类发展的同一部历史。所以，哲学心理学的部分科学论断同样可以推广并应用于社会经济学中。例如，包括爱尔维修、康德、费希特和黑格尔等在内的近代西方哲学家普遍认为，社会中的每一个体都具有数量完全相等的判断力即智能，个体之间的智能只是在"质的确定性"上有所不同。原始社会也不例外，这其中的所有的人不论就其野蛮无知还是就其拥有的无限智能来说，都是平等的，尽管这种平等还只是消极的、不自为的平等。然而，"按照环境的有利程度，普遍的进步总是或迟或早地引导所有的人从原始的消极平等进入才能与知识上的积极平等"。② 将这个哲学心理学结论同样应用于社会经济学，就变成如下内容：在人类社会的经济进化过程中，普遍或均等的贫困会逐步转变为社会福利上的平等。

不仅如此，从经济进化与智能发展的一致性出发来审视分工，就会发现它在本质上是实现生活条件和知识的平等的重要方式。蒲鲁东认为，分工既可以通过形成多样化的职业、产生产品的比例和交换的平衡，实现社会财富的增长；也会在工艺和自然的各个领域，为人类智慧创造性的发挥开辟广阔的前景，使其内化并永存于一切劳动者的身上。由此可见，分工不是人类智慧的结果，而是社会经济进化和智能发展的首个阶段。任何对人或事物的研究，都应从分工这个阶段开始。最典型的就是斯密对分工规律的研究，他的相关论述被蒲鲁东视为经济进化和智能发展的并行、社会经济学与心理学的内在一致的重要体现。斯密在谈及分工的原因时指出，

---

① 这里指的是 19 世纪中叶的哲学心理学，是运用思辨的方法对人的心理活动规律进行研究所得到的认识的总和，而不是人们现在所说的科学心理学。彼时，心理学才开始从哲学中分化出来而成为一门独立的新兴学科。在这方面，蒲鲁东颇为"赶时髦"，他在许多著述中都曾以某些哲学心理学的结论为立论依据，其目的是使其学说显得更具有说服力。

② 〔法〕蒲鲁东：《贫困的哲学》上卷，余叔通、王雪华译，商务印书馆，2010，第 127 页。

分工表面上是人类智慧所预想的实现普遍富有的方式，但实际上是不以广大效用为目标的一种人类要求互相交换倾向所缓慢而逐渐造成的结果。这种交换倾向是人类共有的和特有的。不同属的动物之间（比如说猛犬和猎狗）的差异，虽然比人与人之间（比如说哲学家和挑夫）在接受后天教育之前的差异要大得多，但是，它们不能把种种不同的资质或才能结成一个共同的资源，更不能增进同种的幸福和便利，因为它们没有交换（交易）的能力和倾向。与此相反，即使是极不类似的才能，也能在人类彼此间交相为用。依靠互通有无、物物交换和互相交易的一般倾向，人类可以把各种才能所生产的各种不同产物，结成一个各个人都能从中购取所需物品的共同资源。

作为"经济矛盾的体系"中的首个阶段，分工有其固有的矛盾，并形成一种二律背反现象。由于观念转化为现实的过程往往是比较漫长的，所以，分工所带来的进步虽然最终要扩及每个人，但绝不是划一地同时及于每个人。这种进步带有强烈的"偏私"使少数人成为民族的精华部分，而广大劳动者则仍然处于野蛮状态。正是这种偏私，使人们长期相信生活条件的不平等是出于自然与天意，同时也产生了种姓制度，建立了各个社会的等级制。要言之，分工竟然从一个上天所赋予人类用以获取知识和财富的强有力工具变为人类制造贫困和愚蠢的工具！在蒲鲁东看来，分工规律即劳动按照其固有的规律进行分工，一方面提高了劳动者的熟练程度，实现财富增值（"好的方面"）；另一方面则是自我毁灭与自我否定，造成了人类的精神衰退和文化贫乏（"坏的方面"）。

蒲鲁东自认为其对分工的理解在政治经济学领域内具有首创性意义，因为自斯密以来的全部政治经济学家都不仅过分强调分工的"好的方面"而忽视其"坏的方面"（萨伊除外，蒲鲁东认为他是承认分工可以同时产生良好结果和不良后果的第一人[①]），还没有找到造成分工规律两面性的原因。为彰显其理论的超越性，蒲鲁东对分工的必然性即"好的方面"只是

---

① 〔法〕蒲鲁东：《贫困的哲学》上卷，余叔通、王雪华译，商务印书馆，2010，第129～130页。

做了轻描淡写的论述，重点则论述分工所带来的对抗性后果，诸如败坏人的灵魂，使其重新沦入兽性；延长工作日，加之"普遍良知"（conscience universelle）不会对监工的工作和小工的劳动等量齐观，使工作日与脑力的消耗量成反比，让劳动者遭受报酬微薄所造成的肉体痛苦和灵魂摧残；造成文人的消失和文学的衰退，真正的文人就成了人类最渺小的一种官能的可怜化身，文学就彻底变为存在于将其作为消遣的有闲阶级、受它所迷惑的无产阶级、凯觎政权的政治骗子和捍卫政权的附庸风雅者之中的糟粕。正如托克维尔所说："随着分工原则的付诸实施，工人变得愈益衰弱、狭隘和依附于别人；工艺进步了，匠人却倒退了。"① 出于直观呈现分工的后果这一目的，蒲鲁东还引证了机械工艺、文化工业和公共服务业中的几个实例。② 上述对抗性在蒲鲁东看来是无法避免的，因为二律背反是任何社会的经济和哲学都具有的特点。不论是增加工人福利，提高其社会地位，以此来重新振奋他们的精神，还是普及推广教育，从根本上促进工人的进步，为实现其解放和幸福做好准备，都无济于事。

蒲鲁东据此总结到，解决分工问题的关键之处不在于承认或描述这种作为普遍事实和原因的分工及其所具有的规律的一切特征，而是要找到补救分工所固有矛盾的方法。由于分工在二律背反的支配下呈现两种根本相反、彼此对立的现象，因此，只有重组劳动，在消除分工弊病的同时保留它的有益作用，才能对分工所固有的矛盾有所补救。所谓重组劳动，就是既能保存工人的专业技能，又能把最大限度的分工与最高度的多样性结合起来，形成复杂而和谐的合题。只要调查事实，请教人类，就能找到这个合题。这个事实就是蒲鲁东所说的"经济矛盾的体系"，就是那些影响着利润与工资的各种经济范畴或现象。这个合题是在"经济进化的系列"中作为分工的反题或者反公式的机器，把被分工所分割的各部分劳动联结起来的一种方式，可以使分工劳动者恢复原状，减轻工人的劳动强度，降低产品的价格，活跃各种价值的交流，促进新发明和提高公众福利。机器作

---

① 〔法〕蒲鲁东：《贫困的哲学》上卷，余叔通、王雪华译，商务印书馆，2010，第133页。
② 〔法〕蒲鲁东：《贫困的哲学》上卷，余叔通、王雪华译，商务印书馆，2010，第133～138页。

为一种"自由的决定",最终能够促进自由的完美实现,因为"经济进化的系列"是符合理性的,"自由的决定愈是符合理性的规律、亦即符合事物的规律,自由就愈是完美"。①

二 分工的实质和它所表征的历史过程

马克思对蒲鲁东在论述包括分工、机器、竞争和垄断在内的具体经济范畴时所用的一般手法,有着极为准确的认识。首先,承认经济范畴的永恒性和必然性,并把这种必然性归结为经济范畴固有的"好的方面"的原因。其次,经济范畴的基本规律是二律背反,它在带来"好的方面"的同时会产生坏的方面。最后,解决经济范畴二律背反的根本方法不是一味地否定或简单地"修补",而是找到一个新的"合题",在消除经济范畴的坏的方面的同时保留其"好的方面";而这个新的"合题"就是"经济进化的系列"中的下一个阶段。以分工为例,其"好的方面"就在于,它是实现条件上和智能上平等的方法;坏的方面是变为贫困的源泉,或者说,劳动在根据其固有规律进行分工以实现财富增值的同时,却导致否定了自己的目的,并且自我毁灭了;应当解决的问题是重组劳动,去弊存利。② 基于上述认识,马克思在《哲学的贫困》中对蒲鲁东的分工理论进行了深刻的批判。

囿于《哲学的贫困》这一文本的批判性质,马克思更多是在分析、评判蒲鲁东的分工理论。至于他为何要从这些方面去批判,换句话说,马克思本人此时对分工的理解达到了怎样的程度,无法从《哲学的贫困》中得到直观的认识。有见及此,应当首先探究马克思此时对分工的实质及其表征的历史过程等问题的认识,这将有助于更好地理解马克思对蒲鲁东分工理论的批判。

马克思最早集中地论述分工问题是在创作《巴黎手稿》时期进行的。在探讨工资和资本的利润时,他便对分工所带来的两面性有所论及,一方

---

① 〔法〕蒲鲁东:《贫困的哲学》上卷,余叔通、王雪华译,商务印书馆,2010,第 176 ~ 177 页。

② 《马克思恩格斯文集》第 1 卷,人民出版社,2009,第 616 ~ 617 页。

面，分工能够提高劳动的生产力，增加社会财富；另一方面，它会使工人陷入贫困直到彻底沦为机器。工人因分工的发展而沦为机器，不是分工的观念本身所造成的结果，而是一个现实的过程，是由工人对资本家处于从属的地位、资本的积累、分工的扩大、工人之间的竞争等一系列因素共同作用的结果。首先，分工越是发展，工人就越是被束缚于极端专业化的工作中，他们想要把自己的劳动转用于其他方面也就越是困难。其次，在工人对资本家处于从属地位的情况下，吃亏的首先是工人，获利的永远是资本家。正是资本家把自己的资本转用于其他方面的能力，才使束缚于一定劳动部门的工人失去面包，或者不得不屈服于这个资本家的一切要求。最后，资本的积累和分工的扩大是相互联系、相互影响的，即便在社会处于日益增长的状态下也是如此。[1]

不仅如此，马克思还通过摘抄斯密[2]、萨伊、斯卡尔培克、詹姆斯·穆勒等政治经济学家关于分工的论述，来探讨分工的实质和原因。他指出，私有财产是交换和分工产生的原因，交换和分工是人的异化的类活动，因此，私有财产条件下的劳动不是人的社会性的表现，而是只具有私有财产的性质。与此同时，马克思也意识到政治经济学家在交换和分工认识上的局限所在：他们只是断言劳动是私有财产的本质，而没有证明这个论断。这样看来，马克思此时就已显现他在分工的认识上超越蒲鲁东的地方，因为后者只在一味强调政治经济学忽略分工所带来的有害方面，没有认识到劳动异化是造成分工的"善"与"恶"的原因。试问：在没有认识到市民社会中的劳动已不再是人的本质力量，而只是社会财富源泉这一基本事实的前提下，蒲鲁东又如何去重组劳动、解决分工问题呢？

---

① 《马克思恩格斯文集》第1卷，人民出版社，2009，第120页。
② 需要指出的是，马克思摘抄了斯密《国民财富的性质和原因的研究》中"论分工的原由"章的全部内容，并把这段论述归纳为以下内容：①分工的原因是人类交换和买卖的倾向，人们交换的动机不是人性而是利己主义；②人的才能的差异不是分工即交换的原因，而是其结果，也只有交换才使这种差异变得有用；③分工是从交换倾向中产生的，因而它依交换的大小、市场的大小而发展或受到限制。不同于蒲鲁东把这段论述视为经济进化和智能发展并行一致性的完美体现，马克思认为斯密并没有解决分工的起源问题，后者只是做了一个循环论证，即"为了说明分工，他假定有交换。但是为了使交换成为可能，他就以分工、以人的活动的差异为前提"（MEGA2，IV/2. S. 336a）。

　　到了创作《德意志意识形态》时期，分工成为马克思重点讨论的主题之一。马克思和恩格斯不仅把生产力、分工和内部交往的发展程度视为不同社会形态之间更迭、历史演进的推动力，梳理了一条由分工所表征的历史演进路径，即部落所有制、公社所有制和国家所有制、封建的或等级的所有制，而且还重点探讨了分工在"历史向世界历史转变"过程与环节中的表现形式及作用。在他们看来，在世界历史形成前后的不同时代的对比中，分工具有重要的指标性意义。从物质劳动和精神劳动的分工开始，人类社会中的分工经历了城市内部的分工、商业的形成和不同城市间的分工、工场手工业内部的分工、大工业内部的分工等形式。与之对应的历史进程是：城市和乡村的分离和对立→城市中行会制度的建立与发展→商人阶层的出现→工场工业的产生→人口跨国度的迁徙和"流浪"→"商业和工场手工业集中于一个国家"→大工业的发展与垄断。①

　　在推动历史演进的过程中，分工不可避免地会带来一些后果。一是导致不平等的分配和私有制的产生。就其实质而言，分工和私有制表达的是同一件事情，前者是活动本身，后者则是活动的产品。分工本身所包含的全部矛盾是以家庭中自然形成的分工和社会分裂为独立的、相互对立的家庭为基础的；与此同时，分配而且是劳动及其产品的不平等的分配也出现了，进而也就产生了所有制。

　　二是导致特殊利益与共同利益之间的矛盾。所谓特殊利益，是指单个人的利益或单个家庭的利益；共同利益则是指所有处于相互交往关系中的个人的共同利益，它不仅作为一种"普遍的东西"存在于观念之中，而且首先是作为彼此分工的个人之间的相互依存关系而存在于现实之中。

　　三是导致国家及其内部的各阶级之间斗争的产生。作为一种虚幻的、独立的共同体，国家是由于特殊利益和共同利益之间的矛盾而产生的，却脱离于实际上的单个利益和全体利益。事实上，国家始终是在各阶级利益的基础上产生的，因而国家内部的一切斗争，如不同政体形式之间的斗争、争夺选举权的斗争等，都不过是一些虚幻的形式，真正进行的是各个

---

① 　聂锦芳：《批判与建构：〈德意志意识形态〉文本学研究》，人民出版社，2012，第24页。

不同阶级之间的利益斗争。

四是导致个体活动与生命本质的"异化"。在自然形成的社会中，特殊利益和共同利益之间是分裂的，也就是说，分工不是出于自愿，而是自然形成的。此时，人本身的活动对他来说就成为一种异己的、同他对立的力量，这种力量压迫着人，而不是人驾驭这种力量。自然形成的分工强加给每个人一定的特殊的活动范围，他不能超过这个范围：他是一个猎人、渔夫或牧人，或者是一个批判者，只要他不想失去生活资料，他就始终应该是这样的人。人的这种"异化"状态只有在具备了下述两个实际前提之后才会被消灭：其一，要使这种"异化"成为一种"不堪忍受的"力量，让它把人类的大多数变成完全"没有财产的"人；其二，使这些人同现存的有钱有教养的世界相对立。当然，这两个条件又都以生产力的巨大增长和高度发展为前提，而且未来的社会——共产主义社会也是取决于这个前提的。

综上所述，马克思是站在整个人类社会历史发展的维度上来阐述和解决分工所带来的后果。相形之下，蒲鲁东所列举的败坏人类灵魂、延长工作日和文学的衰退等分工的后果，则显现其理论视野的狭窄性。

三　蒲鲁东分工理论的三重谬误

在充分认识分工的实质及其所表征的历史过程、分工的后果和前景的基础上，马克思指出了蒲鲁东分工理论的如下谬误。

首先，蒲鲁东错将分工视为永恒规律和范畴，用"分"的观念抹杀了各个不同历史时代的分工之间的质的差异。蒲鲁东把分工视为一种永恒规律、一种单纯而抽象的范畴，其后果是，以为只用抽象、观念、文字就足以说明各个不同历史时代的分工，而忽略了分工所表征的复杂的现实历史过程。在蒲鲁东看来，种姓、行会、工场手工业和大工业等都必须用一个"分"字来解释，它们根本不存在质的差异。[①] 这就意味着，在探究分工问

---

① 马克思在写给安年科夫的信中曾质问蒲鲁东："难道种姓制度不是某种分工吗？难道行会制度不是另一种分工吗？难道在英国开始于17世纪中叶而结束于18世纪末叶的工场手工业时期的分工不是又和大工业即现代工业中的分工截然不同吗？"（《马克思恩格斯文集》第10卷，人民出版社，2009，第45页）

题时，完全没有必要再研究每个时代中赋予分工以某种特定性质的诸多影响，只要首先好好研究"分"字的含义即可。

马克思对此有针对性地指出，分工所表征的历史过程绝非像蒲鲁东所说的那样简单和绝对，并列举出：德国用了整整 3 个世纪才实现了城乡分离这个第一次大分工；城乡关系的改变必然会导致整个社会的改变，这里是古代的共和国，或是处于基督教的封建制度，那里则是古老的英国和它的贵族，或是现代的英国和它的纺织大王；14 世纪和 15 世纪的分工，即尚未出现殖民地、对欧洲来说美洲还不存在、欧洲的贸易活动还是以地中海为中心的那个时代的分工，与已经存在充分发展的殖民地、世界市场已开始形成的 17 世纪的分工，是根本不同的……蒲鲁东竟然忘记了连普通经济学家都会做的事情，他在谈论分工时竟然没有提到世界市场！总之，市场的大小和它的面貌所赋予各个不同时代的分工的面貌和性质，是很难单从一个"分"字或者观念与范畴中推论出来的。

其次，蒲鲁东只是夸大和重述了政治经济学在论述分工的有益方面的既有结论，没有做任何实质内容的创新。马克思认为，斯密在分工问题上看得要比蒲鲁东所想象的远些，他不是像蒲鲁东所说的那样更多地强调分工规律的有益方面、忽视其有害的一面。早在阐述分工的缘由时，斯密就已经谈到了它所造成的各种职业之间的差异："个人之间天赋才能的差异，实际上远没有我们所设想的那么大；这些十分不同的、看来是使从事各种职业的成年人彼此有所区别的才赋，与其说是分工的原因，不如说是分工的结果。"① 对于上述内容，蒲鲁东居然视而不见，却说"没有一个经济学家肯于反问一下分工规律的害处究竟何在"。②

更加荒谬的是，蒲鲁东竟把萨伊说成第一个承认分工会同时产生善果和恶果的人。蒲鲁东虽然曾提到勒蒙泰揭露了分工所起的败坏精神、杀人

---

① ［英］斯密：《国民财富的性质和原因的研究》，转引自《马克思恩格斯文集》第 1 卷，人民出版社，2009，第 619 页。
② ［法］蒲鲁东：《贫困的哲学》上卷，余叔通、王雪华译，商务印书馆，2010，第 129 页。译文有改动。

害世的作用，① 但是他没有对这一点做任何补充，反而要求经济学家做出新的研究、发现新的原理。皮埃尔·勒蒙泰（Pierre Lemontey）曾认为萨伊剽窃了他的分工理论，蒲鲁东也没有提到这一点。这就要求应当重新去审视萨伊是不是第一个揭示分工的有害方面的人，同时也让上述经济学家"各得其所"。马克思指出，早在勒蒙泰和斯密之前，斯密的老师亚当·弗格森（Adam Ferguson）在《市民社会史》一书中就已经清楚地阐述了分工在带来益处的同时会产生害处："甚至可以怀疑一个民族的一般能力的增长是否同技术进步成正比例。在若干门机械技艺中……没有任何智慧和情感的参与也完全可以达到目的，正如无知是迷信之母一样，它也是工业之母。思索和想象会产生错误，但是手或脚的习惯动作既不靠思索，也不靠想象。所以可以说，在工场手工业方面，其最完善之处在于不用脑力参与，因此，不费任何思索就可以把作坊看做一部由人构成的机器……一位将军可能是十分精通战争艺术的人，而士兵的全部价值却只是完成一些手脚的动作。前者之所得可能就是后者之所失……在这一切都互相分离的时期，思维的技艺本身可以自成一个独立的行业。"② 众所周知，西斯蒙第从小生产者的破产和工人的贫困中，看到了资本主义的矛盾和经济危机的必然性，指出了资本主义生产方式下分工的破坏作用。仅从这一点上，就能明确地否认蒲鲁东"所有的经济学家更多强调的是分工的有益方面而不是有害方面"③ 的论断。

最后，蒲鲁东用简单的范畴或观念来解释分工产生有害方面的原因，人为地制造出不同时代的分工之间的对立。如前所述，蒲鲁东说明二律背反在分工原则上重现时曾提到了进步对一部分人的偏私，这是他从分工原则中引出其有害方面的方式和原因。马克思在摘录了蒲鲁东的这段内容后指出，这种观点的实质还是在用观念来解释分工产生有害方面的原因。这样，产生种姓制度、等级制度和特权的复杂历史过程就被"进步""界限""偏私"这几个概念所取代了。这种观念论至上的做法在实践上会导致一

---

① 〔法〕蒲鲁东：《贫困的哲学》上卷，余叔通、王雪华译，商务印书馆，2010，第154～155页。
② 《马克思恩格斯文集》第1卷，人民出版社，2009，第619～620页。
③ 《马克思恩格斯文集》第1卷，人民出版社，2009，第620页。

种谬误：只要在思想上实现了平等，让"偏私"逐步消失，就能解决种姓制度、等级制度和特权的危害。可是在这种情况下，变革社会的现实运动又将如何进行呢？

不止于此，蒲鲁东在说明分工的害处时所列举的各种事实，不仅是虚构的证据，而且在论述这些所谓事实的方法上也存在致命的错误。蒲鲁东试图表明一般分工，即作为范畴的分工的害处，但他根本没有说清楚这个问题；他只是使用了一种比较历史的方法，人为地把一个历史时代的分工和另一个历史时代的分工对立起来，"将现代的和中世纪的印刷工人，将克列索工厂的工人和乡村的铁匠，将现代的作家和中世纪的作家加以对比；他使天平的一端倾向于那些多少代表在中世纪形成或由中世纪留传下来的分工的人们"。① 这显然是一种历史的倒退、一种否认社会进步的行为。

至于蒲鲁东在阐述分工的另一个后果或害处，即延长工作日、使劳动者遭受报酬微薄所造成的肉体痛苦时所运用的三段论法，更是毫无逻辑价值，它不过是使人误入歧途的谬论。马克思指出，这种论法的实质就在于：分工使工人去从事屈辱身份的职能；被损害的灵魂与这种屈辱身份的职能密切相关，而工资的不断降低又与灵魂的被损害相适应。为了证实降低了的工资与被损害的灵魂相适应，蒲鲁东便说这是"普遍良知"所希望的，这种良知不会对监工的工作和小工的劳动等量齐观。试问：这种"普遍良知"又是什么呢？它包不包括蒲鲁东的灵魂呢？蒲鲁东又是依据什么理由来说"普遍良知"不会对监工的工作和小工的劳动等量齐观呢？

总之，用观念论的方法来研究、解决分工问题在马克思看来是根本行不通的。它不仅会造成对分工实质的错误理解，抹杀不同历史时代的分工之间的质的差异，而且还会在实践上产生错误的影响，误使人们把范畴看作历史发展的动力，并将寻求范畴之间的平衡的公式作为社会变革的任务；误使人们用范畴在"头脑中奇妙的运动"代替社会变革所要经历的"广阔的、持久的和复杂的运动"，即"代替了由于人们既得的生产力和他

---

① 《马克思恩格斯文集》第 1 卷，人民出版社，2009，第 620 ~ 621 页。

们的不再与此种生产力相适应的社会关系相互冲突而产生的伟大历史运动，代替了在一个民族内各个阶级间以及各个民族彼此间酝酿着的可怕的战争，代替了唯一能解决这种冲突的群众的实践和暴力的行动"。[1]

四 消灭分工与实现自由的正确途径

通过上述分析，可以梳理出马克思解决分工问题、实现个体自由的一条清晰的路向。首先，剖析分工的实质，梳理它所表征的历史过程，从而破除把分工范畴永恒化的做法，正确地理解分工。其次，探究分工所造成的诸多现实后果，特别是它在整个处于异化状态的社会中的表现。最后，在生产力普遍高度发展的实际前提下，通过共产主义这种消灭现存制度的现实的运动来消灭异化和分工，从而让个体按照自己的意愿来自由选择职业——这正是个人自由的体现。需要指出的是，马克思所主张消灭的是"自然分工"，即存在于阶级社会的分工，亦即那种强加在个人身上不以个人意志为转移的劳动分工，同时他力求实现"自愿分工"或"自觉分工"，即"任何人都没有特殊的活动范围，而是都可以在任何部门内发展"。[2] 在这种情况下，私有制、阶级和剥削等与自然分工相伴而生的事物都已被消灭，劳动已不仅仅是谋生的手段，而且本身成为生活的第一需要，分工真正地成为人本身活动的表现。

马克思所理解的"自由"不仅仅是自然维度上的人的类特性的体现，而且是社会维度上的人与人之间的自由，即现实的、实在的自由，而不是观念上的自由。众所周知，自由本身就是哲学研究的题中应有之义。早在写作其博士论文《德谟克利特的自然哲学与伊壁鸠鲁自然哲学的差别》时期，马克思就表现出自由理性主义的倾向，并确证了自我意识"具有最高神性的神性"的理念。但是，自我意识所面对的只是没有任何现实内容的原子世界，它的自由仅仅体现在偏斜运动上面。这种状况就意味着马克思在理性自由遭遇现实困境之后，必然会产生"苦恼的疑问"。在担任《莱

---

① 《马克思恩格斯文集》第 10 卷，人民出版社，2009，第 51 页。
② 《马克思恩格斯文集》第 1 卷，人民出版社，2009，第 537 页。

茵报》编辑期间，马克思发现，现实世界中充斥着专制政权、书报检查令和官方法学派等各种反自由理性的东西，自由理性非但没有成为现实世界的"统治者"，反而在现实的物质利益对人的支配中彻底丧失。为了解决上述困惑，马克思开始诉诸历史，试图从中弄清楚所有制、阶级、国家和法的问题。与此同时，他还展开了对黑格尔法哲学的批判，探讨政治国家的异化及其扬弃，以便把关于所有制、阶级、国家和法的思考提升到理性自觉的高度。

在这一研究过程中，马克思意识到，政治国家是受市民社会所决定的，并且它的异化根植于同市民社会的关系中；只有对市民社会进行深刻批判和实际变革，才能真正地扬弃政治制度的异化，从而真正为自由找到出路；只有政治经济学领域内才蕴藏着自由这一人的关系的根本问题及其答案。正是因为如此，马克思才从"副本批判"推进到"原本批判"。在进入政治经济学批判的初期，马克思就对自由重新定义了一番，并从剖析分工问题出发，指出自由自觉的活动就是人的类特性所在。在引入了"生产力"概念之后，马克思进一步将人对于自然的自由即超越自然的必然性限制而形成的支配和改造自然的自由，界定为生产力背后蕴含的要素。不止如此，在人与人的关系方面的自由不是一种"放纵"，而是在摆脱了异化、阶级等外在强制后按自己的意愿选择职业的自由。这种自由不仅不会妨碍他人的自由，而且是一切人的自由发展的条件。

在马克思看来，消灭分工并实现个体自由的方式就是作为现实运动的共产主义，而在此之前，必须通过阶级斗争和政治革命的形式迈向这种现实运动："被压迫阶级的解放必然意味着新社会的建立……劳动阶级解放的条件就是要消灭一切阶级……在这以前，无产阶级和资产阶级之间的对抗仍然是阶级反对阶级的斗争，这个斗争的最高表现就是全面革命。"① 这就涉及如何理解分工、异化、阶级斗争和共产主义之间的关系。

起初，马克思在《巴黎手稿》和《神圣家族》中将私有财产看成分工和交换的原因，并把分工概括为私有财产条件下人的异化的类活动。与之

① 《马克思恩格斯文集》第 1 卷，人民出版社，2009，第 655 页。

相应，解决分工问题的出路就是消灭劳动异化。而消灭劳动异化就必须对当时的资产阶级社会中人的异化的表现有所认识。这种认识就包括关于异化劳动的四重规定和资产阶级社会中两个对立阶级的自我异化及其表现。与资产阶级把异化看作自身强大的证明不同，无产阶级将异化视为自身无力改变的非人的现实。无产阶级的人类本性和自身生活状况之间的这种矛盾，必然会引起无产阶级的反抗。这样，从私有制的经济运动中产生的无产阶级，既消灭了它自身又消灭了作为其对立面的私有制。只有消灭了本身的生活条件，即推翻了资本主义制度，无产阶级才能实现自我解放，进而解放全人类。正如马克思所说："问题不在于某个无产者或者甚至整个无产阶级暂时提出什么样的目标，问题在于无产阶级究竟是什么，无产阶级由于其身为无产阶级而不得不在历史上有什么作为。它的目标和它的历史使命已经在它自己的生活状况和现代资产阶级社会的整个组织中明显地、无可更改地预示出来了。"①

到了创作《德意志意识形态》和《哲学的贫困》时期，马克思通过剖析资产阶级社会中的分工所带来的诸多症结，认识到个人发展的必然要求就在于，为了实现自主活动和保证自我生存而必须占有现有的生产力总和。一方面，这种占有不仅受所要占有的对象和进行占有的个人的制约，进而让过去的一切革命的占有都未能使个人摆脱分工和自己的生产工具的束缚。因此，"只有完全失去了整个自主活动的现代无产者，才能够实现自己的充分的、不再受限制的自主活动，这种自主活动就是对生产力总和的占有以及由此而来的才能总和的发挥"。② 另一方面，因为这种占有还要受它所必须采取的方式即联合的制约，而无产阶级本身固有的本性又使这种联合只能是普遍性的，所以"占有也只有通过革命才能得到实现"。③ 随着联合起来的个人对全部生产力的占有，自主活动同物质生活也相一致起来，劳动也完成了向自主活动的转化。此时，分工所带来的各个人本身的特殊个人职业的偶然性完全消失了，取而代之的是每个人完全按照自己的

---

① 《马克思恩格斯文集》第 1 卷，人民出版社，2009，第 262 页。
② 《马克思恩格斯文集》第 1 卷，人民出版社，2009，第 581 页。
③ 《马克思恩格斯文集》第 1 卷，人民出版社，2009，第 581 页。

意愿自由地选择职业，过着全面自由发展的生活。

相形之下，蒲鲁东所理解的自由首先是一种观念，他将正义、平等和自由视为三个相等的名词和规范人类社会秩序的最高原则。蒲鲁东之所以诉诸上述观念而不是现实，是因为他根本不相信从现实和历史中能够找到解决社会问题的根本途径——社会问题的存在本身就说明人类社会自身无法解决它。为此，蒲鲁东运用他所擅长的语言学方法对自由本身的含义做了详细的考证，并最终将它定义为一种尚未成形的消极能力和不偏不倚的自发性。当这种自发性做出的是有益的或向善的决定时，就是自由；反之，若做出的决定是有害的或向恶的，则是不自由。① 由于"经济矛盾的体系"中的每一个范畴或阶段本身有"好的方面"和"坏的方面"，因此，当这种自发性介入这些阶段时，就会成为自由和不自由的交织。也就是说，处于"经济进化的系列"中的人们经历着从自由到不自由再到新的自由和新的不自由这样一个循环往复的过程。比如，为了把分工所分割而成的各个部分的劳动重新结合起来，机器就应运而生，"经济上一采用机器，自由便突飞猛进"。②

蒲鲁东认为，既然"经济矛盾的体系"中的矛盾是有止境的，那么，人的自由与不自由的交替亦是如此。与此相应，解决"经济矛盾的体系"中的全部矛盾的统一公式即价值的构成规律，也能消除不自由的因素。换言之，只要实现了全部社会产品的比例关系和直接或平等交换，就能从根本上使人们从分工中解脱出来并实现自由。在产品直接交换的基础上，蒲鲁东试图建立起一个小资产阶级的自由联合体。在这个联合体中，资产阶级社会既有的包括立法、行政、司法、教育等在内的一切制度，仍旧能够作为平等的工具而合理运行。这个联合体是要通过新的经济组合把原来由于另一种经济组合而溢出社会的那些财富归还给社会，这实质上是排除暴力革命的改良主义思想。

那么，蒲鲁东为什么要把产品的直接交换视为解决问题的根本途径

① 〔法〕蒲鲁东：《贫困的哲学》上卷，余叔通、王雪华译，商务印书馆，2010，第173页。
② 〔法〕蒲鲁东：《贫困的哲学》上卷，余叔通、王雪华译，商务印书馆，2010，第171页。

呢？这显然与蒲鲁东对正义、平等和自由等原则的推崇密不可分。当正义、平等和自由等观念"观照"到现实的时候，其首要的和基本的形式就是人们所占有的社会物质财富的平等，而社会物质财富又以社会产品为前提，因此，产品的平等交换就成为平等原则的直接体现，即实现人的平等和自由的题中应有之义。

以上就是蒲鲁东有关从分工中复归人的自由的基本思路。姑且不论产品的直接交换即平等交换本身就意味着社会的一种倒退，用它来解决表征着人类社会历史发展脉络的、深深地根植于人类社会历史发展过程中的错综复杂的分工问题，简直是痴人说梦。单就产品的平等交换本身而言，这就与整个构筑在阶级对抗之上的资产阶级社会的不平等现实格格不入。在这个社会里，资产阶级凭借生产资料的所有权进而占有工人阶级的全部劳动产品，而工人阶级则除了自身劳动力之外就再也拿不出任何劳动产品用于交换了。试问：一无所有的工人阶级同资产阶级之间的产品交换尚且无法达成，又何言平等呢？可见，蒲鲁东用以解决分工所带来的人的不自由问题的"良方"不过是他一厢情愿的幻想罢了。

第八章　破除使用机器对自由个性的束缚

广泛的分工和机器大生产，是现代大工业的重要标志。自资本主义生产方式确立以来，如何破除使用机器对人的自由个性之束缚，就成为各种社会思潮中的一个普遍话题。马克思与作为其重要思想参照系的蒲鲁东也不例外。针对蒲鲁东将机器视为分工的反题，把机器与使用机器的方式混同起来，用"注意""建议"等观念颠倒了分工和机器之间的真实关系，通过竞争这个经济范畴而非诉诸现实的运动来消除机器的后果等错误观点，马克思详尽考察了现代工厂的原貌和机器的发展史，确立起从分工和工场手工业到机器和大工业的论证思路，并一直沿用到《资本论》及其手稿中。在此基础上，他深刻地揭示出大工业中使用机器（而非机器本身）的后果中，包含个人解放从而实现自由个性的征兆。相形之下，蒲鲁东陷入词源学意义上的自由观念中无法自拔，根本无助于破除使用机器对自由个性的束缚。

一　机器的双刃作用及其破解办法

在蒲鲁东"悉心"构筑的"经济进化的系列"中，新机器的出现是为了解决劳动者和分工规律之间的"纠纷"。作为分工的反公式，机器的作用在于把分工割裂的各部分劳动重新联结起来，从而使劳动者恢复应有的状态，减轻工人的劳动强度，降低产品的价格，活跃各种价值之间的交流，促进新发明和提高社会福利。与此同时，机器这一经济范畴也不可避免地受二律背反规律的影响，使工业不断趋向用机器操作代替人工劳动，将一部分劳动者从生产中排挤出去。生产中断、工资降低、生产过剩、商品滞销、货物变质、假冒伪劣、破产倒闭、工人失业、能力退化和疾病死

亡等，皆为机器给社会经济生活带来的破坏性影响。机器的部分改进，使
1 名工人能够完成过去 4 名工人负担的工作；机器造成的生产过剩，导致
英国的一座工业城市仅一年冬季就有 1720 名工人被解雇；与法国财政收入
大幅提高相伴而生的是贫困人口剧增，仅巴黎就有 36 万名生活困难者……
凡此种种，均证实了机器既在现存的经济制度下促进了公众福利的提升，
又成为产生贫困的经常性原因之一。①

　　为了彰显其机器观的"独到之处"，蒲鲁东再次拿出资产阶级政治经
济学来说事。他指出，资产阶级政治经济学家总是满足于阐释机器的积极
作用，忽视其破坏性的一面，直至面对无法逃避贫困问题时，才不得不搬
出劳动者没有长远打算之类的说教。例如，萨伊将机器被普遍使用的条
件，限定为代替一部分手工劳动并且不会降低产品的数量，以证明机器始
终是有益的。换句话说，产品因其数量丰足和成本低廉而降低了交换价
值，所有的人都从中获利。又如，杜诺瓦耶既主张人口增长作为机器发展
的产物，却又把贫困归因于工人过早地草率成家。除此之外，蒲鲁东还特
意评述了机器带来的两种劳资对抗现象。其一，资本家普遍期许的机器使
资本摆脱了劳动的束缚等于自取灭亡。工人本身兼具生产者和消费者的功
能，若机器完全取代工人就无人消费，生产亦随之迅速停滞。其二，英国
近期工人同盟和罢工的停止，并非如资产阶级经济学家所言是秩序恢复的
标志，而是工人的本能反应：不能在机器带来的贫困处境上"火上浇油"，
饱尝罢工带来的贫困。

　　在"经济矛盾的体系"中的机器阶段，"雇佣劳动"（salariat）是突出
的特点，"工场"（atelier）则是首要的、最简单的和最显著的产物。按照
蒲鲁东的解释，作为出现于分工和交换之后的降低成本的观念，雇佣劳动
是机器这种把资本视为生产动因的经济范畴的直接结果。分工将劳动的不
同部分隔开，力求使每个人都能从事最惬意的专业。与之相反，工场依据
整体与部分的关系对被分割开来的劳动者进行重新组合，是实现价值均衡

---

① 参见〔法〕蒲鲁东《贫困的哲学》上卷，余叔通、王雪华译，商务印书馆，2010，第
180～187 页。

的最初形式。在此需要指出的是，法语 atelier 泛指工作场所，根据它在不同社会形式中的组织方式，可被分别译作"作坊"（封建城市中手工业生产的基本单位）、"工场"（以手工劳动为主的、带有资本主义性质的生产组织形式）、"工厂"（泛指资本主义机器大生产，即使用机械劳动代替手工劳动的资本主义工业组织形式）。然而，蒲鲁东在使用这一概念时却没有看到它在不同社会形式中的实质差别，用以泛指全部社会形式中的工作场所。他把工场和机器并列起来，以资本主义生产方式下的工厂及其制度为范本，使之成为永恒范畴并推广到一切社会形式中。

言归正传，出于直观呈现分工、机器或工场、雇佣劳动之间关系的需要，蒲鲁东构建出一个有趣的系谱图：假定某个人曾经"注意"（remarque）到分工能够提高劳动效率、增加产品数量。于是，他抓住这一线索作进一步思考，发现从同一行业中选拔一批劳动者组成一个固定集团，以便在减少费用和提高产量的基础上持续生产。这个集团即为工场，它自身不要求其全体成员集中起来同劳同得，只需有统一的观念来协调各部门劳动之间保持一定的比例关系。与此同时，这个人还向有合作意愿的人"建议"（proposer），只要接受他成为购买者或中间人就能使其产品销售不滞，就可以实现"双赢"——既让建议者本人获取较为丰厚的利润，又使合作者得到较为稳定的工作从而保障生活，尽管工场的成立不可避免地要剥夺一部分劳动者工作的权利。诚然，在工业的萌芽时期，这个后来变成工场主的人和他的合作者即后来的雇佣工人处于平等关系中。但是，这种最初的平等势必由于工场主的有利处境和雇佣工人的从属地位而消失殆尽。工场作为联合的一种形式，其结果必然是要消灭独立的劳动。用法律赋予个人以企业经营权、单独劳动权和产品销售权等，对此皆于事无补。

更为严重的是，"机器或工场通过使劳动者从属于一位主人而贬低其地位以后，最终还把他们排除于手艺人的行列之外，使他们下降为小工"。① 蒲鲁东认为，随着机器或工场在工业中的普遍应用，劳动者遭受的奴役日剧加重。除了工人的生活贫困与地位卑微之外，机器或工场带来的

---

① 〔法〕蒲鲁东：《贫困的哲学》上卷，余叔通、王雪华译，商务印书馆，2010，第194页。

最严重后果是，让神圣法权即权威原则进入政治经济学领域。相应之下，一系列的经济学术语，诸如资本、特权、垄断、信贷、私人所有、工长制度和股份公司等，就变成了权力、主权、成文法、启示、宗教之类的代名词。为了规避劳动者失去工作抑或遭受压迫之不利局面，蒲鲁东煞有介事地分析了所谓解决机器二律背反问题的主要方式，试图通过辨别得失来找寻一种可行路径，使机器与工场及其等级组织，从专门为少数不付出任何劳动的富有阶级服务转向为大众福利服务。

第一，取消分工、机器和工厂，复归原始的家庭不分工状态。这种"返璞归真"的自给自足状态，除了意味着社会退步之外，别无他用。

第二，实行劳资联合，让全体劳动者共享集体经营中的利润。可是，资本家和机器发明者断然不会放弃独占利润的优越地位，协调他们与工人之间利益的重新分配无异于火中取栗，并且极容易倒向共产主义的乌托邦。机器的使用注定趋于利己主义，绝不可能促使人与人之间产生博爱原则和共有观念。以共有为进步目标并将机器收归国有的做法得不偿失。一方面，机器正常运转的保障离不开庞大的服务设施，由此增加的劳务数量远比机器所减轻的数量多得多。另一方面，机器的日常运行造成的劳动输入和产品销售所耗费的社会财富，比分享产品的利润要大许多。

第三，发挥教育的作用，从思想上革除机器带来的弊端。这一想法是自相矛盾的，教育起良好作用的前提在于使民众取得自由，可人们却由于机器的出现而普遍退化为奴隶、工具乃至物品。早在工人地位卑微的事实形成以前，语言和词语这种理性的自发表现已经判定他们蒙受屈辱的命运。具体来说，"奴役"（servitude）一词意指人从属于物的状态，"奴隶"（survus）一词则表示受人掌控的有用之物。封建法律中关于农奴附属于土地的规定，不外乎是对奴隶一词的婉转表达。正是深刻认识到劳动作为塑造自由的教育活动，古代人才把奴隶工艺和自由工艺划分开来。被奴役者的一切习惯、偏好、倾向和情感等，均具有堕落的特点从而产生普遍的破坏性。此时，教育贫困阶级的行为纯属在这些堕落的灵魂里制造最残酷的对立，将他们根本无法接受的观念、不相协调的情感和不能感受的欢乐强加其身。

第四，推行定额工资，将它固定在资本家与工人都能接受的范围。然则，机器使用方法与工业管理制度等的不断变化，使定额工资诉诸实行时必遭违反。新发明的每次出现都有产品价格降低相伴随，尽管人们于特定时期内达成某项工资的定额。矛盾也会相应产生：在能够独立发明某种机器之前，在工资不变的情况下制造出比竞争对手更廉价的产品之前，唯有停工、辞退工人或降低工资方为资本家的出路。

第五，完善过渡状态，通过政府赔偿来维护公共利益所造成的损失。此方法实为重新组织劳动。可是，组织劳动的关键并不在于完善历次革新中的过渡状态，而在于找到可适用于一切可能出现的过渡状态的自发的原则或规律。主张完善过渡状态的人没有提出这样的规律，其立论的全部要点不过是让一个"慷慨大方"的政府提供赔偿。按照他们的理解，任何文明国度的政府如果事先无法给予个人以合理的赔偿，就不能用维护公共利益的名义来调整劳动、打乱工业进程、侵占私有财产。但是，政府实际上拥有的只是税收，即从纳税人手中取得的时间和金钱。依靠税收来补偿被淘汰的工业部门等同于排斥机器和各种新发明，要么倒退为工业专制政治，要么蜕变成一种济贫税。

第六，促进劳动转移，由没有私营的公共事业吸纳被解雇工人。审视这一办法的依据——绿化山坡、疏浚河道、开垦荒地等公共事业的需要，不难发现山坡荒芜、土、河道阻塞以及土地废弃等现象之所以存在，是因为对它们加以改造非但无法带来任何利润，反而有可能连投入的成本都收不回来，否则逐利的资本早就涉足这些公共事业。以开垦荒地为例，就像"普罗米修斯"的第二次"创世记"所做的那般，"社会天才"会"聪明"地首先开垦最易于耕作、最有把握、最必需和最不费力的土地，其次逐渐利用投入生产力相对较低的土地，最后进一步增加资本、机器和新发明，不断完善分工，使垦荒成为现实。矛盾亦由此产生，原本为了转移因机器而被解雇的工人所进行的公共事业，却不得不诉诸机器与新发明。

综上所述，蒲鲁东总结说，与其偏执于上述不着边际的幻想与自相矛盾的办法，倒不如听从命运的安排，走向"经济矛盾的体系"中的竞争时期，从根本上解决机器的二律背反问题。正如他本人所描写的这般"危言耸听"："在百喙怪蛇般的分工和桀骜飞龙般的机器之间，人类将变成什么样呢？两千多年前，有一位先知曾经说过：当撒旦看着他的牺牲者时，战火已经燃起，万民受劫，散逸四方。为了使我们在饥荒和瘟疫的双重灾难中幸存，上帝便给我们送来竞争。"[①]

二　工厂或机器的历史分析与经济考察

针对蒲鲁东把机器变成工厂的蹩脚辩证法，马克思直指这种做法的实质——循环论证与自相矛盾。具体而言，蒲鲁东将工作日视作现代工厂制度的特有产物，以工作日的延长及价格降低作为从分工中推导贫困的依据，实质上已经预设了工厂的存在。但与此同时，他又将工厂视为对分工所造成的贫困的否定："工业是在与分工规律相对立的过程中采用机器的，目的就像为了重建被分工规律严重破坏了的平衡。""社会上新机器的不断出现，是分工的反题，即分工的反公式；这是工业天才对分工和杀人劳动的抗议。"[②] 要言之，工厂既是促使分工产生贫困的先决条件，又是解决这一问题的方法，如此前后不一表明了蒲鲁东辩证法的"绝妙"！

更有甚者，蒲鲁东居然无视经济范畴的历史性和暂时性，把劳动者所遭受的精神屈辱、从手艺人贬低为小工乃至工具，直接归结为分工、机器或工厂的结果。马克思认为，作为对劳动的组织与分类，不同时代的分工由于生产工具的差别而形态迥异，手推磨所决定的分工和蒸汽磨所决定的分工之间有着实质的区别。因此，忽略分工的历史性及其拥有的生产工具的异质性，反而从一般的分工出发得出机器这个特殊的生产工具，无疑是对历史的虚化与否定。蒲鲁东凭借"卓越"的想象力，视分工为人类社会发轫之时的现象，认为彼时即已将劳动分成不同的部分从而使个人各司其职。然而，这一现象直至由竞争统摄的现代工业时期才开始出现。就其性质来说，机器和机器的使用有着本质的差别。正如拖犁的牛一样，机器只是一种生产力，而非社会生产关系及作为其理论表现的经济范畴，以使用

---

① 〔法〕蒲鲁东：《贫困的哲学》上卷，余叔通、王雪华译，商务印书馆，2010，第208页。

② 〔法〕蒲鲁东：《贫困的哲学》上卷，余叔通、王雪华译，商务印书馆，2010，第164、167页。

机器为基础的工厂才属于社会生产关系的范围。

对于蒲鲁东构建的从分工到工厂再到雇佣劳动的"有趣"系谱及其实质，马克思有着鞭辟入里的理解,[①] 明确指出这是"历史的叙述的方法的又一标本",[②] 就像用"建议"来"描绘"使用价值向交换价值的转化过程那般。作为资本主义生产方式所特有的形式之一，雇佣劳动的产生虽同分工、机器、工厂之间存在必然的联系，却不是从"建议"之类的观念引申出来的偶然事件，也不是超越一定社会形式的所谓"机器"时期的显著特点，而是取决于资本主义生产方式下工人对资本家的绝对从属地位。在资本家全部占有生产资料和生活资料的境况下，一无所有的工人除了出卖自己的劳动力之外，别无他法。雇佣劳动的产生意味着劳动对于工人是异己的东西，是牺牲自己的生活从而不再是自身生活的目的。异于批判蒲鲁东分工理论时的做法，马克思不再只从好、坏两个方面着手，转而诉诸工厂或机器的历史分析与经济考察，呈现其在资本主义生产方式下的原貌，进而审视它们是否使权威原则进入社会、是否作为被分割劳动的重新合成抑或对立于劳动的分析的合题而存在。

分工是作为整体的社会与工厂的共同特点，但工厂制度中的分工方式绝不可推广到全部的社会形式中。因此，工厂或机器并非在分工之后将权威原则加诸社会之上。马克思指出，工厂主占有全部生产资料而取得的权威，对于工厂制度中的分工是缺一不可的：由工厂主根据预先制定的规则将工作分配给每个工人，从而组织起完善的工厂以保证物质生产。然而，工厂绝非资产阶级社会的全部决定力量，工厂主个人权威的总和不可能直接成为整个社会的支配原则。实际上，除了自由竞争之外没有什么别的权威可言。现代意义上的工厂产生以前，不论是处于宗法制度或种姓制度下，还是处于封建制度或行会制度下，整个社会的分工及工场所依循的规则也不是个别立法者的权威，而是取决于当时的物质生活条件，并且经过很长时期才上升为法律。不止如此，社会中的分工越不受权威原则所支

---

① 《马克思恩格斯文集》第 1 卷，人民出版社，2009，第 623 页。
② 《马克思恩格斯文集》第 1 卷，人民出版社，2009，第 623 页。

配，工场内部的分工越依赖于个人的权威。

那么，工厂究竟是如何产生的？在创作《德意志意识形态》时期，马克思已经详细梳理了工厂与现代大工业垄断从而世界历史形成的前提条件——真正的工场手工业——之间的关联。所谓真正的工场手工业，是指中世纪手工业和使用机器的现代工业之间的工业状态。随着各民族国家间交往的日益扩大、人口的进一步集中、资本的不断积累、市场的逐步扩展到国外，一些超越行会制度的生产部门纷纷建立。尔后，更大规模的人口跨国度迁徙时期正式开启，现代意义上的国家与国际秩序的"雏形"产生，出现了商业和工场手工业集中于一个国家的现象。这种现象不仅创造出更为广阔的世界市场和更大的产品需求，而且极大地超过了原有生产力的范围。再加之诉诸革命手段获得的国内自由竞争、自然科学尤其理论力学的创立和发展等因素的共同作用，"把自然力用于工业目的，采用机器生产以及实行最广泛的分工"① 的大工业最终形成。

秉承上述思路，马克思在《哲学的贫困》中进一步论述了真正的工场手工业的必要历史条件，批驳了蒲鲁东依靠抽象公式"创造"历史的荒谬做法。一是资本的迅速积累。此处特指发现美洲新大陆和贵金属输入促成的资本积累。二是阶级的地位改变。交换方式的普遍扩大，势必带来地租和工资的降低、工业利润的提高。相应之下，土地所有者即封建主、劳动阶级的地位逐渐衰落，资本家阶级的地位不断提升。三是市场的普遍扩大。好望角与东印度之间航道的开通极大地增加了商品流通的数量，殖民地制度和海上贸易的发展也"功不可没"。四是人口的规模迁徙。被剥夺收入来源的大批人口之所以出现，一方面在于封建主的地位衰落使其无力供养大量的侍从，这些中下层人员未进入工场前即已成为流浪者；另一方面在于耕地变为牧场和农业的进步势必造成耕作所需人手的减少，使大批农民不断被赶出乡村、流入城市的工场中。这种人口迁徙现象不是蒲鲁东所描绘的平等者之间"建议"的结果，而是流浪者出于生存不得已而为之的行为，是他们同商人及行会师傅进行激烈斗争的结果。

---

① 《马克思恩格斯文集》第 1 卷，人民出版社，2009，第 565 页。

事实上，在工场手工业所处的 16～17 世纪，拥有相同技艺的不同部门之间并未分离到蒲鲁东所说的程度，以致只要将它们集中到固定的场所就可以形成工场。相反，只要劳动的主体及工具在一定的地点被集合起来，过去以行会形式存在的分工就会再度出现，并且反映到工场内部。换言之，工场手工业的进步性不在于各部门劳动的重新分割，致使专业化的工业降低到适应简单的手工操作的程度，而在于将众多劳动者和诸种手艺集中到一定的场所并受资本的支配，继而进行较大规模化生产，减少不必要的生产费用，等等。马克思据此总结，蒲鲁东颠倒了工场及其内部分工之间的关系，他在这方面犯了和斯密一样的错误。

颠倒分工和工场手工业的关系的做法，由于无视历史事实而漏洞百出；将机器视为分工的反题和使被分割的劳动复归统一的合题的观点更是荒谬至极。众所周知，真正的机器直到 18 世纪末方才出现，其实质为劳动工具的集合，绝非工人本身的各种劳动的组合。对于机器发展的历史，马克思有着清晰的认识：简单的工具、工具的积累、合成的工具、以人为动力的合成工具、由自然力推动的合成工具、单一的机器、具有单一发动机的机器体系、自动发动机带动的机器体系，依次构成机器发展的进程。与蒲鲁东把机器当作对分工的否定刚好相反，生产工具的集聚与分工的发展始终彼此依存、相互促进。以当时工业最为发达的英国为例，早在土地这一农业劳动工具集聚之际，就存在农业分工甚至使用机器开发土地的情况。新机器的发明进一步加快了工场劳动与农业劳动的分离，把过去结合在一起的织布工人和纺纱工人分开：前者可以住在东印度，后者却能居于英国。尔后，机器的应用促进了分工规模的扩大，使大工业完全脱离了英国本土，并且依赖于世界市场、国际交换和国际分工。最后，机器对分工的影响发展到这样的地步：只要任何物品的某一部分有可能用机器制造出来，它的生产就即可分为彼此独立的不同部门。总的来说，蒲鲁东的机器观非但没有超过斯密的水平，反而一直"东施效颦"，在未能认识到不同时代的分工之间差别的前提下，贸然将机器和一般分工联系起来。

正如马克思摘录尤尔《工厂哲学》一书中的观点："当亚当·斯密写他那本关于政治经济学原理的不朽著作的时候，自动工业体系还几乎不为人所熟悉……自动体系的原理就在于用机械技艺取代手工劳动，以及操作分解为各个组成部分以代替手工业者间的分工。在手工操作制度下，手工劳动通常是任何一件产品中花费最大的因素；而在自动体系下，手工业者的技艺就日益为看管机器的简单动作所代替。"① 更为重要的是自动工厂中还蕴含着唯一的革命的一面。它在导致劳动者丧失专业性、陷入"职业痴呆"的同时，产生了消灭这些弊病的力量——专业化的工业一旦全部停止，个人对普遍性的追求以及全面发展的趋势就开始显露。蒲鲁东不懂得自动工厂中的革命性，却又误导工人学会依次做完"别针的十二个部分"（斯密语）来获得这样的全面发展。此类观点显然意味着社会的退步，让工人退回到中世纪的手工作坊里，因而远未摆脱小资产阶级的幻想。

三　相对剩余价值生产中的分工与机器

马克思批判蒲鲁东机器观时正面阐述的微言大义，特别是从分工和工场手工业到机器和大工业的论证思路，被一直沿用到《资本论》及其手稿中，其内容得到了进一步丰富和发展。正是在此意义上，马克思将《哲学的贫困》称作《资本论》的思想萌芽。借鉴斯卡尔培克把现代社会的分工划分为一般的分工、特殊的分工和真正的分工，② 马克思写作《哲学的贫困》时也已注意到不同时代的分工之间的差异性，开始有意识地区分整个社会内部的分工和工场手工业中的分工。延续这一做法，马克思在《资本论》及其手稿中进一步探究了这两种分工的区别与联系。其中，整个社会内部的分工即一般意义上的分工，可以适用于资产阶级社会及其之前的一切社会形式中。一方面，商品生产中的每一种商品皆为其他商品的代表，每一个商品所有者或生产者相应地成为一定的特殊生产部门的代表。这些特殊生产部门的总和，即它们作为社会生产总体的存在，是以商品的交换或流通为中介的。在没有工场手工业分工的情况下，整个社会内部的分工也能够达到相当大的规模。另一方面，一定的特殊生产部门制造的特殊商

① 《马克思恩格斯文集》第 1 卷，人民出版社，2009，第 628 ~ 629 页。
② Skarbek, *Théorie des richesses sociales*. 2. Éd. T. 1. Paris：A. Sautelet et cie，1839. p. 95.

品，与其他一切特殊生产部门制造的异类特殊商品相对立。

与之相反，工场手工业分工则主要表现为，在不依赖于商品交换即产品尚未被当作商品来生产的情况下也可能发生。各种不同的劳动在一个统一资本的支配下，通过直接协作来生产同一种商品。资本家作为全部商品的所有者，同没有独立性的工人相对立。当然，工场手工业分工只是具有相对的独立性。马克思指出，只有在商品交换中发展起来的整个社会的劳动分化，不同的生产部门才会相互分离并从事专门的特殊劳动。易言之，工场手工业分工必须以整个社会内部的分工为前提。与此同时，工场手工业分工又反作用于整个社会内部的分工，从而扩大后者的规模。作为资本的一种特殊生产力形式，工场手工业分工不仅能够缩短某个商品生产所耗费的劳动量，为新的生产部门腾出劳动创造条件；而且可以使同一个使用价值的各个组成部分成为彼此独立的不同产品来生产，也就是从属于同一个生产部门衍生出不同的生产部门。以斯密为代表的资产阶级古典政治经济学家，将工场手工业分工和整个社会内部的分工混为一谈，① 未能把工场手工业分工理解为资本主义生产方式的特有事物，因而无从认识分工与机器的联系改变了劳动的性质及形式。从斯密的分工理论中引申其主要观点的蒲鲁东，自然无法幸免于犯类似的错误。

劳动工具本身的生产，尤其已经使用当时较为复杂的机械装置的工场的建立，是工场手工业分工最完善的产物之一。这一产物自身又制造出机器，使手工业活动不再成为整个社会生产的支配力量。在此基础上，按照资本主义生产方式下使用机器的目的、机器发展的进程、机器的价值向产品中转移的方式、机器生产的直接后果及其对工人的直接影响、对机器体系构成的工厂的总体考察、工人与机器之间的斗争、工人从机器中获得解放的条件和方法等顺序，马克思详尽论述了资本主义生产方式下使用机器的前提、过程与后果。

具体而言，缩短工人的劳动能力再生产（或者工资）所耗费的劳动时间，而非缩短工人的工作日即他们从事商品生产的劳动时间，是资本主义

① 《马克思恩格斯全集》第 32 卷，人民出版社，1998，第 305 页。

生产方式下使用机器的主要目的。马克思认为，工人劳动时间中的有偿部分和无偿部分此消彼长，他们的工作日中为自己劳动的部分一旦缩短，为资本而劳动的部分就会相应地延长。机器缩短了商品生产的必要劳动时间，使机器自身包含的劳动时间少于它所代替的劳动时间，创造出资本家延长工人工作日的新的条件，即大批的生产和极小的损耗。机器的效用能够增强到这样的程度，以致单一工人就能完成过去多个工人协作的工作。不仅如此，因机器的使用而加入单个商品的成本中的价值部分，要小于同一商品的成本中劳动和原材料的价值部分。相形之下，蒲鲁东尽管看到了资本主义生产中工人工作日延长的现象，但无从正确地解释它，只得将其归结为分工的后果，并用构成价值、普遍良知之类的虚无缥缈之物加以说明。

马克思继续分析说，随着使用机器的条件的满足，并逐渐在生产部门中占据主导地位，就不可避免地带来如下主要后果。

第一，延长了仍受旧的生产方式支配的工人的必要劳动时间。不论是代替了诸如纺纱之类的手工业生产，或者在只以分工为基础的工场手工业内部发生革命，还是用更完善的机器排挤旧的机器，或者将机器应用于工厂中的局部操作上，都会导致这样的结果。上述情形出现于机器发展的"幼年"时期，它们彼时只是由独立的工人及其家庭来使用的、生产效率相对较高的工具。

第二，延长了资本主义生产方式下工人的绝对必要劳动时间即总工作日。一方面，在资本主义生产方式下对机器的普遍使用，创造出工人自身和资本家可能强制的延长劳动时间的新条件。起初，体力劳动的减轻使工人不会轻易抵抗劳动时间的延长。随着工人技能的熟练性为机器的简单操作所彻底取代，加之天性上较为顺从于资本专制的女工和童工的出现，工人更无法奋起反抗了。"一旦工作日由于习惯被强制延长，那就会像在英国一样，要经历几代人的时间，工人才能重新把工作日恢复到正常界限"。[1] 另一方面，工作日的延长既能够节约机器的追加成本，又可以尽可

① 《马克思恩格斯全集》第32卷，人民出版社，1998，第376页。

能地增加绝对剩余劳动，从而使机器成为获取最大限度的无偿劳动量的手段。

第三，通过浓缩劳动时间来增加绝对劳动时间从而获得绝对剩余价值。机器的使用不仅提高了劳动生产率和劳动质量，而且加大了劳动强度，增加了一定时间内消耗的劳动量。相对于商品生产量和机器使用量的同时增加来说，工人的人数由于机器改良而大为减少。此时唯有迫使工人加倍且争分夺秒地劳动，方可让他完成以前多人所完成的工作。在所谓的劳动紧凑缩小了劳动时间的间隙的情况下，甚至不延长工人的工作日，也可以增加资本家的利润。英国十小时工作日法案的颁布没有减少资本家的利润，即为很好的例证。

第四，消灭或改变了简单协作甚至发展为分工的协作。使用许多工人的播种或收割等作业被播种机或收割机所取代，压榨机代替脚来榨取葡萄汁，用蒸汽机将建筑材料提升到建筑物所需的高度……这样的事例比比皆是，在此无须赘言。

第五，消解了工人为其合理诉求而进行的罢工。正常的工作日、提高工资或阻止工资降低，这些工人罢工的大部分目的始终关乎限制剩余劳动时间量的问题。为了镇压罢工，资本家使用机器作为缩短必要劳动时间的直接手段。换句话说，机器就其使命而言成了与劳动相敌对的资本形式，即资本驾驭劳动的权力以及资本镇压劳动者追求独立之一切合理行为的手段。不言而喻，英国棉纺业中的走锭纺纱机、精梳机、搓条机等，均是为了镇压罢工而发明的。

第六，改变了工资的性质。鉴于机器的使用提高了工人的劳动生产率，工人享有以此带来的部分利润即为合理的要求。这样一来，工资要么"吞没"利润，要么成为利润税。然而，资本家绝不可能接受工人的这种要求，由此进一步加剧了和工人之间的对立。

第七，迫使工人沦为全日工。工人过去时常苦于原材料的缺乏或者手工无从操作，而不得不长期停工并陷入持续的贫困中。机器的使用固然有助于加工手工操作效果很差的原料，增加了原材料的供应量，提高了工业废料的利用率，以致它们本身轻而易举地成为农业及其他生产部门的交易品。但是，它导致了劳动的更大持续性，使工人达到劳动时间的最高限度，也就失去了全面发展的任何可能。

第八，代替了劳动从而极大地减少了工人数量。从根本上说，使用"更少的人"和"更短的时间"，对于制造一种产品来说是同一回事。机器既然能够缩短单个工人的必要劳动时间，那么同时也使生产同样成果所需的工人人数减少。除了工人人数减少的程度差别之外，使用机器的不同方式之间没有任何其他的特殊之处。

以上内容是对《哲学的贫困》中机器观的极大丰富与补充。相较而言，蒲鲁东只从取代劳动、加剧奴役等方面论述机器的"坏的方面"，就显得过于片面和无所适从了。正是在这个意义上，马克思才具有了"立即对蒲鲁东的全部废话一并加以考察"① 的充分准备。

四　使用机器与实现自由之间的关联

任何工具的使用都必然与实现人的自由发展之间发生关系。不容置否，马克思和蒲鲁东在机器问题上有着相同的理论归旨，即通过消除使用机器的后果来复归人的自由个性。这一共同目标的形成，一脉相承于自启蒙运动以降的构建理想社会形式的核心问题——解决自由个性与劳动者不断沦为机器的附庸之间的矛盾。但是，对使用机器与实现自由之间关联的理解的差异，决定着马克思和蒲鲁东各自的机器观的高下之分。

在讨论使用机器的目的是解决分工的二律背反问题之前，蒲鲁东就作了一些哲学上的"一般性思考"，用以"正确"评判机器的作用。蒲鲁东认为，哲学史与历史哲学看似区别很大实则属性相同，因为全部的哲学就是形而上学，数学、经济学、政治学和自然史等每个分支学科中也都包含着形而上学，即使把全部的历史划分为最细小的科目亦然。自然界和人类社会的诸象，不论大小如何、性质为何，本质上无不蕴含着整个哲学。这就是说，任何自然产品、政治制度、经济制度和宗教制度等，皆为哲学的一种自然的实现或实际的应用。自然规律与理性规律的同一性、物质规律

---

① 《马克思恩格斯全集》第 32 卷，人民出版社，1998，第 394 页。

与观念规律的同一性，也可以随之得到证实。"总之，人类的事实是人类观念的化身；所以，研究社会经济的规律就是创立有关理性规律的理论，就是创立哲学。"①

从上述观点出发，蒲鲁东得出了以下结论：政治经济学中作为分工的反题或反公式出现的机器，表征着人类思想中与分析相对立的综合。犹如分析和综合可以构成全部的逻辑与哲学，政治经济学在有了分工和机器之后便完全形成了。在他看来，劳动能够将分析和综合集合到一种持续不断的行动中，也就是作为逻辑的外在形式而对现实与观念加以概括，因而具有普遍的教化作用："劳动在把才能加以区分并且通过行业分工为才能的均衡化作好准备以后，便依靠机器来把智能彻底武装起来。"② 人的智能生而等同，只是由于专业知识、使用方式与教化途径等的不同，出现才思迥异、各有所长的芸芸众生。随着社会的日益进步和工具的不断完善，个人的才能终将归于等同。如若不然，劳动就不再是一种普遍的教化方式，它对于不同的个人来说分别成了特权和惩罚。

然而，才能的等同或均衡状态并非使用机器的最终目的。按照蒲鲁东的解释，人类的机能主要有两类：一为感觉、意志、热情、兴趣、本能、情感等，二为注意、理解、记忆、想象、比较、判断、推理等。人类机体的各个器官不是这两类机能的基础或根源，而是这两类机能的实证的和综合的、生动的与和谐的表现形式。每个人也是这两类机能相结合的产物，自由与智慧的综合构成了完整的人。同理，机器作为人的自由的象征，是人类的能力属性、权利表现及人格标志。这里的"自由"（liberté），特指一种尚未确定的消极的能力，是对一切事物都不偏不倚的、接受一切发展可能的自发状态，并且有待于在外界的影响下形成自身的价值和特点。经由教化的作用，自由的能力逐渐摆脱不偏不倚的状态并确定为"意志"（volonté）。蒲鲁东认为，从词源上考察也会得出这样的结论。liberté 的拉丁词根是 libet（喜欢），后者依次派生出 liberi（父母对自己喜爱的子女的

---

① 〔法〕蒲鲁东：《贫困的哲学》上卷，余叔通、王雪华译，商务印书馆，2010，第167页。
② 〔法〕蒲鲁东：《贫困的哲学》上卷，余叔通、王雪华译，商务印书馆，2010，第171页。

专属称谓）和 libertas（贵族子女的身份、性格与意向，即自由）。在拉丁语中，libertas 的反义词为 libido（无法无天、不认祖国的奴隶式狂热，即放肆）。若自发性所作的决定是积极的、有益的、向善的，就是 libertas；相反，若为消极的、有害的、向恶的，就是 libido。

正如理性所作的决定可谓观念一样，自由所作的决定可称作意志、情感、习惯、风俗等。蒲鲁东进一步分析说，上述两种决定可以结合到一个有理性的自由人身上，所以它们应当彼此扶持、相互影响。个人只有使自己的理性与自由协调发展，才会获得达到幸福境界的可能。在这个过程中，理性一旦出现疏忽乃至谬误，致使带有自发性的自由成为不良的习惯，其自身就会受到影响并进一步导致墨守成规（偏见），不再创造符合事物的自然关系的正确观念。当这种偏见深入人的意识中无法被根除时，理性和自由对人的作用便降到极低的程度并导致不幸。这在资产阶级古典政治经济学家和社会主义者身上表现得尤为明显：前者并不认可价值尺度的存在，把供求关系视为商业的规律，使其自由被野心、利己主义、投机所驱使，导致商业沦为一种被某种规则保护下的赌博，进而在财富的源泉上产生贫困；后者本身就是陈规陋习的奴隶，只知对贫困的结果进行抗议而从不尝试消除贫困的根源。综上可见，"自由的决定愈是符合理性的规律、亦即符合事物的规律，自由就愈是完美；而且，既然理性是无穷尽的，那么，自由也是无穷尽的。换句话说，充分的自由存在于完美的理性之中"。① 既然机器是为了消解分工的矛盾的理性规律，那么它本身属于自由的决定，最终必然促进自由的实现。

通过对机器的历史分析与经济考察，马克思认为蒲鲁东将使用机器归结为天命的或慈善的目的不值一提。一方面，现实的需要，即市场扩大到手工劳动不再能满足其需要，促使人们运用 18 世纪即已充分发展的机械学来制造和使用机器。另一方面，机器一使用或者自动工厂刚刚建立，就表现为残酷的阶级压迫而非自由的实现：儿童成为可以买卖的对象并在工厂

---

① 〔法〕蒲鲁东：《贫困的哲学》上卷，余叔通、王雪华译，商务印书馆，2010，第 176 ~ 177 页。

主的鞭笞下工作，工厂主不断地发明和使用新的机器来对抗工人的罢工，工人非但不会服从于所谓的权威反而持续地反抗和破坏机器。总而言之，机器的使用加剧了社会内部的分工，简化了工厂内部工人的技能，推动了资本的集中，使人进一步被分割。相比于分工作为社会历史发展的主要标志、根植于社会历史发展的每个阶段的重要范畴而言，机器这个纯粹的生产工具要简单得多。相应之下，使个人摆脱机器的束缚的难度要比从分工中复归人的自由个性小一些。马克思指出，使用机器的自动工厂在产生职业痴呆的同时也形成着消灭它的力量："当一切专门发展一旦停止，个人对普遍性的要求以及全面发展的趋势就开始显露出来。自动工厂消除着专业和职业的痴呆。"①

大工业中使用机器（而非机器本身）的后果中包含着个人解放征兆的观点，被一直沿用到《资本论》及其手稿中。诚如马克思所言："一种历史生产形式的矛盾的发展，是这种形式瓦解和新形式形成的唯一的历史道路。"② 大工业中机器的使用这个生产方式的发展趋势即在于此。马克思指出，大工业的本性是从来不把一定的生产过程的现存形式看作最后的阶段，它通过机器等方法使工人的职能和劳动过程进行社会结合，不断地随着生产技术基础的变化而发生变革，从而产生两种相对立的结果：一是劳动变换和职能变动下的工人的全面流动；二是旧分工方式及其固化专业的再生产。这个"绝对的矛盾"既有破坏工人生活的一切安定及保障的一面，又通过消灭狭隘的专业劳动来实现工人尽可能多方面的发展，让"把不同社会职能当做互相交替的活动方式的全面发展的个人"，取代"只是承担一种社会局部职能的局部个人"③ 成为可能。上述可能性意味着，劳动的变换不再只是不可克服的自然规律，以及盲目地去破除阻碍这种自然规律的各种力量，而是社会生产的普遍规律。

---

① 《马克思恩格斯文集》第 1 卷，人民出版社，2009，第 630 页。
② 《马克思恩格斯文集》第 5 卷，人民出版社，2009，第 562 页。
③ 《马克思恩格斯文集》第 5 卷，人民出版社，2009，第 561 页。

第九章　竞争与垄断的关系之辨

作为资产阶级社会中具有内在联系的重要现象与现实问题，竞争与垄断是政治经济学研究中绕不开的环节。撇开蒲鲁东关于各个经济范畴的具体论述暂且不表，单论他将竞争和垄断确定为一对"正—反题"的做法，不失为攀登"经济矛盾的体系"的"顶峰"的一次有效尝试。然而，竞争与垄断之间的现实运动绝非简单的逻辑关系所能全部把握。穿透蒲鲁东用大量华而不实的语言制造的"迷雾叠嶂"，就会发现除却简单逻辑公式之合理性的循环论证，别无其他内容。从否定蒲鲁东将竞争和垄断的实质内容与现实关系曲解为永恒范畴间的演进出发，马克思在《哲学的贫困》中对此展开了翔实而深刻的批判。

一　竞争必要性与后果相并存的矛盾

大体而言，蒲鲁东的竞争理论有以下几个要点。就其起源而言，竞争作为一个经济范畴或经济状态，是机器出现和工场建立的必然产物；它从作用与发展趋势来说是社会自发的表现、组织劳动的形式、构成价值的工具、自由平等的保障、联合的支柱；如果缺乏一个有效原则加以指导，竞争就会沦为工业力量作用于工场而产生的同业公会与垄断之间的无目的性摇摆；社会主义理论对无政府状态下竞争的批判虽然有一定的合理性，但是据此提出的一系列改革都是乌托邦式的理想，最终导致出现等级制行业公会、国家垄断专制等后果。

在遵循从必要性到后果再到解决问题的僵化模式论证竞争范畴之前，蒲鲁东再次卖弄起了其蹩脚的哲学。他在《贫困的哲学》中指出，社会经济的全部历史同时也是哲学发展的不同时代，"经济进化的系列"中的每个阶段皆表征着特定的哲学时期。其中，竞争代表的是诡辩盛行、真假混淆的阶段，人们对二律背反规律的一知半解导致了这种哲学特征的形成。工业动态也如实反映了这种形而上学的形式，竞争这一"有趣的阶段"的显著表现是，它的拥护者与反对者同时失去了判断力。法国当时颇具影响力的小说家路易·雷布（Louis Reybaud）呼吁人们用联合解决劳动果实的分配，却最终自我宣称为竞争的拥护者。其所以如此，归根到底在于竞争是一个自我否定的原则，即竞争消灭着竞争。于是，便需要回答以下问题：自我否定的竞争在什么条件下、在何种意义上进入科学范畴的行列从而成为社会的内在规律；它既然有着必要性却又为何兼具肇始于消灭自身的破坏性。

竞争的必要性在蒲鲁东看来可以从理论和事实上得到证明。就理论而言，组织劳动与构成价值的完成、自由与平等的实现，离不开竞争的保障作用。作为提升到第二种能力上的分工，竞争既存在于最综合的工种中又逐渐扩大到各种最低级的操作上。分工越细致，个人的专门性和排他性越强，越能获得一种"自主权"（souveraineté）。这种权利是个人自身的力量和独立性从而自由的表现。个人享有的权利与履行的责任缺一不可。所谓个人对自己应负的责任，在劳动方面意味着与他人进行竞争。蒲鲁东继续写到，如果颁布一条法令宣布人人皆可不劳动而获得工资，就会导致社会经济秩序的混乱：工业中的争相追逐消失，真实价值降至名义价值之下，货币迅速贬值、商人囤积居奇等。与其如此，倒不如处在竞争时期的贫困状态。从事实的角度来说，竞争是社会经济的原则和人类灵魂的必然。1789 年法国大革命的爆发，即普遍一致要求彻底"废除"（abolir）而非局部"修正"（réparer）同业行会制度，恰如其分地说明竞争是社会经济的基本原则与命定法令，尽管人们当时尚未意识到竞争自身带来的各种后果。此外，竞争的缺失导致法国农业长期落后，公共工程因承建人的竞争意识不强而不断返工，带有垄断性质的烟草专卖公司的改革……凡此种种，均凸显竞争的必要性。

在竞争的必要性问题上，蒲鲁东坚决反对傅立叶派用"竞赛"（émulation）取代"竞争"（concurrence）的观点。傅立叶派认为，包括竞争在内的任何事物都有使用与滥用之分，相应之下，可以保留对竞争的使用即竞赛，排斥对竞争的滥用即利己主义。蒲鲁东对此分析说，竞争和竞赛本身是同一个事物，它们之间没有相互取代的可能。以追逐利润为目标的工业竞赛究其实也为一种利己主义，故而无法消灭利己主义。整个社会归根到底而言就是个人的总和，公共福利必然要以个人利益为落脚点。因此，解决竞争问题的关键在于协调个人利益与公共福利之间的各种需要。傅立叶派基于人性可变的假定来论证竞赛的必要性，强调为劳动本身而劳动，从根本上是行不通的。在"经济矛盾的体系"中的竞争阶段，劳动的吸引力还无法致使人不追求私利而从事竞赛。只有到了劳动者的体力、道德和智慧均得到高度发展之时，也就是人们通过社会经济的种种矛盾最后达到的阶段，劳动才能真正具有吸引力。不止于此，劳动的吸引力始终无法摆脱功利的动机，永远不能排除利己主义的复归。古希腊社会的各种游艺、克里特人与斯巴达人的生活、封建时期的骑士决斗等，无数历史事实表明若只为乐趣而劳动就会使之沦为一种游戏。劳动作为人和动物相区别的理性的产物，岂可退化为一种简单的生命活动、感官的逸乐行为呢？

　　同分工和机器等经济范畴一样，旨在鼓励平等的竞争不可避免地造成不平等的结果。蒲鲁东认为，在受劳动支配的社会里，所有的财富、地位、荣誉等都任凭人们竞争，强者必然最终拥有这一切。换言之，竞争成为强者的统治手段，甚至达到骇人听闻的程度："它经常夺取了整个劳动阶层的面包，而且还把这当成改进和节约。……它用投机赌博来代替行使权利，从而败坏了公共道义，到处制造了恐怖和猜疑。"[1] 当然，竞争的破坏性与必要性是相伴而生的、相辅相成的，失去了"残酷性格"的竞争也不会起到它的良好作用。产品交换不通过竞争而恣意妄为，势必导致工厂因没有市场风险而不再争相提高生产；生产稍一松懈，也会因祸得福。政治经济学家在竞争问题上的认识匮乏与思想混乱，源自不了解竞争的矛盾性。他们"游走"于"放任自流"（laisser faire）和"围追堵截"（empêcher）这两端，要么热衷于维护竞争的积极作用，要么一味指责竞

---

① 〔法〕蒲鲁东：《贫困的哲学》上卷，余叔通、王雪华译，商务印书馆，2010，第230页。

争造成的各种弊病，进行着毫无意义的各种争论。这些无休止争论的存在充分表明，人们尽管不断摧毁"经济矛盾的体系"中的一些原则的表现形式，但从未抛弃它们的实质内容。这里的"摧毁"绝非彻底消灭，而是一种否定，因为普遍理性一直进行着对其生成的观念的自我否定。由此可见，不应该也不可能消灭竞争原则，理应废除它的现存形式并使之获得新的平衡，明确其自发性的范围。

不可否认，竞争意味着某种共同目标的存在，它在现实中不可避免地与联合产生关联。基于工场作为人类社会基本组成单元的认识，蒲鲁东从中推导出家庭中没有的两种主要关系：一为工场主代表的"集体意志"（volonté collective）与雇工代表的"个人意志"（volonté individuelles）之间的关系；二为竞争与联合的关系，即不同工场之间、不同资本之间的关系。蒲鲁东强调，没有认识到竞争与联合的真正关系，把竞争视为利己主义的象征、联合的障碍乃至对社会的倾覆，是社会主义者的最可悲的错误。以路易·勃朗为典型，蒲鲁东着手"清算"社会主义者取消竞争的做法。

勃朗从社会贫困问题切入对资本主义竞争的批判，强调贫困不仅剥夺了众多劳动者的受教育权与个人尊严，还让他们失去了真正的自由，空余忍饥挨饿、不得不出卖自身及其家庭成员劳动力的"自由"。劳动者深陷绝对贫困继而引发盗窃、卖淫、叛乱等一些恶果，盖出于资本主义竞争。对于失去一切生产资料与生活资料的劳动者来说，竞争就是争相拍卖自己的劳动力；即使从中获胜也是暂时的，终将伴随着工资的普遍下降而加剧贫困现象。大资本家为了打压竞争对手而廉价出售产品，既造成中小资本家的破产，又最终引发价格暴涨从而导致广大消费者的普遍贫困。通过工业方面和农业方面的改革，成立"团体"（société）性质的社会工场和取消旁系继承权，可以建立一个没有竞争与贫困、剥削与压迫的社会形式。

按照勃朗的构想，社会工场于成立之初会让政府确定各级管理人员，招募道德品行良好的工人。随着工场全体成员彼此了解并都关心团体的成功，就由他们选举产生管理人员，商讨利润分配与扩大生产，政府的职能转变为保护团体原则不受侵犯、监督工场规章制度的执行、协调各同类生产部门之间的关系。社会工场一旦在主要工业部门建立起来，就可以凭借资金雄厚、产品价廉等优势，逐步和平地兼并、消灭私人工场，使团体成为主要生产方式。此时，每个工场成员的个人利益和公共利益相一致，摆脱了物质贫困的个人将普遍关注公共财富的增加，并通过教育实现智力的充分发展，新机器的发明和使用随之真正成为减轻工人劳动强度与增加社会物质财富的手段，社会生产随即得到迅速发展。

对于勃朗的上述主张，蒲鲁东有着一种整体的认识：社会工场制度之要义——"赋予政权以广泛的主动权""国家出资建立社会工场""依靠国营工业的竞争来消灭私营工业"，①表明他根本没有把握到"经济矛盾的体系"的任何内容。例如，未能看到价值的二律背反并借此提出合理的分配理论；无法理解导致工人贫困、愚昧、堕落的真正原因；把机器与雇佣劳动制度的矛盾神圣化；在工资平等的表象下默认受国家专制制度保护的地位不平等；由工人选举工场管理人员唯有得到警察制度的干预方可实现；没有涉及税收、信贷、国际贸易、所有权、人口等复杂问题的探讨；等等。一言以蔽之，勃朗立论的全部要点在于共和国的逻辑：凡是人民所希望的东西皆为政府力所能及之事，其实质是压制社会的最自发倾向、否认社会的最真实表达，依靠任意摆布劳动和收益来使福利普遍化。在蒲鲁东看来，勃朗甚至连取消竞争的有限目的都不能实现。给予社会工场最初招募的道德品行较高的工人以高工资，意味着社会工场的成本大于私人工场的成本，显然无法在竞争中压倒私人工场。保护社会工场和兼并私人工场，等于动用政权的主动力量消灭个人的主动力量即禁止自由劳动，从而不由自主地走向国家垄断的道路。

二　竞争的实质及真正现实作用

整体审视蒲鲁东对竞争的全部解释，不难发现其症结就在于维护它作为范畴的永恒必然性，忽视竞争本身的历史过程尤其在不同历史时期的实质差别。事实上，马克思自介入政治经济学批判时已高度关注资产阶级社会的竞争现象及其具体表现，从竞争作为资产阶级社会的经济生活基础以及最为显

---

① 〔法〕蒲鲁东：《贫困的哲学》上卷，余叔通、王雪华译，商务印书馆，2010，第253页。

著的交往方式展开论述，为批判蒲鲁东竞争理论提供了充足的"思想武器"。

从古典政治经济学的主要观点出发推导理论与现实的相左，马克思在《巴黎手稿》中阐释了关于竞争之现实作用的深刻理解。首先，按照斯密等人的论述，竞争具有消除价格垄断、降低商品价格和提高工人工资、利于公众消费的双重积极作用。然而，私有制条件下的竞争只会造成资本受利润驱使向特定生产部门集聚并最终落到少数人手中。与此同时，资本的单方面积累又反过来导致竞争的不断扩大、产品普遍贱卖，使中小资本家不再是资本家，只能依靠利润直至花光资本或者直接破产；相反，大资本家则通过大量生产而不至于亏损、甚至承受暂时的亏损，直到中小资本家破产为止，最终把全部利润累积于手中。

其次，大资本家和中小资本家的命运迥异，也可以从资本总额不变的情况下固定资本与流动资本的此消彼长关系中得出。古典政治经济学揭示上述关系意在说明，资本家不论大小在竞争中均可获得利润。但是，在工厂劳动发达的生产部门，中小资本家哪怕倾其所有也不够固定资本所需。大资本家的固定资本只占其资本总额的很少部分，并且所占比例随着资本总额积累而不断降低，加之他们普遍使用机器引起的固定资本的集聚与简化，让大资本家必然比中小资本家获得更多的利润。

最后，工人和资本家无一幸免于沦为竞争的"牺牲品"。古典政治经济学家虽指明了竞争所导致的整个社会生产的无秩序状态，却只关注大量破产、一夜暴富、商业危机、利润下降、财富浪费等经济现象，对人漠不关心。在这种状态下，产品成为衡量一切的标准、人变得微不足道，人直接变成生产和消费的工具，其生命即为资本，才是竞争的最严重后果。

由此可见，古典政治经济学只是用概念间的推导来抽象地解答现实问题，根本不了解现实运动的联系，故而将竞争解释为垄断强制的和偶然的而非自然的和必然的结果。马克思据此指出，只有超越古典政治经济学用某种虚构的原始社会状态，或者把应推论出的两个事物间的必然关系假定为事实等做法，转而从"当前的国民经济的事实"① 即工人及其生产的异

---

① 《马克思恩格斯文集》第 1 卷，人民出版社，2009，第 156 页。

化出发，才能揭示竞争与垄断的本质联系。由此审视蒲鲁东的竞争理论，不难发现他犯了同古典政治经济学一样的错误，尽管他本人标榜用理论和事实来证明竞争的必要性，竭力反对斯密诉诸概念间的推导方法。蒲鲁东并未看到竞争的历史差别和资产阶级社会的劳动异化现象，只得用虚构的原始状态来阐释竞争的必要性，赋予它以实现构成价值与自由平等的条件、提升到第二种能力的分工之类的一系列编造的形式。马克思在《哲学的贫困》中正是抓住这一点展开对蒲鲁东竞争理论的批判，只不过没再解释异化劳动现象而已。至于蒲鲁东叙述的竞争后果，除了用语言博人眼球外再无任何价值可言，远不如古典政治经济学理解得深刻。

到了《德意志意识形态》中，马克思以批判施蒂纳关于功利和投机主宰竞争的论述为切入点，复归竞争作为资产阶级社会中最典型交往方式的属性。马克思指出，不同民族国家内部的竞争显然是形式各异的，在发达的英国表现为"尽可能地把事情做好"，[①] 在浅陋的条件下才表现为唯利是图，绝非像施蒂纳那样一概而论为"尽可能把事情做得合算"[②] 故而失去交往这一本质。不仅如此，竞争的现实作用亦非如施蒂纳那般用巧取豪夺、克扣无度之类的道德公设即可解释得清楚，更不是简单的敌对、较量和竞赛。竞争的破坏性中包含着革命性的一面。它在打破中世纪的小市民社会生活后曾发挥着一定的积极作用，诸如取消地方的局限性、促进分工和交往的发展从而推动世界贸易的形成、机器的大规模使用和无产阶级的产生。将资产者之间的关系、无产者和资产者之间的关系变为纯粹的金钱关系，进而摧毁无产者的一切自然的传统关系乃至整个思想上层建筑，是竞争所能实现的最伟大社会变革。

得益于上述工作的思想积淀，马克思在《哲学的贫困》中详尽展开了对蒲鲁东竞争理论的批判。从"好的方面""坏的方面""一般的想法""应当解决的问题"[③] 归纳蒲鲁东立论的要点之后，马克思直指前者维护竞争范畴的必然性这个目的。他指出，通过把竞争归结为逐利的竞赛来直接

---

① 《马克思恩格斯全集》第3卷，人民出版社，1960，第427页。
② 《马克思恩格斯全集》第3卷，人民出版社，1960，第427页。
③ 《马克思恩格斯文集》第1卷，人民出版社，2009，第630～631页。

说明竞争的永恒性，显然是缺乏历史常识的说教。一方面，工业竞赛的直接对象是产品而非利润；另一方面，资产阶级社会中的竞争不是工业竞赛而是商业竞赛，因为工业竞赛是依附于追求利润最大化的商业竞赛，后者甚至表现为人人皆陷入不从事生产而专谋利润的周期性投机狂热。只有封建手工业劳动中的同业行会特权（即有组织的竞争）才是符合工业竞赛的模式。同样，蒲鲁东也忽略了不同社会形式中的联合之间质的差别，因而在竞争与联合的关系问题上产生错误认识。任何利己主义行为都是以社会为基础并在其中进行的，换句话说，共同的目标、需要和生产资料是利己主义的前提。就资产阶级社会可被视为构筑于竞争上的联合这一维度而言，竞争是封建主义这种联合形式的对立面。这样一来，强调竞争以共同目标为前提来证明它是联合而非利己主义在逻辑上行不通。此外，蒲鲁东横加指责社会主义者消灭竞争的做法也是极其武断的。推翻建立在竞争上的资产阶级社会，以及未来社会必然要消灭资产阶级社会的竞争，方为竞争作为对社会的颠覆之真正内涵。

针对蒲鲁东枚举的关于竞争必要性的所谓主要事实依据，马克思具体批判认为，颁布几道法令取消竞争的假设根本无法成立。只有彻底改变他们在工业上和政治上的生存条件，各民族才可以指定并实施诸如废除竞争而保留工资之类的法令。至于蒲鲁东否定人性可变的假说从而批判社会主义者用竞赛取代竞争的说法，只能表明他在历史知识方面的匮乏与无知。究其实，社会历史的前提在于现实的个人，整个社会历史从这个角度来说无非是人类本性的不断改变而已。蒲鲁东根本不懂得竞争的形成与人们的现实生活之间的紧密联系，以致将它解释为人类灵魂的需要。1789 年法国大革命对同业行会制度的废除而非修正，恰恰证明了竞争的历史性而非永恒必然性：既然竞争是某种历史需要即 18 世纪废除同业行会制度的结果，那么它在 19 世纪就不应由于另一种历史需要而被消除。

诚然，蒲鲁东认识到竞争是资产阶级社会中人们借以发展生产力的一种社会关系。但是，他并没有对此展开任何解释说明，反而在构成价值、命定法令、人类灵魂等虚无缥缈之物上做文章。把辩证法简化为"好的方面"和"坏的方面"只是一种极端片面的变戏法而已。不仅所谓竞争"好的方面"一无是处，而且其"坏的方面"大有裨益。蒲鲁东笔下竞争的诸多后果，充分说明了竞争是资产阶级社会关系中最具分裂性和破坏性的因素，并且其破坏作用将在生产力发展的刺激下日益扩大。值得注意的是，马克思此时对竞争的理解主要以自由竞争为范本，尚未涉及一般抽象意义上的竞争。换言之，他本身并不反对竞争范畴，而是有针对性地批判蒲鲁东用善恶辩证法总结竞争的现实作用的谬论。在《1857—1858年经济学手稿》中，马克思着手阐释竞争与资本一般的关系，将竞争解释为表现资本的本质规定和外在规律、资本的现实发展与实际运动、单个资本间相互关系及彼此作用的范畴。马克思尽管未能在《哲学的贫困》中揭示上述关系，但已然把竞争视为资本主义生产的一个基本维度，并扼要阐释了它在资产阶级社会中的作用，为之后的深入研究提供了理论前提。

三　垄断作为竞争自我否定的结果

在资产阶级社会中，垄断与竞争的自然对立可谓直观的事实和常识性判断。蒲鲁东认为，从独占某种物品的经营、开发、享用这个定义来看，垄断是竞争不断进行自我否定的自然产物，从而证明了它存在的必要性。只要竞争对于构成价值仍然必要，垄断的目的与结果就具有合理性，它就像每个竞争者的"安身之所"（siège）一样。当然，垄断自身更能推导出自己的必然性；如若不然，势必导致人们对竞争的坚决反抗。按照与自由的关系来审视截至垄断的"经济矛盾的体系"各个阶段，不难发现：分工意味着工人的专业化从而导致智力的不自由，机器和工场的建立使工人重拾智力自由，竞争表明工人的智力自由已经付诸行动，垄断则为这种自由取得胜利的表现。要言之，垄断乃是一种体现自由之本质的、自然赋予每个生产者的独断权。

垄断的存在根据还在于社会对个人投机的必然抵制。正如蒲鲁东所说："垄断是社会所不可缺少的，因为没有垄断，社会就无法脱离原始森林，没有垄断，人类社会将急剧倒退。"[①] 他具体分析指出，社会生活的主

[①]〔法〕蒲鲁东：《贫困的哲学》上卷，余叔通、王雪华译，商务印书馆，2010，第280页。

要表现方式无非保守和发展这两种。其中，发展在一定程度上取决于个别人物的能力而非全部民众的力量，因为民众的本性普遍趋于保守，即无所作为、被动接受或直接拒绝任何新鲜事物。在作为人类理性产物的众多个人能力中，投机是毫无用处的一个，个人自由则是大有裨益的一个。社会的发展只有避免个人投机地参与其中，并由个人承担变革的全部风险，才能不断维持下去。否则，社会终将由于不断补偿投机所造成的亏空而无法发展。拒斥某种事物的一个较佳选择是接受它的对立物。从个人自由的角度来说，垄断即为投机的"敌人"。人们凭借这种独断的权利，可以从心所欲发挥个人能力来按照自身构想发展，利用一切有效手段进行专业活动，甚至将全部资本投入自认为值得冒险的行业以谋求利润。否定垄断作为自由的本质表现等于变相肯定个人投机，最终导致人类社会失去动力而停滞不前。

个人能力决定社会发展的有限性和人的个性的多样性，表明垄断是无法被消灭的。蒲鲁东认为，一方面，社会不会向任何从事变革的人提供所需资本，也不能提出享有它所没有资助事业的成果。社会主义者消灭垄断的意图不可能实现，后者认为才能出众的人出于"博爱"而有义务把多余的劳动及产品贡献给社会。一旦"博爱"之类的情感被确定为一项贯彻始终的原则，就会变成危险的伪善。另一方面，垄断源于人们的内心深处与人类个性的外在事实，因而同时以自然和人的名义存在。垄断不仅作为劳动的固有特征影响着劳动的质量高低及价值大小，而且由于劳动必须通过对象来表现它本身而建立于主客体之间。人的个性或个体意识决定了垄断为人类所独有，这种个性的多样性又促使每个人都力图成为垄断者以彰显自身价值。因此，关于垄断的社会问题不在于消灭它，而在于如何协调各种垄断之间的关系。

那么，垄断范畴必然性的现实表现即最显著和最直接的作用究竟为何？蒲鲁东从政治和经济两个方面进行了阐释。其中，垄断的政治作用表现为区分出基本的组织形式，根据血统、语言、习惯、风俗，使劳动者依次归属于家庭、部落、城市、国家。在经济方面，垄断则是对生产者（包括劳动者和企业主）的一种褒奖。它首先通过新的生产方式来增加全部社会产品的价值，再以价值资本化的方式提高社会福利。根据蒲鲁东所谓的构成价值论，任何个人只要使用新机器、运用新观念或投入新资金以生产出更多的产品，就是为社会节省时间和增加财富。"所以，净产值合法性的依据就在于优先使用新的生产方法。"[①] 垄断要求生产者承担生产风险因而必然让其占有净收益。利用欺骗减少工资或者其他非使用新生产方式的一切手段非但无益反而有害，这种流弊并非垄断原则自身之过而是源于人们的贪欲。除却给予生产者以净产值作为他的当然报酬，垄断的另一个经济结果便是价值的资本化继而衍生出利息。若净产值只增加不消耗、未用于提高生产者的福利，就只能使生产无限运行。为了协调保持生产和提高福利这两种需要，资本利息应运而生。它不仅在给予生产者以报酬的同时促使他们持续生产、增加储蓄从而获得社会福利，而且作为资本流通的重要条件和工业联营的主要媒介，在"经济进化的系列"中的信用阶段（垄断的下个阶段）的作用尤为明显。

　　从整个社会生产和消费的同一性进一步考察垄断的定义，不难发现它的矛盾性。蒲鲁东继续写到，垄断作为生产的一种特权必然也是消费的一种特权，由此产生两者的相互否定、禁止生产或消费的可能，会不可避免地造成一系列不断加深的后果。在垄断使整个社会的消费价值总额大于生产价值总额、净产值高于总产值的情况下，除了只能依靠工资来购买产品的劳动者之外，没有人来补偿消费和生产之间的差额。劳动者用高于产品成本的价格来购买它，意味着富有与贫困在观念上和事实上并存且不可分割，导致贫困的劳动者认为富人并未侵占他们的劳动产品而理所应当富有。垄断者在充分核算成本、利息、利润后所付工资的实际购买力显然要

---

　　① 〔法〕蒲鲁东：《贫困的哲学》上卷，余叔通、王雪华译，商务印书馆，2010，第276页。关于"净产值"（produit net）和"总产值"（produit brut），蒲鲁东完全赞同并直接引述了萨伊的如下观点：①"已生产的价值是总产值，从这个产值中减去生产费用后所余的就是净产值"；②就一个整体的国家而言，不存在净产值，或者说，"一个国家的净产值等于其总产值"，因为"产品所具有的只是相当于生产费用的价值，减去这种费用就等于减去产品的全部价值"；③"所谓净产值，指的只能是某一个生产者的利润与其他生产者的利润的对比。企业主的利润就是已生产的价值减去已消耗的价值。但是，他所谓已消耗的价值，例如购买生产性劳务的开支，对提供劳务的人说来，却是一种收入。"（〔法〕蒲鲁东：《贫困的哲学》上卷，余叔通、王雪华译，商务印书馆，2010，第274页）

少得多。

更有甚者，垄断者仅仅根据劳动者个人劳动力的价值来支付工资，对他们通过分工协作达到的巨大生产合力没有作出任何偿付。紧随生产和消费间平衡的破坏，垄断迅速侵入农业、商业、工业乃至一切生产部门的产品，[①] 以致劳动者深陷惨不忍睹的贫困境地：一家老少衣不蔽体地蜷缩在一无所有的卧室里；大批居民因穿不上衣服而无法去教堂做礼拜；死者因连一块裹尸布都没有、也没有钱买棺材和雇人殡殓而停在家中不能入葬；年逾古稀的老人赤身露体地躺在地板上……到处是绝望、衰颓、饥饿！最后还是饥饿！

最后，垄断歪曲了公平交换的观念，使社会经济学从实证科学沦为乌托邦理论。在蒲鲁东看来，上述显著的事实具体表现为以下方面。

第一，随着产品不再根据它与社会的关系而是和垄断的关系确定自身价值，价值失去其自身固定性质即关于有用产品同社会财富之间比例关系的综合观念，变成一种模糊的、专断的、利己的、变动的关系。

第二，兼具高度的社会性、渐进性和稳定性的净产值变得私人化，这个本该提高社会福利的原则却对社会造成损害，因为垄断者只追求个人利益最大化从而最大限度地获取净产值，丝毫不管这种行为是否有违社会利益的实现。

第三，资本利息在观念上被曲解为高利贷从而毁灭社会的根源。就其本质而言，资本是人类诉诸劳动来利用自然赋予的可开发资源的创造物。垄断却直接混同了资本与可开发资源，将资本归结为自身具有固定活动性能的事物。换句话说，资本家不从事任何生产活动和交换活动即可获得利息，进而派生出含义近似于利息的高利贷。

第四，联合的观念被彻底否定。只要有了资本就能组织起团体这一联

---

① 为了说明这一点，蒲鲁东在此援引了罗西在《政治经济学讲义》中的观点："你几乎随时随地都能看到垄断。几乎没有一件产品可以视为纯粹劳动的果实，因而按照生产费用来确定价格的经济规律从来也没有完全实现过。由于支配生产工具的这样或那样的垄断的干扰，这个公式被彻底改变了。"（〔法〕蒲鲁东：《贫困的哲学》上卷，余叔通、王雪华译，商务印书馆，2010，第289页）

合的普遍形式，但此类团体之目的在于垄断即排斥劳动者和其他的资本家，也就是在人格方面对表征社会一致性的联合的消解。

在资产阶级社会中，股份公司是团体的主要形式之一。蒲鲁东显然要对这种联合方式和垄断的关系作一番说明。他指出，现有的股份公司都经营单一和以经理人为真正合伙人，亦即排斥其他行业、将股东当作剥削对象，因而不能扩及一切工商业关系、与社会联系的扩大之间毫无共性。实现真正联合的股份公司应当以平等为原则重新规定股东的性质，赋予他们以企业主的身份并且在董事会上拥有表决权。可是，这些符合组织劳动本身的条件与垄断是不相容的，也没有明确的法典依据。"因此问题是要创造这些条件，而不应该假定它们已经存在。"① 究其实，生产的平衡、交换条件的改善和成本的降低等方为实现联合的主要因素，资本、政权等则是次要因素。正是错误地将这些次要因素视为解决垄断问题的决定性力量，傅立叶和勃朗之类的社会主义者的"法郎吉"、国家股份公司及社会工场等只能停留在想象之中。鉴于垄断混淆了资本概念从而歪曲了资本利息观念，解决垄断问题、正确使用资本的关键在于进入"经济进化的系列"的税收阶段，为了民众的共同利益而按资本的比例向富人征税。

四　垄断与竞争之间的辩证运动

事实的直接观察性并不意味其本质的易于把握，资产阶级社会中的竞争与垄断绝不是简单的生成关系。从历史和现实来看，现代垄断并非自由竞争的反题，而是封建垄断和自由竞争的合题：封建垄断导致了自由竞争的形成，而自由竞争又产生了现代垄断。现代垄断由于以自由竞争的统治为前提而成为对封建垄断的否定，同时又作为垄断的特定形式而成为对自由竞争的否定。正如马克思所说："现代垄断，资产阶级的垄断就是综合的垄断，是否定的否定，是对立面的统一。它是纯粹的、正常的、合理的垄断。"② 蒲鲁东之所以无法正确揭示垄断与竞争的联系，就在于用现代垄

---

① 〔法〕蒲鲁东：《贫困的哲学》上卷，余叔通、王雪华译，商务印书馆，2010，第298页。
② 《马克思恩格斯文集》第1卷，人民出版社，2009，第636页。

断取代垄断的全部形式。仅仅依靠竞争的对立面来抽象地概括垄断，只能得到"粗野的、简陋的、矛盾的、痉挛状态的垄断"，① 赋予垄断以个人自由的"安身之所"这样"诗意"的形式。

早在进行"原本批判"之初，马克思便已尝试用异化劳动的事实来说明竞争与垄断的关系。通过资本的积累及其后果和地产的历史发展过程，他得出了两个基本结论：其一，自由竞争是现代垄断的根源，资本累积于大资本家手中即"垄断的更惊人的恢复"②，是竞争的必然结果；其二，大地产的稳定垄断终将演变为自由竞争，使地产转化为资本。

具体而言，地产的特殊性质决定着大地产比小地产具有天然优势：随着其自身规模的扩大，不仅所需的劳动力和劳动工具大为减少，而且利用率大幅提高；相反，当它的规模缩小到一定程度时，其所需的劳动工具数量就不再减少。于是，大地产在土地改良中投入较少资本从而把余下的资本积累起来，而小地产往往不得不将全部资本用于土地改良。此外，大地产还可以将地租调整到最低限度以使小地产收益归零，能够把土地产品价格降到很低以迫使小地产在无法获利的情况下出让地产。大地产相对于小地产的这些绝对优势，势必导致它的进一步垄断，并且可能造成一部分地产落入资本家手中。

不仅如此，地产的本质就是已被买卖的、以少数占有者的形态同他人相对立的土地。它作为私有财产的基础与起点，终将卷入私有财产的运动而成为商品，有了商品就会有竞争。在由地产垄断形成的竞争中，地产以资本的形式表现出物对人——包括工人阶级、因资本运动的规律而破产或兴起的所有者的统治。相应之下，唯有诉诸消灭私有财产和异化劳动的共产主义运动，而不是重新分割地产这样的形式改变，方可从根本上解决物对人的统治。由此不难看出马克思对垄断的理解要比蒲鲁东深刻得多。

用抽象公式取代垄断与竞争之间的辩证运动，是蒲鲁东垄断理论的主

---

① 《马克思恩格斯文集》第 1 卷，人民出版社，2009，第 636 页。
② 《马克思恩格斯文集》第 1 卷，人民出版社，2009，第 155 页。

要症结。在现实的经济生活中，垄断产生着竞争，竞争也产生着垄断；垄断者之间进行着竞争，竞争者也不断成为垄断者。这样看来，决定垄断与竞争之间关系的不是蒲鲁东的善恶辩证法，而是现实的个人及其相互关系。试图通过垄断来抵消竞争的后果，让垄断者用局部的联合来限制彼此之间的竞争，结果注定是加剧垄断者之间、工人之间的竞争。"垄断只有不断投入竞争的斗争才能维持自己"，① 而非深藏于"无人身"的人类理性中的综合公式或者税收，才是竞争和垄断的真正合题。马克思指出，蒲鲁东对税收的理解中充分显露出关于经济现象方法上的根本缺陷——全然无视经济事物的历史性和现实性，一味地主观臆想它们的作用。蒲鲁东试图把作为手段的税收提升到范畴高度，一劳永逸地消灭资产阶级垄断，殊不知这个手段本身却是为维护资产阶级统治而存在的。他天真地认为消费税是为了实现平等和救济无产阶级而设立的，殊不知它只有在资产阶级兴起后才得到真正发展："它在工业资本即靠直接剥削劳动来维持、再生产和不断扩大自己的持重而节俭的财富的手中，是对那些只知消费的封建贵族们的轻浮、逸乐和挥霍的财富进行剥削的一种手段。"② 消费税通常意指立宪制度下向消费课税，这是詹姆斯·斯图亚特（James Stuart）很早就揭示的经济学常识。蒲鲁东连这一点都不知晓，其构建的社会经济学的肤浅程度由此可见一斑。

需要指出的是，《哲学的贫困》中关于垄断与竞争之间辩证关系的认识，一直沿用到了《资本论》及其手稿中。通过分析资本集中或资本吸引资本的发展趋势，马克思勾勒出资本主义垄断的必然过程：资本的初步积累→资本的竞争→资本更高程度的集中→资本的更高速度和更大规模的积累→更加激烈的资本竞争→更大规模的资本集中……以此循环往复，直至"投入的全部资本已融合为一个单个资本时，集中便达到了极限"。③ 为了保证资本主义生产这种社会大生产的顺利进行，不同资本家在原料供给与产品销售方面形成的联盟，就是资本主义垄断的最早组

---

① 《马克思恩格斯文集》第1卷，人民出版社，2009，第637页。
② 《马克思恩格斯文集》第1卷，人民出版社，2009，第637页。
③ 《马克思恩格斯文集》第5卷，人民出版社，2009，第723页。

织形式。当然，上述发展过程描述的是一定生产部门内的资本集中。只有社会总资本合并到唯一资本家或其公司手中，整个社会范围内的资本集中才算真正达到极限。在资产阶级社会中，资本集中与资本积累相得益彰，共同促使工业资本家不断扩大经营规模。不论是以吞并的强制方式集中资本，还是以股份公司的平稳方式融合资本，都不能改变资本主义垄断的必然性。

此外，马克思创作《哲学的贫困》时尚未触及股份资本和股份公司问题，故而没有对蒲鲁东的相关论述作出具体评述。在其拟定的政治经济学批判"六册计划"（资本、土地所有权、雇佣劳动、国家、对外贸易和世界市场）中，马克思曾打算专门辟出章节来讨论股份资本问题。尽管上述计划没有全部实现，但是在《资本论》及其手稿中散见着一些关于股份资本和股份公司的论断。举凡：股份公司产生于信用事业的广泛发展之上，它促进了资本的进一步集中从而推动资本主义生产的发展；股份资本是资本主义生产方式范围内对私人资本的一种扬弃，其最重要的特质为资本所有权与资本经营权的分离；资本主义生产下的股份资本及信用制度具有明显的局限性，诸如催生出金融贵族这样的社会新"寄生虫"和股票交易中投机欺诈活动，赋予财富在社会财富和私人财富两种性质间的对立以新的形态并使之明显加剧；股份资本和股份公司的局限性中也包含进步性的一面，即"通向一种新的生产形式的单纯过渡点"；① 等等。相较于蒲鲁东只从联合概念出发就断然否定既有的股份公司形式、仅依靠平等观念而不考察社会现实便建立"新"的股份公司等做法，马克思的上述论断具有无可比拟的思想深度。

五　现代制度联结关系中的经济范畴

作为现实的个人之间交往关系的外在表现，分工和使用机器、竞争与垄断呈现错综复杂的发展情形；其相互联系不是蒲鲁东描绘的观念或逻辑上的"直线生成"过程，而是处于具体的、历史的社会关系中。诚如马克

---

① 《马克思恩格斯文集》第 7 卷，人民出版社，2009，第 497 页。

思所言，蒲鲁东"之所以给我们提供了一种可笑的哲学，却是因为他不了解处于现代社会制度联结［engrènement］——如果用蒲鲁东先生像借用其他许多东西那样从傅立叶那里借用的这个名词来表示的话——关系中的现代社会制度。"① 要言之，超越历史的范围来讨论各种经济范畴间关系是无法成立的。

从事实本身出发揭示资产阶级社会中不同经济范畴的联结关系，这是马克思进行政治经济学批判初期已形成的认识。他在剖析社会财富正在增长的状态时，曾专门谈及资本积累、分工、竞争、垄断之间的复杂联系。具体而言，资本积累促使分工不断扩大，进而增加工人人数，工人人数的增长又反过来扩大分工，继而推动资本的积累。与此同时，资本的多方面积累势必加剧资本家之间的竞争，使大资本不断吞并中小资本，并在特定的行业或部门内形成产品的价格垄断。与垄断的形成相伴随，整个资产阶级由于人数减少而几乎不再进行争夺工人的竞争，工人阶级则由于人数增加而更加依赖于少数大资本家，并且在工资部分下降的情况下彼此之间进行着日益激烈、反常和带有强制性的竞争。

当然，马克思此时只是用异化劳动的事实来描述各经济范畴的联结关系，尚未对它们处于现代制度联结关系中的原因作出解释。直到从现实的个人出发来把握社会历史，并揭示出社会历史的内在结构及发展动力，马克思才得以从现实的个人之间交往方式出发，进一步阐释处于现代制度联结关系中的各个经济范畴。

既然现实的个人是社会的"细胞"，那么社会本身即为现实的个人之间交往活动的产物；社会的形式取决于生产力的发展水平，现实的个人根本无法自由地选择社会的具体形式。马克思进一步指出，随着人们的交往方式不再适应于新的生产力的发展，他们就会改变生产关系以及与之存在必然联系的经济关系，改变他们所继承下来的社会形式。整个现代社会制度的联结关系隶属于"生产力→生产关系→市民社会→政治国家"的结构。在这样的结构中，作为生产关系之理论表现的经济范畴，以及它们在

---

① 《马克思恩格斯文集》第 10 卷，人民出版社，2009，第 42 页。

现代社会制度联结关系中的相互作用，不是一成不变的。换句话说，经济范畴是历史的暂时的产物而非永恒的观念。这一特质决定它们的关系绝非"正题—反题—合题"这般简单的逻辑结构，而是处于一定的社会历史阶段的不断变化着的现实运动。

在马克思看来，上述内容正是蒲鲁东永远不能理解的东西，后者在用由不同经济范畴之间的抽象运动构成的"经济矛盾的体系"，对市民社会进行描述时，居然大言不惭地声称这是在进行一桩伟大的事业。由于"无人身"的普遍理性被蒲鲁东视为社会历史的前提，现实的个人就沦为普遍理性为其自身发展而使用的工具。相应之下，分工、竞争、垄断等经济范畴被描述为普遍理性在人类社会的具体呈现，成为所谓依次生成的同等数量的社会阶段。"这个方法的唯一短处就是：蒲鲁东先生在考察其中任何一个阶段时，都不能不靠所有其他社会关系来说明，可是当时这些社会关系尚未被他用辩证运动产生出来。当蒲鲁东先生后来借助纯粹理性使其他阶段产生出来时，却又把它们当成初生的婴儿，忘记它们和第一个阶段是同样年老了。因此，他要构成被他看做一切经济发展基础的价值，就非有分工、竞争等等不可。然而当时这些关系在系列中、在蒲鲁东先生的理性中以及逻辑顺序中根本还不存在。"① 概而言之，离开了一定的社会形式和现代社会制度的联结关系，根本无法梳理清楚各经济范畴之间的关联。

全面考察资产阶级社会中商品价值即价值形式的形成与发展，必须将其置于整个资本主义生产方式中，系统分析分工、使用机器、竞争、垄断等要素及其相互关系对它的影响。可是，蒲鲁东却"反其道而行之"，把这些要素变成了为解决所谓价值二律背反而依次生成的事物。以竞争与垄断的彼此"生成"关系为例，应当是从封建垄断到自由竞争再到现代垄断直至两者的相互作用。蒲鲁东则完全忽视了封建垄断的存在，直接将垄断规定为竞争的对立面。试问：若没有封建垄断又何来自由竞争和现代垄断？蒲鲁东试图用分工、竞争、垄断等经济范畴构筑某种意识形态体系

---

① 《马克思恩格斯文集》第1卷，人民出版社，2009，第603页。

的"大厦"，其实质就是把整个现代社会及其制度的联结关系全部割裂开来。单凭运动的抽象和"正题—反题—合题"的唯一逻辑公式，怎可说明处于现代社会制度联结关系中的经济范畴？由此可见，蒲鲁东对经济范畴的实质及其相互关系的理解是多么肤浅与荒谬，马克思进行的相关批判是无可指摘的。

第十章　共产主义及社会革命的审视

任何时期的理论思潮皆为时代本身的产物，都是为了探索和回答时代课题应运而生的。面对共产主义和社会革命这一重大时代问题，围绕共产主义的起源及其基本原则、共产主义学说史的梳理与考察、共产主义的可行性和实现途径、共产主义评判社会革命的标准，马克思与蒲鲁东展开了激烈的思想论战，并在这个过程中证实和丰富了自己的观点。以此为鉴，在同错误思潮的论战中应当诉诸理论的深邃性和彻底性，唯此才能使理论真正掌握群众而成为社会革命的物质力量。

一　共产主义的起源和基本原则

思想起源和基本原则是任何一种理论体系所不可或缺的前提。马克思的共产主义学说的出发点在于，将共产主义归结为现实运动而非纯粹观念，从而以现实的个人而非抽象的类本质为基本原则。上述理论前提的初步形成与系统表达肇始于马克思创作《巴黎手稿》《神圣家族》时期，尔后在同蒲鲁东主义的思想论战中得到充分贯彻和进一步完善。

马克思和蒲鲁东所处的19世纪欧洲，正值生产方式与社会关系发生着巨大变革。在资本主义生产方式的支配下，资产阶级凭借对生产资料和生活资料的所有权，占有了急剧增长的社会财富中的绝大多数份额。相形之下，工人阶级却仅仅为了生存下去，不得不廉价地出卖自己的劳动力。面对阶级贫富差距不断扩大、阶级矛盾日趋加剧的现状，形形色色的社会主义理论和共产主义学说应运而生。面临如此这般思想碰撞和现实反思的境遇，马克思与蒲鲁东都清楚地认识到，哲学方法建构与政治经济学批判的成果若无法运用于实践中解决社会贫困问题，终将沦为一纸空谈。他们也都看到了当时社会主义者的空想性，却在如何理解共产主义从而指导社会革命的问题上产生严重分歧，以致得出完全相左的结论，最终走向决裂。

　　早在最初系统批判所有权的时候，蒲鲁东便把共产主义确定为与所有权相对立的社会形式，力主用超越这两者的第三种社会形式即自由本身，从根本上解决贫困问题。按照蒲鲁东的理解，此处的共产主义，尚属人类文明发轫时期的一种简单形式的联合，也就是 19 世纪法学家所说的"消极的共产主义"。这种共产主义虽然有着追求平等与法律的良好愿景，但造成了不平等的现实后果。在绝对的公有化——共产主义社会是全部财富和全体成员的人身及意志的所有者——的支配下，劳动成为一种诫命，强者不得不为弱者工作，社会成员普遍偷懒，"最后，人抛弃了他的个性、自发性、天才、情感以后，就不得不在公共'法律'的权威和严格性面前低首下心地自趋灭亡"。①

　　到了《贫困的哲学》中，蒲鲁东把共产主义纳入"经济矛盾的体系"并归结为所有权的反公式，按照从起源的必然到矛盾的表现再到实质的超越，完成对它的具体阐释。他指出，反公式既意味着共产主义源于政治经济学这门关于所有权惯例的科学，也表明共产主义势必在相反的背景下"复活"所有权的一切矛盾。作为"经济矛盾的体系"中的特定阶段，共产主义在各种社会职能方面用"集体的人"取代个人，因而无法真正解决或协调矛盾，只能导致命定的贫困。尽管如此，共产主义仍然可以在利己主义的对立面上具有一定用途，例如以政治经济学的手段的方式，构成劳动分工、集体权力、公共开支、信贷银行等的理论基础。上述从否定性中得出肯定性的哲学式理解，成为共产主义在文明中的表现方式。正是就此而言，蒲鲁东才自封为"所有权的最大敌人""假定的共产主义者"，公开宣称肇始于柏拉图的"大洋国"直至卡贝的"伊加利亚"的全部未来社会的理想形式，皆为一种二律背反取代另一种二律背反的"乌托邦"。

　　不仅如此，蒲鲁东还否定了当时各种社会主义流派将共产主义的关键聚焦于如何界定自有和共有的普遍做法，因为这种做法不能确定自有和共

---

　　① 〔法〕蒲鲁东：《什么是所有权》，孙署冰译，商务印书馆，2009，第 297 页。

有这两个原则的实际范围及现实作用。在蒲鲁东看来，应当诉诸对所有权与共产主义之间运动的社会现实的考察，求得"某种看来与社会主义和政治经济学相去很远的第三项"① 原则或宗旨。这种超越自有与共有的原则绝非当时社会主义者所提倡的"博爱"。这一原则固然能让以卡贝为代表的社会主义者成一家之言，却不能使之成其大，尤其是在解决贫困问题方面毫无用处。处于一定社会形式中的个人，在行使占有权时必然会受到或多或少的限制。社会总是允许个人对部分消费品或纯粹的生活用品的使用乃至滥用，博爱原则根本无法界定上述占有行为的范围。究其实，博爱作为概念的内容越广泛，其形式就越空洞。从柏拉图的"共和国"到傅立叶的"吸引力"、米什莱的"爱"与"本能"、舍伐利埃的"连带责任"、勃朗的"国家伟大创造力"等，无一例外地都可以用类似于"我的科学即博爱"的方式来表述。

有别于蒲鲁东简化共产主义内涵的做法，马克思对这一概念的使用始终保持严谨的态度，直至公开批判蒲鲁东之时也未明确共产主义与社会主义的各自含义，没有对它们作严格意义上的区分、将两者并列使用，甚至有时认为社会主义是比共产主义更高的社会发展阶段。这种状况的产生，很大程度上源于当时各种社会主义流派林立、观点交互杂糅，以致一时难以厘清。但这并不妨碍马克思对共产主义的起源及其基本原则作出准确的判断。事实上，马克思早在创作《巴黎手稿》时期即已同蒲鲁东初见思想分歧，尽管他充分肯定了蒲鲁东所有权批判理论的现实意义。诉诸现实运动抑或观念更替，从根本上决定了马克思与蒲鲁东在共产主义起源问题上形成的理论分野。马克思洞察到随着私有财产的形式从有产与无产的对立，发展为劳动和资本的对立，这一表现为矛盾对抗性质的过程，孕育着私有财产的对立面。超越这个现实的共产主义运动也随之形成。可见，共产主义作为对私有财产的积极扬弃，本身是现实的产物，而非对某种外在于现实的观念的简单否定。

对私有财产的积极扬弃，离不开对私有财产的普遍本质的准确理解。

---

① 〔法〕蒲鲁东:《贫困的哲学》下卷，余叔通、王雪华译，商务印书馆，2010，第752页。

以劳动作为私有财产的主体本质，马克思明确了共产主义的基本原则在于现实的个人。他认为，人的本质存在于历史和现实的发展过程中，由对象世界的性质赋予它以生长性、开放性、具体性、多样性。而这些特质的形成最终取决于社会本身，因为"自然界的人的本质只有对社会的人来说才是存在的"。[①] 这样，社会性就成为人的本质的鲜明标志与人性的必要指征。然则，受私有财产驱使，个人既作为主体与其对象世界相异化，又作为对象与其外在生命表现相异化。随着个人失去了全部的对象世界，他就只得通过以货币为中介的商品交换，而不是凭借直接的自由自在的活动，才能建立起同他人的社会联系。一言以蔽之，私有财产是人的自我异化即失去社会性的根源。马克思此时所理解的共产主义，就是要扬弃人的社会异化或社会的人的异化，复归人的社会性，使个人实现对人的本质的真正占有。

蒲鲁东把共产主义的基本原则归结到博爱的做法确属武断粗暴，但同时表明他或多或少已然意识到，共产主义与人道主义、人本主义有着某种关联。可是，他终究没有沿着这个方向作深入探讨，反而将利己主义、个人主义视作共产主义的对立面，借此展开详细论述。相较于蒲鲁东只看到博爱原则在贫困问题面前的"无助"，马克思详细甄别了共产主义与人道主义、人本主义的复杂关系，其相关论述看似前后矛盾——既阐释共产主义的"人道主义"内涵，也批判共产主义的"人本主义化"解释——实则全面深刻。

起初，马克思从人道主义和自然主义出发，论证共产主义对这两种对立思维的整合与超越。他不仅扬弃了自然主义以自然界为主体的做法，把自然界看作人的实践活动对象，进而将人的历史描述为人通过实践活动不断变革自然界，并让其成为人适应于人的存在的过程；而且区别于费尔巴哈式人道主义的解释，认识到自然法则之于人的实践活动的前提作用，强调人是人及其类的自然存在物。正是在上述意义上，马克思将共产主义解释为自然主义和人道主义的完成形态，从而赋予它以真正消解人与自然

---

① 《马克思恩格斯文集》第1卷，人民出版社，2009，第187页。

界、人与人之间矛盾的意义，从而具有真正解决存在与本质、对象与主体、自由与必然、个体与类属之间斗争的作用。

尔后，马克思揭示了克利盖用"爱"来诠释和宣传共产主义的实质。他认为，不论把共产主义描述为"泛爱众"式的利己主义的对立面，还是用"爱"培育一种新的宗教，实现人们"对家庭生活、国家和民族的依恋"① 状态，都表明克利盖陷入了与共产主义截然相反的宗教幻想。有过之而无不及的是，克利盖妄图在毫不触及既得利益者和特权阶级的前提下实现社会变革。综合关于共产主义运动之现实状况的各种分析，例如阶级地位差别巨大、阶级关系空前对立、无产阶级革命意识不强及组织程度不高，马克思得出了拒斥这种所谓人类之"爱"的结论。当然，这种决绝的态度，绝不表明马克思所理解的共产主义不提倡爱与和谐，更不意味它在本质上是与人道主义相对立的斗争哲学，而是具体历史境遇下针对特定对象的批判与超越。

二 共产主义学说史的梳理考察

对于理论体系的严整性而言，明确前提与梳理历史（理论史）具有同等重要的地位。按照普遍的说法，空想社会主义是马克思主义的主要来源之一，马克思的共产主义学说亦不例外。基于对空想社会主义理论及其历史的批判性考察，马克思深化了对共产主义的理解。从《哲学的贫困》的内容来看，马克思既未展开对共产主义学说史的详细论证，只是简要概述了当时社会主义者和共产主义者的产生背景、现实条件、具体派别，以及他们解决阶级对抗的方式，② 也没有逐一批判蒲鲁东梳理社会学术史的方式，甚至作出了不屑一顾的态度。其所以如此，就在于蒲鲁东对共产主义的起源和基本原则的极度错误理解。鉴于马克思在写作《哲学的贫困》之前多次详细考察了共产主义学说史，可以作为马克思不屑评论蒲鲁东相关做法的直接依据，故而在此打破文本内容自身的限制，运用"错位"比较

---

① 《马克思恩格斯全集》第 4 卷，人民出版社，1958，第 8 页。
② 《马克思恩格斯文集》第 1 卷，人民出版社，2009，第 616 页。

的方式来呈现他们之间的思想交锋。

如前所述，证明共产主义的基本原则为博爱，这是蒲鲁东考察当时法国的主要共产主义学说的目的。如此一来，错综复杂的学说史，被他简述为让通晓组织科学的人逐步掌握公共财富的分配，正确使用公共权力，实现共产主义"乌托邦"的过程。凡举如下：只有赋予政权以巨大的创造力，才能使其权威得到有效运用（勃朗）；若使政权具有巨大创造力，就得诉诸共和国形式与民主制度（卢梭）；由于人们普遍处于连带责任中从而必须具有政治平等，所以民主制一定是优于君主立宪制和贵族议会制的制度（舍伐利埃）；人们彼此之间之所以是连带责任的，是因为其一切活动都受国家中的某种吸引力而相互联系（傅立叶）；这种吸引力即为爱与仁慈（米什莱）；人们在彼此吸引的同时却又互相排斥、既相爱又相恨，源于人人皆兄弟（卡贝）；等等。

经过上述貌似符合逻辑的另类解读，蒲鲁东将共产主义的全部历史和根本方法归纳为"词义类推"，甚至把这个结论扩及古今所有的乌托邦主义。他由此指出，社会主义者只能发现但无法解决社会弊病的原因，就在于只做词义类推的"文字游戏"而不通过实际行动。"问题并不在于怎样使我们作为精神上和心灵上的兄弟共同地生活而不互相征战和彼此吞噬"，而"在于怎样使我们从天性上的兄弟变为情感上的兄弟，使我们的利益不把我们分裂开来，而是把我们联合起来"。① 从根本上说，博爱不过是社会完善及进化的目的与结果，绝非原则与规律；它只是利益协调的产物、组织劳动的结果、交换理论的表现，并最终作为共产主义的目的所在，终究无法成为共产主义的起源与基本原则。要言之，博爱与其他一切联合或管理的形式如出一辙。当时的社会主义者出于避免陷入一味追问何为博爱以致忽视实践的困境，不得不采取本末倒置的论证方式，却始终无法达成这个目标，反而在"空谈"的"泥淖"中越陷越深。

蒲鲁东的以偏概全的撰史手法，在马克思那里显然是行不通的。秉承见微知著的一贯研究方式，马克思首先从私有财产关系的角度，分门别类

---

① 〔法〕蒲鲁东：《贫困的哲学》下卷，余叔通、王雪华译，商务印书馆，2010，第763页。

地考察了共产主义的初级形式，进而找到共产主义的真正内涵及实现途径。其中，以公妻制为代表的"粗陋的"共产主义，无外乎是私有财产的彻底表现；其昭然若揭的秘密在于，对人性与人的个性、人的自然的类本质与社会性的彻底否定，从而对整个人类文化与文明世界的抽象否定。"民主的或专制的"共产主义、"废除国家的"共产主义，尽管坚决反对私有财产作为政治权利的自然前提，或者毋宁说，已经不自觉地将共产主义理解为人的异化的积极扬弃、人向自身的复归，但仍属于共产主义的未完成形式。其所以如此，是因为它们完全以正义或平等之类的观念为起点，对专制、民主和自由等的现实基础知之甚少，无法正确认识私有财产的主客体本质，以致在私有财产的桎梏下无法自拔。正是克服了上述三种共产主义形式的局限，即脱离真实的历史进程和人的实践活动，仅仅对共产主义进行概念诠释，马克思才将真正的共产主义称为关于人性这个历史之谜的自我明确解答。

无独有偶，当时的德国思想界中也有一个自称"真正的社会主义"的流派。为了同它划清界限，再次确证作为社会变革产物的共产主义是诉诸实践的最实际运动，马克思批判地考察了这一流派的实质。他分析说，"真正的社会主义"是德国的国民性混合英法共产主义学说的产物。对于一向"眼高手低"（思想观念和哲学思维方面自视甚高，社会运动和现实斗争方面行动迟缓）的德国人而言，试图通过社会变革构建最合乎理性的共产主义学说是不科学的，与此同时，他们又肯定这些共产主义学说产生于纯粹的思想中。因此，"真正的社会主义"者力主用哲学概括和思想阐释，来实现共产主义学说的科学化。可是，共产主义的真正基础在于最粗暴关系和粗暴对立的社会，而不在于抽象的社会关系、生活与幸福之间二重性的消解、虚幻的人类特性的完全体现，也不能依靠纯粹的思想演绎、哲学论证、美文学描摹。

至于如何理解和描述共产主义学说史，马克思着眼于卡尔·格律恩（Karl Grain）《法兰西和比利时的社会运动》，批判了"真正的社会主义"的历史编纂学。他指出，诉诸二手资料乃至加以混淆或删节，脱离了原始文献本身，是这种历史编纂学的症结所在。这从一些具体的思路和方法、观点和结论中可见一斑。譬如，割裂同古代的关系而"就事论事"，片面地只讲18世纪的社会运动史；仅仅凭借部分思想表达与代表性观点之间的推演，断章取义洛克的社会思想；用所谓"最重要的地方"，来以偏概全卢梭的社会学说；根据完全脱离语境的只言片语，对以孔塞多为代表的资产阶级理论家"成为"社会主义者的过程妄下判断；在毫不了解蒲鲁东主义的情况下，就将蒲鲁东置于肯定与否定之间来回摇摆；等等。更为严重的是，格律恩还在不折不扣地"掩耳盗铃"，一边对早已"过时"的卡贝的方法嗤之以鼻，一边却"临摹"后者的《伊加利亚旅行记》中的写作顺序和论证思路。稍微对比即可发现，在共产主义学说史上只懂得词义类推的蒲鲁东，和断章取义的格律恩相差甚远。马克思对格律恩的评价尚且如此，难怪他不再理会蒲鲁东的相关论断。

三　共产主义的可行性和实现途径

在马克思的共产主义学说中，共产主义的实现途径是需要满足一系列条件的错综复杂的运动，如生产力的高度发达、分工及其后果的消灭、物质条件的极大丰富、自由时间的重新占有等。马克思与蒲鲁东在共产主义可行性问题上呈现的思想"错位"交锋，相比于共产主义的起源、基本原则、理论史考察等更加激烈，由此彰显的理论高下尤为清晰。

按照论述经济矛盾体系中各经济范畴的固有模式，即从必要性到矛盾性再到解决矛盾，蒲鲁东详细阐释了所谓共产主义的二律背反的表现。

其一，共产主义的实现离不开确定的原则，却在有了原则后就会变为它的对立面。如何切实可行地界定共有和自有的范围，本身即为事关原则的一个问题。共产主义与所有权的对立，使它们始终没有实现各自的理想状态，即完全的共有或绝对的自有。由于失去对立物便无法确证自我，加之合理分配社会福利的共同趋向，共产主义必须要有一个原则来建立和确定所有权。此外，强烈的专断色彩和对全部社会生活的独裁，也就是排他性，最终也会把共产主义变成另一种所有权。

其二，共产主义的实现离不开家庭作为样板，这两者在现实中却相互矛盾。一方面，当时的社会主义者在婚姻这个家庭的前提问题上莫衷一是，其实质为共产主义与家庭的不相容：主张妇女共有等同于把自由的爱情变为强制的事情；维护一夫一妻制意味着赋予家务、私有权等共产主义的对立物，以和家庭不可分割的属性；持保留态度则会使强制性的共有获得非强制性。另一方面，家庭自身就是私有观念和私有制的象征，它愈发融入社会而成为后者的有机组成部分，愈发彰显其个性并最终走向自私，因为人始终会为了子女的未来而与整个社会斗争。共产主义面对这种对抗毫无"还手之力"，它要么毁灭家庭从而毁灭人类，要么因容忍家庭的存在而自我瓦解。

其三，共产主义的实现离不开对分配规律与分工规律的遵循，却要随着分配和分工的实行而崩溃。建立关于全部社会产品的"账簿"，精确掌握消费需要和生产限度，是一切社会形式中确定价值的首要条件即"绝对命令"。任何分配究其实为通过"你的"和"我的"来平衡，也就是个人主义。因此，社会产品的"记账"，已经昭示着共产主义的瓦解。任何形式上的变化，如用"配给"（rationnent）取代"分配"（distribué），主张"按才分配，按才配工"等，无外乎是换汤不换药罢了。同样，分工同时作为生产方式和教化方式起作用。人类只有充分运用分工规律及其派生的交换或流通，才能满足各种普遍需要。也正是通过分工的作用，不同的民族才得以形成自身特点。包括共产主义在内的任何组织劳动形式，都必然构筑于分工即劳动的自由与个体化之上；而后者显然又会导致行业划分并助长个人主义，作为有机整体组织的共产主义，没有任何理由阻止行业划分，更无法以维护公众自由的名义禁止基于个性自由的个人主义。不止如此，分工规律要以分配规律为前提。在产品分配与劳动分工中必然存在的个人主义面前，共产主义依靠分工规律和分配规律的结果只能是命定地倾覆。

其四，共产主义的实现离不开正义原则，却又始终在拒斥它。根据费希特的命题"主体与客体的同一，甲等于甲"，使之成为分配的首要定理，可以得出劳动者彼此平等的结论。此类平等的实现依次历经社会整体与其组成部分总和之间的平等、借助自由建立起社会各阶层的平等、曲折地完成个人的平等，最终获得普遍性。社会、平等、正义是相等的、可以相互替代的名词，因此，包括共产主义在内的一切社会形式都要诉诸正义原则。可是，共产主义同时又拒斥平等、否定正义，因为平等和正义作为所有权关系是一种对抗，对于博爱原则乃至献身精神来说可有可无。随着共产主义落脚到诸如博爱、献身之类的自发情感、模糊概念、后天观念，并为此拒斥超越人类社会之外的正义原则，就不可避免地沦为"乌托邦"。

在蒲鲁东看来，上述表现无不证实了共产主义是从虚无中得来的想象之物——"只与虚无相协调，只是依靠虚无而存在"，[①] 进而表明它是一种关于贫困的宗教。为了在破坏一切的基础上重新建立共产主义，社会主义者不断地做着理论修正，直至诉诸博爱和献身等宗教信仰观念的地步。例如，卡贝在嘲讽基督教的同时，又把博爱颂扬为天启神授的宗教之本质所在。又如，佩居赫一面声称一切实证的宗教都是渎神的，另一面把共产主义称作"上帝的共和国"。总而言之，哲学方面的不反思和只谈信仰、政治经济学方面的不作为及理论贫乏，是共产主义的宗教性的主要表现。纵然经验事实对共产主义的"谴责"多么强烈，也不能令社会主义者做出任何调整，使共产主义不断适应于现实。共产主义正是由于止步于理论形态与实践层面，才无法产生任何实证的和综合的观念，才不能扬弃信仰、超越宗教。

蒲鲁东论证共产主义的"乌托邦"与宗教性，即否定其可行性的做法，势必遭到马克思的强烈反对。按照马克思的理解，共产主义扬弃的是私有制下人的异化状态、私有财产对人的统治，绝不止于私有财产的物质层面，亦非共有以劳动产品为基础的社会财富。只有彻底改变人的劳动异化、人与人的关系、人们赖以生存的社会制度，才能实现人对人的本质的真正占有。当然，共产主义对私有财产的积极扬弃，绝非对私有财产的绝对否定；相反，它肯定与运用私有财产所创造出的人类文明的积极成果，并构筑于这些成果所奠定的物质文明和精神文明之上。"共产主义是作为否定的否定的肯定"[②] 之意旨即在于此。

---

① 〔法〕蒲鲁东：《贫困的哲学》下卷，余叔通、王雪华译，商务印书馆，2010，第788页。
② 《马克思恩格斯文集》第1卷，人民出版社，2009，第197页。

秦承上述思路，马克思进一步提出扬弃人的异化状态的条件："必须让它把人类的大多数变成完全'没有财产的'人，同时这些人又同现存的有钱有教养的世界相对立。"① 这一条件的形成必然需要生产力的高度发展。一旦生产力未能高度发展，极端贫困就会层出不穷，沉渣泛起却无法根除，以致人们重新开始争取必需品的斗争。生产力的高度发展是普遍交往的前提，只有普遍交往带来的普遍竞争，才能使世界历史性的和经验普遍性的个人真正取代地域性的个人。如若不然，共产主义要么只能沦为地域性的而非普遍性的存在，要么在地域状态下被不具有普遍性的和彻底性的交往力量所消灭。由此，马克思将共产主义解释为产生于并消灭现实状况的现实运动，而不是现实状况的确立以及与之相适应的理想。因此，在生产力普遍发展与世界交往普遍扩大的前提下，占统治地位的各民族同时一下子行动，是共产主义在经验上的可行路径。随着这种运动的完成、分工及其带来的诸后果，如私有制的产生、私人利益与共同利益之间的冲突、虚幻的共同体形式、个体活动和生命本质的异化等，都会被消灭。在这样的社会状态下，"任何人都没有特殊的活动范围，而是都可以在任何部门内发展，社会调节着整个生产"，② 因而赋予人的自由个性以极大丰富的发展。

综上所述，共产主义的实现并不像蒲鲁东所理解的那样简单，在依靠分工与拒斥分工的矛盾中"失去自我"，反而需要通过一系列错综复杂的现实条件来消灭分工。面对破解共产主义的可行性及其实现途径的"斯芬克斯之谜"，一方力求深刻把握复杂的社会现实，另一方搜索枯肠"编造"各种矛盾，这两者的高下难道不是可以立分的吗？

四 共产主义评判社会革命的标准

从某种意义来说，共产主义的实现就是不断进行社会革命的过程。这里的社会革命是就其广泛意义，即社会的根本性变革、从旧质向新质的飞

---

① 《马克思恩格斯文集》第 1 卷，人民出版社，2009，第 538 页。
② 《马克思恩格斯文集》第 1 卷，人民出版社，2009，第 537 页。

跃而言的。相应之下，包括性质、原则、主体、方式等在内的系统化的社会革命理论，成为马克思的共产主义学说的主要内容。其中，《哲学的贫困》的阶级斗争及政治革命理论，即可达到对马克思社会革命理论的管中窥豹。鉴于对共产主义的理解决定了评判社会革命的标准，以及蒲鲁东凭借《什么是所有权》而声名大噪的"革命者"形象，马克思意识到必须对蒲鲁东社会革命理论作全面清算。否则，工人运动乃至整个社会主义事业，将被这种由拒斥共产主义得出的、以经济革命为标识的妄论导上歧途。

仔细审读《贫困的哲学》的内容，蒲鲁东关于工人运动和社会革命的评判，大多以插叙的形式出现。出于以下几个主要理由，他否定了罢工与工人同盟之于社会革命的有效性。第一，劳动正在自发地组织决定了工人同盟的"多此一举"。在时间线性的历史中，劳动历来是人们用以对抗贫困的"武器"；对应到观念演进的历史上，劳动分别依靠分工、机器、垄断、竞争……人口等一系列矛盾的经济范畴组织起来。工人同盟并非这些范畴本身的产物，因而不能成为组织劳动的有效形式。第二，任何旨在提高工资的运动注定只会加剧贫困。在社会总产品未增的前提下，贸然提高工资只会使生活资料的价格等比例上涨；即使在少数生产部门内提高工资，也会造成社会产品的比例关系失调，引发交换的普遍混乱。提高工资还与肉体及精神的堕落相对立，让工人只懂得享受福利而不接受教化，因而无法彻底摆脱贫困。第三，工人同盟和罢工当时在英国似乎已经销声匿迹。此种现象是工人斗争经验丰富的表现，意味着他们不想让罢工成为除机器压迫以外加剧贫困的因素，不可作为社会秩序已经恢复和贫困现象有所缓解的征兆。英国最激进的博尔顿纺纱工人的停止破坏机器，就是很好的例证。第四，社会自身不容许工人依靠同盟的力量来对垄断施加暴力。政府镇压罢工之所以是合理的，一则在于捍卫竞争和垄断是政府的建立原因与职责所在，政府无权以社会的名义限制垄断者的合法行为，二则在于罢工既未经法律允许，又违背垄断的必然规律，阻碍它起好的作用。

在蒲鲁东关于罢工和工人同盟之无效性的论述中，贯穿着这样一条清晰的主线："经济进化的系列"中的矛盾及其表现出来的贫困具有不可避免性，包括工人运动在内的政治革命对此于事无补，只有经济革命才是真正的社会革命。为此，蒲鲁东拒绝了马克思要他加入共产主义通讯委员会的邀请，并在回信中规劝马克思放弃宣传共产主义的活动，以免重蹈马丁·路德宗教改革的覆辙，即消灭一切教条主义后又开始信奉某种新的主义。在他看来，政治革命同诉诸强力和横暴的"动乱"，没有实质区别。与其对私有财产"施加新的力量实行大屠杀"，毋宁采取经济革命，用"文火把私有财产烧掉"，重组社会经济秩序。① 这种观念在蒲鲁东那里根深蒂固，他直至晚年还公开否认工人阶级具有政治能力：尽管工人阶级自1848年欧洲革命以来取得了自我意识，但是没有全部理解这个与资产阶级观念相对立的观念，只得盲从于现实中的各种政治成见，无从组织属于自己的政权，甚至给资产阶级的统治投赞成票，终究不能实现自身解放。

经由以上分析，蒲鲁东认为，鉴于共产主义和工人运动都不能有效地组织劳动从而解决贫困问题，正确的做法只能是遵循劳动正在自发地组织的规律，采取劳动互助的形式。早在写作《什么是所有权》时期，蒲鲁东便模糊地表达出劳动互助的思想，只不过更多地在使用"联合"一词。随后，他明确互助主义作为进步联合的核心议题，系统考察了联合的定义、规律、形式和作用等。到了《哲学的贫困》中，他详细探讨了实现互助联合从而彻底改造社会的方式：①互助可以成为联合的形式之一，而联合本身不应该排斥竞争；②联合和竞争都产生于工场，工场作为组成近代社会的基本单元，既不诉诸权威主义也不依赖利他主义，与勃朗等社会主义者所标榜的社会工场有着根本性不同；③互助联合可以参照股份公司的原则来建立，但为了保证全体成员平等地参与决策，不得成为以利润为唯一宗旨的资本主义有限股份公司；④互助联合应立足于广泛的工业重组，以便明确竞争的范围，使其得到监督，破除资本主义有限股份公司经营行业单一的局限性。到了思想发展后期，蒲鲁东最终从词源分析入手，专门揭示

---

① 〔苏〕卢森贝：《政治经济学说史》第3卷，郭从周等译，生活·读书·新知三联书店，1960，第218页。

了互助所表征的交换之根本目的在于扬弃共同体所代表的权威观念，真正实现法的专政。面对共同体自身的内涵即弊病，如"层次众多、机器转动不灵、个人意志受压抑……从而使寄生得以产生和贫困不断发展"，[①] 唯有通过法律才能实现统一的统治、裁判和管理。

公允地说，蒲鲁东已经触及处于萌芽时期的无产阶级的一些局限性，如革命意志不坚定、组织力量薄弱等。众所周知，每个阶级在发轫之时几乎皆如是。在孕育着他们的封建社会中，资产阶级最初也属于无产者。也正是在同农奴制、封建特权和无政府状态等社会阴暗面斗争的过程中，资产阶级才逐步壮大为完成社会革命的决定力量。因此，绝不能像蒲鲁东那样"因噎废食"，只看到无产阶级的局限性就断然否定工人运动能够主导社会革命。基于上述理解，马克思将《贫困的哲学》称作一本很坏的书。他通过直接批判蒲鲁东，提出了共产主义评判社会革命的正确标准。

考虑到所谓观念演进的历史的结果即劳动正在自发地组织，极容易被事实所否定，马克思对蒲鲁东关于工人运动无效性的其他论断，逐一作了摘录和反驳。首先，按照政治经济学常识，工资和利润之间是此消彼长的直接关系，仅仅表示资本家和工人分别占有产品的比例，与产品的价格无关。在生产部门普遍增加机器使用、减少工人数量的情况下，即使工资受供求关系影响而普遍提高，也只会出现使用机器所导致产品价格下跌的情况。其次，加快机器的发明及使用，对工人同盟和罢工是一种抗衡，促使工人意识到破坏机器的消极意义。这两者之间相互影响的事实，绝不意味着工人同盟和罢工的无效性，反而证实了后者之于工业发展的巨大作用。即便当时英国工业的繁荣令罢工次数同比减少，也没有一个工人同盟组织宣布解散。最后，用法的关系否定罢工的合理性，等于承认资产阶级的法律是资本主义生产关系的抽象表现。随着资本主义生产关系的发展，法律没有明文禁止罢工而是相反。"现代工业和竞争越发展，产生和促进同盟的因素也就越多，而同盟一经成为经济事实并日益稳定，它们也必然很快

---

① 〔法〕蒲鲁东：《论工人阶级的政治能力》，转引自《马列著作编译资料》第9辑，人民出版社，1980，第113页。

地成为合法的事实。"①

进而言之，蒲鲁东在反对工人同盟的问题上，杂糅了当时资产阶级政治经济学家和社会主义者的观点。后两者对于马克思来说，看似千差万别实则如同一口。出于维护资产阶级社会的既有经济秩序的需要，资产阶级政治经济学家"义正言辞"地指出，工资取决于供求关系的规律具有不可抗力，机器的普遍使用迫使工人接受更低的工资，故而工人结成同盟徒劳无功并且阻碍工业发展。同样，为了劝诫工人适应资产阶级社会的已有秩序，一些社会主义者向工人"谆谆善诱"，结成同盟既费时耗力又丝毫不能动摇资产阶级的统治根基。无论这些人多么的能言善辩，终究无法阻止工人同盟随着现代工业的发展而日益进步。当时工业最发达的英国中规模最大、组织最好的工人同盟表明，一个国家中工人同盟的发展程度是该国于世界市场中所处方位的"晴雨表"。在如此铁一般的事实面前，真正的思想家唯有充分论证工人同盟的必要性，方可使之更好地发展成为社会革命的重要力量。

当然，结成同盟只是工人联合起来的最初形式，其目的在于消除工人之间的竞争，使他们同资本家竞争。随着斗争形势的变化，工人同盟的目的也从维护共同利益转化为反抗资本统治。这种转变被马克思视作工人已成为"自在的"阶级的重要标志，因为资本的外在统治只能使工人们意识到同呼吸共命运。只有通过内在的现实斗争，工人才能真正地联合起来进而成为"自为的阶级"。相应之下，他们所维护的共同利益就变为阶级利益，其现实斗争就成为社会革命，其本身也变成革命阶级。"在一切生产工具中，最强大的一种生产力是革命阶级本身"，② 他们以旧社会形式中全部既有生产力为前提，力求消灭与之不相适应的旧生产关系。以工人为主体的劳动者打破旧生产关系而掌握新政权，并不意味着他们彻底实现了自我解放。被压迫阶级是和统治阶级相伴而生的，他们迟早会推翻这种新政权。所以，劳动者解放的条件即为消灭一切阶级，用没有阶级和阶级对抗

---

① 《马克思恩格斯文集》第 1 卷，人民出版社，2009，第 652 页。
② 《马克思恩格斯文集》第 1 卷，人民出版社，2009，第 655 页。

的联合体代替旧的市民社会。在这个新的联合体建立之前，工人与资本家之间的斗争仍属于阶级斗争，后者的最高表现为社会革命，也就是与社会相适应的政治运动。

从上述意义来说，在构筑于阶级对立之上的资产阶级社会中，任何否定政治革命的理论都是不可取的，蒲鲁东主义首当其冲。针对蒲鲁东用经济范畴的矛盾取代现实斗争、强调经济革命优先于政治革命的观点，马克思强调社会矛盾与阶级斗争，绝非经济范畴的二律背反的现实表现，而是现实自身的产物。在消灭阶级及其对抗以前，在每次社会全盘改造的前夜，必然是战斗与死亡、血拼与毁灭。换句话说，马克思此时主张的暴力政治革命带有明确的针对性，是出于彻底否定蒲鲁东主义而提出的，本身并不意味着他把暴力作为政治革命的唯一方式。

马克思对蒲鲁东主义的批判远没有止于《哲学的贫困》，只是囿于文本的批判性质而没有展开对蒲鲁东互助论的指摘。事实上，《哲学的贫困》的发表并未达到彻底驳倒蒲鲁东主义的预期，后者直至 19 世纪 70 年代仍然是罗曼语地区工人的唯一"精神食粮"。为此，马克思延续着同它的思想论战。他不仅揭示了蒲鲁东主义作为"保守的或资产阶级的社会主义"的实质及危害，提出要以客观公正的态度对待蒲鲁东在法国"二月革命""六月起义"中的表现，反驳了蒲鲁东所谓的"非革命和真正革命说"，强调法国 1848 年革命相较于 1789 年革命所开创的历史新纪元意义；而且驳斥蒲鲁东在法国 1848 年革命中醉心于教条式的试验，特别是成立交换银行和工人团体的各种做法，指出其注定失败的原因是"不去利用旧世界自身所具有的一切强大手段来推翻旧世界"。① 奠基于长期同蒲鲁东主义的思想论战，马克思最终通过剖析它所代表的政治冷淡主义的三个永恒原则，即工资水平决定产品价格、工人同盟的非法性与反社会性、让工人彻底摆脱低贱地位，最终推翻了它"在自由、自治、无政府状态的名义下加以神化的唯心主义幻想"。②

① 《马克思恩格斯文集》第 2 卷，人民出版社，2009，第 478 页。
② 《马克思恩格斯文集》第 3 卷，人民出版社，2009，第 341 页。

五 思想论战的再评价及当代启示

全面而客观地评价马克思与蒲鲁东主义的思想论战，必须将这两者同时置于历史和实践中加以考察。毋庸置疑，观照与把握资产阶级社会的系统性，决定马克思对共产主义和社会革命的理解要比蒲鲁东主义深刻得多。然而，这两者最初对工人运动的实际作用却不能等量齐观，蒲鲁东主义的影响力反而大一些。正是认识到了蒲鲁东主义的广泛影响，马克思才会邀请蒲鲁东加入共产主义通讯委员会，尔后又将它树为"靶子"展开猛烈的批判。导致理论的深浅程度与实际影响未能同日而语的因素，主要是宣传手段和工人的理论实际水平。对于 19 世纪中期的广大欧洲工人来说，极端的贫困化使迅速改善生活条件迫在眉睫，贫困的根源和资本主义私有制的不合理反倒相对地成为无关痛痒的事情。不仅如此，当时工人阶级普遍受教育程度很低，难以理解私有财产和劳动的对立、被压迫阶级的革命性、共产主义对私有财产的积极扬弃、人对其本质的真正占有等深邃彻底的观点。再加上基督教教义的"作祟"，工人阶级希冀于来自"天国"的"救赎"，甚至逆来顺受，默认资本主义制度的绝对合理性。在以上因素的综合作用下，简单直观的口号如蒲鲁东的"财产就是盗窃"，要比深邃彻底的理论，更加容易为工人所接受。

对于以上各种事实，马克思有着清楚的认识，但他仍然坚持不断丰富与完善共产主义学说和社会革命理论。在他看来，一味迎合工人阶级改善生活条件的普遍迫切需要，向他们许以物质财富的增加和社会地位的平等，虽然可以短时间内迅速团结起一大批工人参与社会运动，但绝非持久之计，长此以往反而会大大削弱被压迫阶级的革命性，致使工人运动由于缺乏科学理论的指导而无疾而终。为了克服工人运动中的各种错误理论及涣散状态，更好地团结工人阶级投身社会革命，马克思和恩格斯创立了共产主义通讯委员会，通过欧洲各国社会主义者和工人组织之间的经常性联系，统一思想和认识。正如马克思在给蒲鲁东的邀请信中所写的："这是以文字形式表现的社会运动为了摆脱民族局限性而应当采取的一个步骤。而在行动的时刻，当然每个人都非常希望对外国情况了解得像本国情况一样清楚。"① 相形之下，蒲鲁东只能被动地迎合工人阶级的"燃眉之急"，虽疲于奔命却无所建树：面对工人改善生活水平的渴望，他提出产品的直接交换；面对工人仇视富人的心理，他主张消灭所有权；面对工人提供社会地位的期许，他倡导无政府主义；面对工人的弱势和无助，他推崇互助联合；等等。

　　客观而言，在 19 世纪法国三次革命远不尽如人意、工人阶级的革命性普遍较低、政治形势十分微妙的革命低潮时期，蒲鲁东主义确实起到了一定的积极作用。当时法国工人运动的领导者大多属于蒲鲁东主义者，他们不仅带领巴黎人民一道推翻了梯也尔政府、建立了巴黎公社，而且积极同布朗基主义者作斗争，部分地遏制了通过少数人专政直接跨越到共产主义的冒险主义企图。瑜不掩瑕，蒲鲁东主义的消极影响仍为主要方面。它既要对巴黎公社的失败责无旁贷，也要对"第一国际"的解散非异人任。蒲鲁东主义者教条地根据所谓经济革命的原则拒绝接受法兰西银行，使凡尔赛政府无所顾忌地镇压巴黎公社。到了"第一国际"成立初期，蒲鲁东主义者非但不执行组织工人罢工的决议，反而强行将互助联合的幻想加入"第一国际"的纲领中。更有甚者，与蒲鲁东主义者一脉相承的巴枯宁主义者，还荒谬地以废除继承权作为社会革命的起点，主张消灭包括无产阶级专政在内的一切国家形式，推行彻底的无政府主义，给共产主义和社会革命运动带来极大的阻碍。

　　历史的发展进程佐证了马克思坚持理论深邃性和彻底性的高瞻远瞩。随着《资本论》的问世，马克思的思想开始被工人阶级普遍接受，其影响力迅速呈现燎原之势，真正成为工人阶级的"圣经"。窥一斑而知全豹，《资本论》第 1 卷俄文版一经发表就在一年内被抢购一空。与之相反，蒲鲁东主义则日渐式微："在罗曼语地区的工人中间，蒲鲁东的著作已经被遗忘而由《资本论》、《共产主义宣言》以及马克思学派的其他许多著作代替了；马克思的主要要求——由上升到政治上独占统治地位的无产阶级以社会的名义占有全部生产资料——现在也成了罗曼语各国一切革命工人阶

---

① 《马克思恩格斯文集》第 10 卷，人民出版社，2009，第 31 页。

级的要求。"①

尽管如此，蒲鲁东主义的影响远没有彻底根除，转而在其他民族和国家"落地生根"。到了20世纪，马克思主义与蒲鲁东主义的思想论战时断时续。例如，针对蒲鲁东主义在民族和联邦制等问题上对俄国革命的消极影响，列宁专门撰写了大量文章揭露这一错误思想的实质，指明使争取一切民主要求的斗争服从于推翻资产阶级的斗争，才是无产阶级始终保持自身独立性的唯一正确方式。又如，马克思主义正式传入中国以前，许多知识分子都曾深受以蒲鲁东主义和巴枯宁主义为代表的无政府主义的影响。20世纪20年代前后，以黄凌霜等人为代表的无政府主义者公开批判马克思主义，竭力反对将无产阶级专政作为国家形式。为此，李大钊等早期中国马克思主义者，专门就无产阶级专政、自由与纪律、生产和分配等问题，同上述无政府主义者展开了论战。通过这场长达一年多的思想论战，很多先进的社会革命者划清了与无政府主义的界限，走上了传播与发展马克思主义的正确道路。除此之外，马克思主义和蒲鲁东主义的交织传播和思想论战，还蔓延到其他第三世界国家。由于生产力普遍落后、资产阶级和无产阶级的发展都不够壮大，这些国家中的小资产阶级和民族资产阶级更易于接受社会主义理论，从而在政治斗争中占据主导地位。虽说他们接受了各种社会主义思潮，可是壮大经济力量以获得政治地位的迫切要求，致使其最终普遍投向了蒲鲁东主义的"怀抱"。

时至今日，在一些颇具影响力的社会思潮中仍有蒲鲁东主义的各种影子。这种现象足以引起深刻的反思：在思想深度和理论广度都明显强于对手而且对手有着明显的致命理论缺陷的情况下，马克思主义为什么无法彻底消除包括蒲鲁东主义在内的错误思潮的影响？概言之，实现共产主义的必要条件，即生产力的普遍发达和与此相连的世界交往等尚未具备，是主要原因。小资产阶级依然是社会的有机组成部分，发挥着一定的作用。如何引导他们消除阶级偏见以走上正确的社会革命道路，是马克思主义面临的长期课题。

---

① 《马克思恩格斯文集》第3卷，人民出版社，2009，第241～242页。

当前，一些"活跃"于意识形态领域内的看似现时代所独创的"时髦"理论，比如用阶级调和解决劳资冲突、基于保留小私有制实施平均分配、将无政府状态作为组织原则、用各种所谓的"事实"来反对无产阶级专政等，实则为蒲鲁东主义的现代"变种"，在精神实质和思维方式、世界观和方法论上无出其右。这就要求不仅要更加深刻地把握马克思主义及其中国化的最新成果，特别是习近平新时代中国特色社会主义思想的鲜明主题、系统内容、科学方法、内在逻辑等，而且要充分借鉴马克思与蒲鲁东主义进行思想论战时的"制胜法宝"，即理论的深邃性和彻底性。就像马克思所强调的那样："理论一经掌握群众，也会变成物质力量。理论只要说服人［ad hominem］，就能掌握群众；而理论只要彻底，就能说服人［ad hominem］。"①

---

① 《马克思恩格斯文集》第 1 卷，人民出版社，2009，第 11 页。

第十一章　个人与社会历史之关系的把握

综观马克思对蒲鲁东的种种批判，其中贯穿着一条重要的主线，即个人与社会历史之间关系的把握，具体包括现实的个人及其社会历史地位、各种关系相互依存的社会有机体、个人与共同体的关系之辨、透视社会历史的阶级分析法等。这条思想主线是唯物史观的重要内容之一。从现实的个人出发，马克思揭示出从生产力到生产、交换和消费形式，再到市民社会、政治国家的社会历史结构。以此为基础，他批判了蒲鲁东构建的"与观念顺序相一致的历史"，进一步明确了现实的个人作为社会历史"剧作者"和"剧中人"的双重地位及作用，初步阐释了一切关系在其中相互依存、相互影响的社会有机体思想。不仅如此，马克思还详尽考察了阶级的形成发展和历史作用，从而辨明个人与共同体的关系，充分运用透视社会历史的阶级分析法，彻底驳斥了蒲鲁东无视现存的社会构筑于阶级及阶级对抗之上的事实，否定工人运动与政治革命等谬误，为变革社会的现实运动奠定了坚实的思想基础。

一　现实的个人及其社会历史地位

首先应当明确个人在社会历史中的存在方式。早在辨析人的解放与政治解放的关系之时，马克思即已明确提出现实的个人概念。他指出，人的解放的真正完成有赖于以下两个条件。其一，现实的个人把政治解放的产物——利己的独立个体和抽象的公民——复归自身，使自己成为其经验生活、个体劳动、个体关系中间的类存在物；其二，全部的个人都意识到社会力量是自身固有力量，让这种力量不再以政治力量的形式同个人自身相分离，真正把社会力量组织起来。这里的"现实的个人"，与黑格尔的

"实体即主体"、鲍威尔等人的"自我意识"、费尔巴哈的"实在的和完整的人的实体",是截然不同的甚至对立的。在马克思看来,这些哲学家的"通病"在于,抹杀了以现实的个人为起点的社会历史发展的真实进程,没有看到现实的个人的真正社会历史地位及作用。正是通过对上述哲学思维方式的全面清算与彻底批判,马克思将现实的个人确证为社会存在和历史发展的前提。

具体而言,马克思在《巴黎手稿》中明确了实践之于人的认识的作用,系统论述了认识的主体与认识的客体之间、个人与现实世界之间的关联,以及感觉及思维的生成过程,超越了黑格尔的"绝对精神"和费尔巴哈的"以自然为基础的抽象的人",从根本上推动了对人的本质的"斯芬克斯之谜"的探讨。到了同一时期所写的《神圣家族》中,马克思从社会关系出发阐释了现实的个人之间的关系,指明"对象"就是人的对象性存在、为了人自身而存在,亦即"人为了他人的定在,是他同他人的人的关系,是人同人的社会关系"。[①] 在此基础上,马克思彻底否定了"批判的批判"将自我意识从人的属性独立出来的做法,揭示出这种做法的后果在于人的主体性的丧失。个人沦为观念的化身意味着,把人的全部特性变成了"无限的自我意识"的产物。

此后,马克思将研究视角转向"实践的人"和"人的实践"、个人同外部世界的关系,扬弃了旧唯物主义的根本缺陷——只从客体形式而非人的主体性(实践)来解释对象、现实、感性,驳斥了将个人归结为自然环境和社会教育的产物的观点,指明个人只有在实践中才能证明其思维的真理性和现实力量,实现了同旧唯物主义的彻底剥离。至创作《德意志意识形态》时期,马克思直接将"有生命的个人的存在"规定为全部人类历史的首个前提。在他看来,这样的个人始终处于一定的历史条件与现实的社会关系中,因此,人的个性由包括阶级在内的共同体关系所决定,绝非源于所谓的先天条件和后天经验。

经由上述思想的"沉淀"过程,马克思得以在社会历史的总体结构

---

① 《马克思恩格斯文集》第 1 卷,人民出版社,2009,第 268 页。

（生产力→生产、交换和消费形式→市民社会→政治国家）中，进一步明确了现实的个人所"扮演"的历史"剧中人"与"剧作者"角色。他分析说，生产力具有历史性，它自身是人类过往活动的结果，是人们已经取得的现实力量。换句话说，生产力的发展水平取决于一定的社会形式——既包括个人所处时代的社会形式，又有前人创立的过去已经存在的社会形式。个人不能自由地选择生产力形式的原因就在于此。人们持续不断地使用过去所取得的各种生产力，将它们作为原料进行新的生产活动。如此以往，便形成了个人在历史中联系从而形成人类历史。随着生产力的日益进步、个人之间的社会关系的永续发展，历史作为人类历史的特性愈加完善。在这一由人的个体发展构成的、不为人的意识所左右的社会历史中，个人之间的物质关系不仅是物质活动赖以实现的必然形式，还构成了个人之间的其他一切关系的基础。

除此之外，现实的个人在社会历史中的地位还表现为，绝不囿于已经存在的社会形式而故步自封。一味地维持已经取得的生产力成果，丝毫无助于人类文明成果的保存，甚至直接阻碍社会历史的进步。马克思继续写到，就其最广泛的意义而言，个人之间的交往方式一旦无法适应或阻碍生产力的发展，就会促使人们不得不改变一直沿袭下来的全部社会形式。曾几何时，包括封建特权和同业行会在内的欧洲中世纪社会制度，是唯一与当时的生产力和社会形式相适应的社会关系。在它们的"翼护"之下，国内市场不断扩大、资本加速积累、海上贸易持续拓展、海外殖民地纷纷建立，极大地推动了生产力的发展。然则物极必反，随着资产阶级和新贵族力量的不断壮大，以斯图亚特王朝的统治者为代表的旧势力，越是维持既有生产力成果所依附的各种形式，越是会遭受更加强烈的反抗而加速灭亡。从1640年英国新议会的召开到1688年"光荣革命"，一切旧的经济形式以及与之相适应的社会关系，作为旧的市民社会之表现的封建政治国家和专制制度，均被英国资产阶级破坏殆尽。由此可见，生产、消费和交换的各种形式都为历史的暂时的产物，新的生产力的形成最终推动人们变革生产方式以及依附于此的各种关系。

以上内容正是蒲鲁东所无法理解更无从证明的。他尽管意识到社会进步是在历史变迁中实现的，但并未看到个人发展与社会进步之间的真正关联，把它们错误地解释为截然不同的、相互分离的、毫不相干的事情。为了解决历史变迁、社会进步、个人发展之间的这种所谓的矛盾，蒲鲁东只得诉诸"无人身"的普遍理性。在他看来，道理愈简单愈不言自明：不断进步的事实说明社会自身发展具有一定目的性，而目的性则意味着在社会之外存在不可抗拒的意志或决定力量，这个最高的意志就是人所皆知的"上帝"，其现代术语为普遍理性。上帝的存在和依靠启示、预谋、智慧来治理社会是同义语。因此，"社会的历史无非是一个确定上帝观念的漫长过程，是人类逐渐感知自己的命运的过程"。① 易言之，不是现实的个人而是观念创造历史。相应之下，个人成为观念的化身，其理性只能发现而不能创造真理。

究其实，蒲鲁东的上述观点只是一种假设，弗如德国观念论哲学甚远。除了表达对观念的绝对推崇，再无其他见解。假设蒲鲁东构建的"与观念顺序相一致的历史"是成立的，原本作为特定时代产物的社会原则就会变成这个时代的创造者。以 11 世纪的权威原则与 18 世纪的个人主义为例，若进一步追问它们为何出现在特定的世纪，必须对如下问题作逐一解答：11 世纪和 18 世纪的人们如何生活，他们各自的需要、生产资料、生产力、生产方式等居于何种水平，上述一切生存条件所造就的个人的相互关系如何。事实上，在这些提问方式中包含着问题的答案。正如马克思所说："难道探讨这一切问题不就是研究每个世纪中人们的现实的、世俗的历史，不就是把这些人既当成他们本身的历史剧的剧作者又当成剧中人物吗？"② 一言以蔽之，就是承认现实的个人的社会历史作用，抛弃以永恒观念作为社会历史的前提的做法。对于绝大多数观念论者来说，哪怕是迂回曲折地回到社会历史的真正起点，仍然为时不晚。可是，蒲鲁东却陷入普遍理性的"泥淖"中无法自拔，与社会历史的"康庄大道"渐行渐远。

否认现实的个人的社会历史地位，构成了蒲鲁东的理论的主要症结。

---

① 〔法〕蒲鲁东：《贫困的哲学》上卷，余叔通、王雪华译，商务印书馆，2010，第 27 页。
② 《马克思恩格斯文集》第 1 卷，人民出版社，2009，第 608 页。

马克思认为，强调普遍理性这个纯粹的以太"生成"了先于生产关系而存在的经济范畴，只会得出神圣的、观念的社会历史发展序列，也就是毫无历史可言的停滞不前的抽象运动。更有甚者，把经济范畴描绘为旧问题的"消毒剂"和新问题的"添加剂"，意味着对黑格尔辩证法的"合理内核"的背弃，因为简单的好坏之分远不足以使各种观念在辩证运动中互相区分。按照蒲鲁东的理解，个人的理性不能创造深藏于普遍理性中的永恒真理，只能认识到"经济矛盾的体系"，无法从根本上解决各个经济范畴的固有矛盾。在这般"走投无路"的情况下，蒲鲁东唯有希冀于一个"跳"出全部矛盾的统一公式，赋予它以平等这个原始的意向、神秘的趋势、天命的目的。如此一来，肯定平等成为每个经济范畴的"好的方面"，否定平等成为每个经济范畴的"坏的方面"，全部的经济范畴也相应地变成普遍理性所作的假设。把个人的需求及生产资料完全归因于按天命行事，把生产力的发展与生产关系的更替归结为平等趋势的表现，不仅加剧了对现实的个人的社会历史地位的否定，而且会带来极其严重的、"黑白颠倒"的后果。倘若以此来考察具体的历史事件和现实的个人在其中的作用，不论是将"羊吃人"视为苏格兰地产制度的天命的目的，还是指出封建主出现的目的在于"把佃农变为负有义务的和彼此平等的劳动者"，① 都等于承认现实的个人丧失本有的社会历史地位并遭受剥削和压迫的合理性。

二 各种关系相互依存的社会有机体

由现实的个人这些"细胞"构成的社会整体究竟以何种形式存在和发展，是马克思探究个人与社会历史关系问题的另一个前提。自卢卡奇提出将"社会有机体"概念作为唯物史观的基础性要求以来，这一思想便进入研究者的视野并逐步成为热门话题。从马克思的思想演进来看，社会有机体思想在他进行国家和法的哲学批判时即已初见端倪。在此，他肯定了黑格尔关于国家有机体的内涵及本性的观点，指出了有机体与无机体的本质区别，以及从有生命的有机体到国家生活有机体的过程，直言"人就是人

---

① 《马克思恩格斯文集》第 1 卷，人民出版社，2009，第 612 页。

的世界，就是国家，社会"。① 到了剥离同其"旧的哲学信仰"的关系、形成自己的"新哲学"时期，马克思着重诠释了由全部社会生活构成的有机体的实践本质。至于他转向政治经济学批判时得出的用于指导全部研究工作的"总的结果"，即社会历史的结构和经济的社会形态的演进过程，则更为人们所熟知。在此基础上，马克思在《哲学的贫困》中正式提出社会有机体的概念并作了初步的阐释。他通过批判蒲鲁东用经济范畴的"排列组合"来诠释社会的整体性，提出了"每一个社会中的生产关系都形成一个统一的整体""一切关系在其中同时存在而又相互依存的社会机体"② 等基本论断。

对于准确理解《哲学的贫困》中的社会有机体思想来说，概念分析是极为必要的。当然，问题的关键不在于概念的形式差别，而在于它的内容深浅。马克思此时认为，所谓社会，简言之就是现实的个人之间的交往活动的产物。人们在社会生产活动中形成的基本关系和由此衍生的一切关系，决定着社会形式绝不可以由个人来自由选择，而是受生产力发展水平的制约。"在人们的生产力发展的一定状况下，就会有一定的交换〔commerce〕和消费形式。在生产、交换和消费发展的一定阶段上，就会有相应的社会制度形式、相应的家庭、等级或阶级组织，一句话，就会有相应的市民社会。有一定的市民社会，就会有不过是市民社会的正式表现的相应的政治国家。"③ 这就是说，社会生活的各个领域及其相互联系所形成的序列、个人与共同体的关系、现实的个人与上述社会生活序列之间的联系等，共同构成了社会历史发展的实质内容。相应地，有机体则为关于上述一切关系的具有活力的系统。由于生产力对社会形式有着决定作用，且自身处于不断的发展变动中，所以社会有机体是一个动态的过程。

客观而言，蒲鲁东也在一定程度上将社会视为一个有机体。他认为，"只有依靠沉默和冷静的深思"才能解开"社会机体的秘密"，④ "经济矛

① 《马克思恩格斯文集》第1卷，人民出版社，2009，第3页。
② 《马克思恩格斯文集》第1卷，人民出版社，2009，第603~604页。
③ 《马克思恩格斯文集》第10卷，人民出版社，2009，第42~43页。
④ 〔法〕蒲鲁东：《贫困的哲学》上卷，余叔通、王雪华译，商务印书馆，2010，第40页。

盾的体系"则为"打开"这一"不解之谜"的"锁钥"。政治经济学家虽然从各种经济事实中提炼出若干重要的经济范畴，但是局限于事实的层面，没有深入本质层面来正确揭示各种经济范畴之间的联系。鉴于此，蒲鲁东宣称不仅已经"成功"将这些经济范畴按照一定的逻辑关系组合起来，而且彰显了"与观念顺序相一致的历史"①的重要意义：每个经济范畴均有其相对应的社会阶段，后一个范畴总是为解决前一个范畴的固有矛盾而生成的，社会发展的各个阶段同时也在观念的历史中逐一呈现。

然而，社会生产关系并非观念的结果，终究只是历史的产物；只有在其所属的特定社会形式中，社会生产关系才能构成一个统一的有机整体。马克思据此指出，蒲鲁东构建的"经济矛盾的体系"看似逻辑严整，实则割裂了各个经济范畴之间的真正联系。经济范畴作为社会生产关系的理论表现，须置于一定的社会形式中才能被透视清楚。例如，在大工业时代，生产工具的集聚（使用机器）与分工的发展之间相辅相成、缺一不可。但此前的全部社会形式中皆未产生真正的机器，任何人都无法脱离大工业时代勾勒出的分工和使用机器的关系。又如，资产阶级社会中的垄断和竞争是彼此生成的关系，垄断本身则有现代垄断与封建垄断之分，从封建垄断到竞争再到现代垄断才是历史发展的真实过程。简单的正—反题公式远不足以揭示竞争与垄断的真正关系。

由此可见，蒲鲁东在考察社会有机体时的方法缺陷为："在考察其中任何一个阶段时，都不能不靠所有其他社会关系来说明，可是当时这些社会关系尚未被他用辩证运动产生出来。当蒲鲁东先生后来借助纯粹理性使其他阶段产生出来时，却又把它们当成初生的婴儿，忘记它们和第一个阶段是同样年老了。"② 概言之，用政治经济学诸范畴的简单排列组合构筑某种意识形态的"大厦"，实属对社会有机体的各个环节的割裂。至于将这些环节分别变成同等数量依次出现的单个社会形式，更是无稽之谈。单凭

---

① 《马克思恩格斯文集》第 1 卷，人民出版社，2009，第 598 页。
② 《马克思恩格斯文集》第 1 卷，人民出版社，2009，第 603 页。

运动、顺序和时间的唯一逻辑公式，根本不能解释清楚社会有机体的现实形态。

诚然，《哲学的贫困》中关于社会有机体思想的阐释是初步的、以"消极的批判"形式出现的，并且正面论述只有寥寥数言。但是，切不可据此否定马克思明确提出社会有机体概念所具有的微言大义。恩格斯在对《反杜林论》作说明时曾指出，通过反驳杜林的理论体系所涉及的广泛领域而直抒己见，让消极的、否定的批判最终具有积极的、肯定的性质，思想论战亦随之转变为对新世界观的"比较连贯的阐述"。[①] 这一结论显然适用于与《反杜林论》性质极其相似的《哲学的贫困》。从"内部反思"即马克思自身思想发展的角度来看，不论是"自由人联合体"（生产力的总和为个人所占有的、个人自主活动同其物质生活相一致的未来社会），还是《资本论》中关于资产阶级社会的形象说法（"现在的社会不是坚实的结晶体，而是一个能够变化并且经常处于变化过程中的有机体"[②]），都能在《哲学的贫困》中窥见它们的思想雏形。

就"外部反思"而言，相较于19世纪下半叶流行于欧洲的以孔德、斯宾塞为代表的社会有机体理论，马克思关于社会有机体的初步阐释，既和前者有异曲同工之处，也彰显出思想的深邃性和超越性。一方面，他们都强调社会有机体的开放性和发展性，指明社会的整体变化所带来的复杂性，包括各个环节的区别增长，结构和功能的分化，各环节之间的相互依存、相互影响等。另一方面，超越斯宾塞等人的实证化倾向——社会存在的纯粹的拟人特性，马克思更加注重社会有机体根源于人的物质生产实践的特质，以及社会有机体的历史性、从现实的个人出发向世界历史转变的过程。

此外，对比马克思身后对现代社会学有奠基之功的滕尼斯、涂尔干等人的社会有机体理论，亦能昭示《哲学的贫困》中社会有机体思想的前瞻性与实践性。运用基于自由和理智、由思维产生的"选择意志"，滕尼斯

[①] 《马克思恩格斯文集》第9卷，人民出版社，2009，第11页。
[②] 《马克思恩格斯文集》第5卷，人民出版社，2009，第10~13页。

将社会解释为建立在个人之间利益关系和相互算计之上的一种"机械的结合"。涂尔干则根据分工的发展程度，将社会划分为"机械团结"和"有机团结"：在前一种形式中，个人之间的差异因分工的不发达而较小，他们可以依靠较高的信仰和情感或者具有同质性的意愿，团结成为一个共同体；在后一种形式中，人们的相互差异随着分工的较高程度的发展而逐渐扩大，其价值观和信仰亦趋向多元，最终以独立的个体为社会整体服务。不可否认，这些现代社会学家的进步性在于，认识到物质关系对社会有机体的基础作用。尽管如此，他们和蒲鲁东一样均未脱离用观念解释社会存在的框架，不具备马克思社会有机体思想所拥有的独特价值。

三　个人与共同体的关系之考辨

将社会和历史的出发点从"无人身"的观念复归现实的个人，绝不意味着现实的个人就是社会历史的主体。现实的个人所归属的共同体，方为历史演进中的社会的主体。因此，考辨个人与共同体的关系，是把握个人与社会历史关系时的必要环节。在《哲学的贫困》中，马克思对个人与共同体关系问题的探讨集中于以下两个维度：一是思想的延续，秉承之前所作的相关分析尤其是全面清算"旧的哲学信仰"时形成的基本观点；二是公开的批判，通过驳斥蒲鲁东的政治经济学的形而上学方法，正面阐释对个人与共同体关系的理解。由此可见，不可仅限于《哲学的贫困》中呈现的微言大义而进行概念推导，应将其置于马克思早期的思想演进历程中详加考察。

个人的社会状态从相对独立走向高度联合，是现代社会逐渐步入成熟的重要标志。在发挥其社会历史作用的过程中，现实的个人首先组成了一定的阶级。自中世纪以降，欧洲社会前后相继涌现出逃亡农奴、单个的市民、地方性的市民团体、市民阶级、资产阶级、无产阶级。这样的现实的个人的发展序列，极容易被解释为人的类属性的彰显，以致达到颠倒个人和其所隶属阶级之间关系的后果。正如一些观念论者所阐释的那样，赋予原本在个人的共同生存条件下产生的阶级观念，以先于现实的个人的存在性。

对此，马克思不以为然，直言这是对社会历史的"莫大侮辱"。他具体分析说，阶级的产生与发展的根本动力，归根到底在于生存条件对个人的"强迫"，以及实现个人之间共同利益的需要。在竞争中相互敌对的个人之所以联合起来成为阶级，是因为必须为反对另一个阶级而进行共同斗争。其中，市民个体和封建制度之间的对立，促使其摆脱封建的联系来创造新的生存条件，进而形成市民阶级。随着各城市之间普遍联系的产生，同样的条件、对立、利益，使资产阶级从市民阶级内部"破茧而出"。此后，他们由于分工而重新分裂为各种不同的集团，直至已有的全部财产皆变为工业资本或商业资本。这些资本首先消灭了直接隶属于封建政治国家的那些劳动部门，继而吞并了除资产阶级以外的一切有产者。与此同时，全部的无产者和原先的有产者的一部分结成新的无产阶级。

阶级相对于个人的独立性，使得个人可以发现其生存条件的预先确定性："各个人的社会地位，从而他们个人的发展是由阶级决定的，他们隶属于阶级。"[1] 个人归属于阶级的现象，和分工所导致的个人力量转化为物的力量是内在一致的。因此，上述现象的消除，须诉诸共同体的形式使个人重新驾驭物的力量，不能依靠将相关的一般观念从人们的头脑中抛离。换言之，个人唯有在共同体中方可获取才能全面发展的手段，从而具有实现自由个性的可能。然而，过去的种种"冒充的共同体""虚幻的共同体"，却又成为个人自由而全面发展的新的桎梏。一方面，这些共同体中的个人自由，只是相对意义上的个性发展，仅限于统治阶级集团内部成员。处于资产阶级统治下的个人，看似由于其生存条件所具有的偶然性质而比过去更为自由，实则愈加屈从于物的力量而更不自由。另一方面，个人在这些共同体中的联合，不过是分工和相同的生活境遇共同作用下的产物，个人的生存条件仍具有偶然性。除了一个阶级反对另一个阶级的"异己"联系，再无任何其他实质性关系。

随着无产阶级的产生，隶属于阶级的个人与具有自由个性的个人之间的差别愈发凸显。在马克思看来，组成无产阶级的不是欧洲中世纪的逃亡

---

[1] 《马克思恩格斯文集》第 1 卷，人民出版社，2009，第 570 页。

农奴，而是资产阶级社会的无产者。逃亡农奴虽然已经意识到，所谓与生俱来的社会地位无非是相对于其个性而言的偶然事物，但也只是重复着每个挣脱自身枷锁的社会等级都会做的事情。他们既没有作为一个阶级而整体地解放出来，又未能超越等级制度的范围，仅仅发展和巩固了既有的生存条件即劳动方式（包括手艺和潜在的动产等），充其量达到了自由劳动的程度。相反，在资产阶级社会中，无产者自身的生存条件（劳动）乃至整个社会的全部生存条件，皆已成为偶然的东西。自无产者沦为资本主义生产的"牺牲品"时起，他们的自由个性与强加于其身的生存条件之间的矛盾就愈演愈烈。易言之，无产者在本阶级范围内根本无法具备转化为另一个阶级的各种条件。此时，他们为了实现其自由个性，必须消灭整个社会的生存条件——劳动，推翻社会中个人借以表现为整体的形式——国家。最后，在自我主宰命运、掌握全体社会成员生存条件的无产阶级推动下，以发达的生产力为前提，就可以形成"真正的共同体"。"在真正的共同体的条件下，各个人在自己的联合中并通过这种联合获得自己的自由"，① 因为这种联合把个人的自由全面发展和运动作为首要条件。

从"虚幻的共同体"到"真正的共同体"绝不是一蹴而就的。无产者在这个漫长的过程中进行的不同程度的联合，例如工人同盟、革命政党等，作为消灭"虚幻的共同体"的重要手段和实现"真正的共同体"的必要环节，有着充分的合理性。可是，蒲鲁东却公然宣称罢工和工人同盟的无效性及危害性，歪曲个人与共同体的关系，否定无产阶级的社会历史地位。为了避免蒲鲁东的理论将工人运动乃至整个社会主义事业引入歧途，马克思对它进行了彻底的批判。

从《贫困的哲学》的内容来看，蒲鲁东关于罢工和工人同盟的错误论断，不是以整体形式出现的，而是散见于不同的章节中。第一，劳动组织的观念自身即可表明工人同盟的徒劳。作为人类文明的首要条件，劳动一经产生便已具有了一定的形式，并在经济矛盾的体系中自发地组织起来。工人同盟不是"与观念相一致的历史"中的任何阶段的产物，因而不能成

---

① 《马克思恩格斯文集》第 1 卷，人民出版社，2009，第 571 页。

为劳动组织的表现。工场这个"机器"时期的首要的、最简单的、最显著的产物，才是真正的劳动组织以及社会的基本单元。第二，以提高工人福利为宗旨的罢工注定会加剧贫困。产品的价值比例关系要求生活资料随着工资的提高而价格普遍上涨，否则势必导致产品交换的普遍混乱进而加剧贫困。不止如此，工人因缺乏教化而不懂得真正享用工资提高的福利，以致危及社会秩序。当时的英国工人引以为鉴，似乎停止了罢工。第三，社会法则不容许工人借助同盟的力量来对抗垄断。构筑于私有原则之上的社会总是不得不对各个阶级区别对待，它虽然主张工人具有支配人身和劳动的自由，但绝不容许他们滥用这种自由，特别是用另一种联合去破坏真正的联合即垄断。罢工的非法性不仅在于刑法典的规定，而且是经济制度和现有秩序的必然要求。第四，劳动者唯有通过互助进行联合方可有益于社会发展。这种互助绝非依靠权威原则和利他主义，更不可诉诸罢工乃至暴力革命之类的强横手段，而是建立在广泛的经济重组的基础上。这样一来，既能够确定竞争的范围来监督它，也可以通过重新确立分配原则来限制垄断的不良趋势。

　　概览蒲鲁东的上述观点，只需用一些经济学常识和简单的事实便可逐一击破。马克思指出，工资与利润的高低所表示的是工人与资本家各自占有产品的比例，在大多数情况下不会影响产品的价格。英国工业繁荣时期没有一个工联解散，以及工人同盟在稳定后成为合法事实，均可充分地驳倒蒲鲁东的观点。就抵制工人同盟的行为来说，蒲鲁东和资产阶级政治经济学家、当时的社会主义者（主要指英国的欧文主义者和法国的傅立叶主义者）的立场是一致的。他们对此给出的理由，不论是机器的普遍使用迫使工人接受较低工资、劳动力供求关系决定工资水平的规律，还是组织同盟的政治行为无法从根本上改变工人的地位，都意在维护资产阶级社会的既有秩序。毫无疑问，这些说教在英国工联不断壮大的事实面前不堪一击。现代工业的不断进步势必带动工人同盟的日益壮大。甚至可以说，一国的工人同盟的发展程度，就是这个国家的世界市场地位的表现。真正的理论家应当论证工人同盟的必要性、劳动者的联合方式，切莫出于维护自身的阶级利益或者迫于政治斗争的困难性，动辄扬言取缔工人同盟。

　　同盟作为劳动者最初联合时普遍采取的形式，往往与他们的政治斗争并行发展。随着斗争形势的变化，工人同盟从消除相互竞争以保证工资转向维护同盟本身，并且在政治斗争中发展成为一个自为的阶级。在劳动者组成阶级的前景问题上，马克思认为资产阶级的发展史提供了重要的参照。作为曾经的封建社会的无产者，资产阶级的产生正是始于组织反抗封建主的局部性同盟。经过岁月漫长、耗力巨大的斗争，他们在封建主义和君主专制的统治下形成阶级，最终依靠阶级的整体力量推翻了旧的封建统治，把整个社会全部改造成资产阶级社会。对于城市自治团体发展为资产阶级的过程，资产阶级政治经济学家和当时的社会主义者已经作了广泛的探讨。然而，在需要以史为鉴来对无产阶级的斗争形式作说明的时候，他们却要么"陷入真正的惶恐"，要么"显出先验的蔑视"。①

　　构筑于阶级对抗之上的社会，不管是表现为何种形式，被压迫阶级的存在都是它的必要条件。这样，被压迫阶级的解放必然表征着新社会的建立。按照马克思的理解，革命阶级本身是一切生产力中最强大的一种，"革命因素之组成为阶级，是以旧社会的怀抱中所能产生的全部生产力的存在为前提的"。② 因此，被压迫阶级的解放必须使既得生产力和现存生产关系不再并存，也就是消灭与生产力不相适应的生产关系。当然，革命阶级在旧的社会崩溃后成为统治阶级，绝不意味着自身的解放，因为新的政权终究会被新的被压迫阶级所推翻。此外，政权是市民社会内部阶级对抗的正式表现。随着劳动者消灭一切阶级来实现自身解放，创造出一个新的联合体来代替旧的市民社会，原来意义上的政权就不复存在了。在此之前，无产阶级同资产阶级的对抗仍为阶级反对阶级的斗争，后者的最高表现是一种适应于社会发展的全面的政治革命。任何试图调和无产阶级与资产阶级的矛盾、否定无产阶级斗争的合理性的学说，均是不可取的。

四　透视社会历史的阶级分析法

　　鉴于阶级在个人与共同体关系中的作用，阶级分析便成为马克思透

---

① 《马克思恩格斯文集》第 1 卷，人民出版社，2009，第 654 页。
② 《马克思恩格斯文集》第 1 卷，人民出版社，2009，第 655 页。

视社会历史的重要方法。这一方法虽非马克思所独创，却在他这里得到了广泛而熟稔的运用。超越资产阶级历史编纂学的阶级斗争史，以及古典政治经济学对社会各主要阶级的经济分析，马克思证明了如下新的内容："（1）阶级的存在仅仅同生产发展的一定历史阶段相联系；（2）阶级斗争必然导致无产阶级专政；（3）这个专政不过是达到消灭一切阶级和进入无阶级社会的过渡……"①

从阶级分析方法的确立到将它运用于《哲学的贫困》，马克思经历了深刻而复杂的思想淬炼：①为了解决所谓物质利益问题而转向政治经济学批判；②概括异化劳动的四重规定；③把共产主义确定为扬弃异化劳动的现实运动；④剖析资产阶级社会两大对立阶级的自我异化及其表现；⑤阐述无产阶级在扬弃异化劳动的道路中的地位；⑥明确无产阶级之于"自由人的联合体"的作用；⑦揭示无产阶级从"自在的阶级"到"自为的阶级"的过程；⑧将消灭一切阶级及阶级对抗看作无产阶级实现自身解放的必要条件；⑨论证"自由人的联合体"建立前的阶级斗争与社会政治革命的必要性。

概括而言，阶级分析方法在《哲学的贫困》中运用主要有以下几个方面。

首先，用阶级立场的标准揭示了蒲鲁东社会主义学说的实质。自创作《哲学的贫困》时起，马克思就将蒲鲁东归结为小资产阶级的社会主义者，直指他在无产者与资产者之间、劳动与资本之间、政治经济学与社会主义理论之间摇摆不定。在《政治经济学批判。第一分册》中，马克思通过剖析约翰·格雷"每种商品直接就是货币"等说法，批判了蒲鲁东所代表的小资产阶级的社会主义者不了解商品和货币之间必然联系的缺陷。在《资本论》中专门谈及商品的交换价值与等价形式时，马克思揭露出蒲鲁东的社会主义滥用"科学"字眼的做法和庸俗空想性："对于把商品生产看做人类自由和个人独立的顶峰的小资产者来说，去掉与这种形式相联系的缺点，特别是去掉商品的不能直接交换的性质，那当然是再好不过的事……这种社会主义连首创的功绩也没有，在它以前很久，就由格雷、布雷以及

---

① 《马克思恩格斯文集》第 10 卷，人民出版社，2009，第 106 页。

其他人更好地阐述过了。"①

以上结论的得出，奠基于马克思在《哲学的贫困》中对资产阶级与无产阶级及其理论的历史与现实的详尽考察。不同于资产阶级政治经济学强调资本主义生产方式的天然性，以及将财富的生产、分配与消费看作永恒的社会规律，马克思论述了封建生产内部的对抗性因素对不同阶级及其理论的塑造。他认为，正是封建主义统治下的农奴制、特权、无政府状态等"坏的方面"，而非资产阶级经济学家所描摹的骑士德行、城市宗法式生活、乡村家庭工业繁荣等"好的方面"，引发了推动历史发展的斗争。如若不然，当时的无产者就不会壮大成为革命的资产阶级，政治经济学的形成也无从谈起。资产阶级一经得势，就会把封建社会的全部生产力掌握起来，废除一切旧的经济形式和与之相适应的旧的市民关系，将旧的市民社会的正式表现即政治制度尽数粉碎。

与资产阶级相伴而生的、前身也为封建社会无产者的无产阶级，也是在不断的斗争与对抗中得到发展的。马克思指出，随着资产阶级的壮大，无产阶级和资产阶级的矛盾逐渐从隐蔽状态转向直接对抗，从局部的破坏活动演变为全面的社会革命。这种对抗源于阶级利益的根本对立。资本主义生产关系的二重性——生产力的不断发展和社会财富的日趋增加、被压迫阶级的持续出现和贫富差距的与日俱增——表现得愈是明显，为解决阶级对抗而不断作尝试的资产阶级政治经济学的内部差别，以及资产阶级政治经济学和社会主义理论的区别愈是扩大。于是，在政治经济学和社会主义中间形成了各种学派，诸如古典派、浪漫派、人道派、博爱派、空想社会主义、科学社会主义等。由于没有看到阶级对抗的历史过程与现实因素，无法认识各种学说间的复杂差异，蒲鲁东注定陷入天真的幻想中，用所谓的科学公式来解决资本主义生产关系中的对抗性。这样一个小资产阶级的社会主义者，除了作为法国资产阶级革命的重要参与者和科学解释者，不再具有其他任何真正的历史功绩。

其次，用阶级对抗的事实批判了蒲鲁东构成价值论的虚构性。马克思

① 《马克思恩格斯文集》第 5 卷，人民出版社，2009，第 85 页（注释 24）。

认为，阶级首先作为一个经济范畴而存在，它的产生、发展和消亡，都与特定阶段的生产力发展水平相一致。就某种意义而言，没有对抗就没有进步，不失为文明演进所遵循的一种规律。早在文明发轫之时，物质生产就建立在次序、等级、阶级的对抗之上，并最终以积累的劳动和直接的劳动的对立为基础。

由此审视蒲鲁东构成价值论的依据——所谓"普罗米修斯的创世记"，即物质生产从产品耗时最大且效用最广的产品，向耗时较多且满足更高级需求的产品的递进，不难发现这是撇开阶级对抗、虚构历史的做法。事实上，在阶级对抗推动的历史发展中不只有美好还有残酷。马克思指出，若按蒲鲁东构成价值论来考察古罗马帝国时期的喂养鳝鱼现象，势必得出古罗马社会全体居民的粮食充裕这个"美好的"结论。但是，真实的情况却截然不同且骇人听闻，在古罗马贫民连基本口粮都买不起的同时，古罗马贵族竟然出于吃过人肉的鳝鱼味道最鲜美的荒诞想法，直接拿奴隶充当鳝鱼饲料。蒲鲁东试图用"普罗米修斯"观察到的"事实"，证实由劳动时间先验决定的产品的效用和它对需求的比例关系。换句话说，不管产品的供求关系如何变动，都应该按照产品生产所耗费的劳动时间即效用进行交换。然而，在各种不同的历史时代中，产品价格的相互关系有着天壤之别：整个欧洲中世纪的农产品价格要低于工业品的价格，到了近代市民社会中这两者间的情形则颠倒了过来。显然不能据此得出农产品效用减少的荒谬结论。

同样，消费者社会条件所决定的产品的使用，归根到底也建立在阶级对抗之上。从某种程度来说，产品价格的最低额决定着消费的最高额，棉花、马铃薯和烧酒这类最普遍的生活用品，构成了整个资产阶级的基石。其中的原委不在于它们本身具有最能满足绝大多数人的绝对效用，而在于这些产品由于价格最低而最容易被资本家全部占有，进而让资本家掌握工人的命运，在同工人的关系中永居统治地位。诚如马克思所言："在建立在贫困上的社会中，最粗劣的产品就必然具有供给最广大群众使用的特权。"① 仅仅描述现象而未揭

---

① 《马克思恩格斯全集》第 4 卷，人民出版社，1958，第 105 页。

示实质，片面强调最便宜的产品因使用最广而应具有最大的效用，结果注定是像蒲鲁东那样向现状妥协，为毫不了解的社会辩护。只有在没有阶级及阶级对抗的未来社会中，产品生产所耗费的必要劳动时间才完全由产品自身的效用来确定。

最后，用阶级发展的趋势驳斥了蒲鲁东对社会政治革命的否定。任何阶级的产生皆植根于一定的社会生产关系及其发展中，并大致经历从经济上形成阶级到在政治上成为阶级的过程，也就是广为人知的从"自在的阶级"发展为"自为的阶级"。正如马克思所勾勒的无产阶级的形成与发展的过程："经济条件首先把大批的居民变成劳动者。资本的统治为这批人创造了同等的地位和共同的利害关系。所以，这批人对资本说来已经形成一个阶级，但还不是自为的阶级。在斗争（我们仅仅谈到它的某些阶段）中，这批人联合起来，形成一个自为的阶级。"① 此时，他们维护的东西就从纯粹的物质利益转变为全面整体的阶级利益，不同阶级之间的对抗亦随之变为阶级反对阶级的斗争，继而上升为全面的社会革命，直至代替旧的市民社会的新社会、消灭一切阶级与阶级对抗的联合体的建立为止。换言之，社会运动自身绝不排斥政治革命，蒲鲁东将工人运动与政治革命从社会运动中排除的做法是极其荒谬的。

不仅如此，马克思通过阶级分析法得出的社会革命理论在《共产党宣言》《关于自由贸易的演说》中实现了进一步发展。正是在此意义上，他才言明其见解中具有决定意义的观点在《哲学的贫困》中得到首次科学的概述。值得注意的是，在运用阶级分析法考察新的社会历史时，绝不能直接照搬马克思著作中的个别论断，以致把暴力革命视为解决阶级对抗的唯一途径。这种教条主义给改造现实世界的社会运动带来灾难般危害，至今依然历历在目。马克思本人坚决反对将他的学说理解为看待人类全部历史和特定民族发展的"万能钥匙"。他反复告诫人们，只有对不同社会环境中的历史现象分别进行深入细致的研究，"然后再把它们加以比较，我们

---

① 《马克思恩格斯文集》第 1 卷，人民出版社，2009，第 654 页。

就会很容易地找到理解这种现象的钥匙"。① 因此，在新的历史条件下，应当遵循马克思进行阶级分析的思路，结合不同民族国家的具体情况，审视阶级矛盾缓和的各种表现是否改变了阶级对抗的实质，探究新的阶级的产生原因和发展趋势，阐明社会革命的新的时代内涵，更好地理解当下的个人与社会历史的真正关系。

---

① 《马克思恩格斯文集》第3卷，人民出版社，2009，第466~467页。

第十二章 《哲学的贫困》与《德意志意识形态》的思想关系

《哲学的贫困》与《德意志意识形态》是表征马克思创立的以唯物史观为核心的新世界观的重要文本。这两者之间的内在关系及表现形式，不是仅仅依托基本原理或观点的概括和推演，而是具体的和"鲜活"的思想的延续。正是主要基于《德意志意识形态》中的相关理解和认识，诸如社会和历史的现实前提及运动形式，分工的实质和它所表征的历史过程，竞争的历史性及其在资产阶级社会中的表现，共产主义的本质、作用和实现路径，马克思得以在《哲学的贫困》中以批判蒲鲁东的方式，完成其新世界观的公开阐释。

一 社会和历史的现实前提及运动形式

马克思在《德意志意识形态》中对唯物史观的具体阐释是以批判青年黑格尔派和德国观念论者对社会和历史的理解的方式展开的。他们所理解的社会和历史不是用抽象思维来感知的神秘事物，而是可以用纯粹的经验方法来确认的具体现实。同样，社会和历史的前提也不是抽象的原理或教条，而是一些现实的个人及其物质生活。"全部人类历史的第一个前提无疑是有生命的个人的存在。因此，第一个需要确认的事实就是这些个人的肉体组织以及由此产生的个人对其他自然的关系。"①

既然社会和历史的前提是现实的个人，那么就应从人的本质出发来探究社会形态演进的动力和机制。在马克思看来，人的本质即他同动物的区

---

① 《马克思恩格斯文集》第 1 卷，人民出版社，2009，第 519 页。

别就在于能够生产自己的生活资料，从而间接地生产自身的物质生活。这是一个动态的过程。人们的生活资料的生产方式首先取决于既有的和需要再生产的生活资料本身的特性。与此同时，人们又是同自身活动和生活状态相联系着的。"因而，个人是什么样的，这取决于他们进行生产的物质条件。"① 社会是由现实的个人所组成的，而生产和个人彼此之间的交往是互为前提的，因此，社会的结构和运动就在于个人生产范围的扩大和不同的个人生产之间的联结。同样，不同的社会形态的更迭即历史演进的动力，也不是某种外在于人的力量，而是生产力、分工和民族内部交往等现实因素。"一个民族的生产力发展的水平，最明显地表现于该民族分工的发展程度。任何新的生产力，只要它不是迄今已知的生产力单纯的量的扩大（例如，开垦土地），都会引起分工的进一步发展。"②

上述对社会和历史的现实前提及运动形式的理解，使马克思将他的"新哲学"从当时德国的意识形态领域中剥离了出来。在他看来，由现实的个人及其物质生产活动、不同的个人之间的社会关系、社会结构和国家所构成的社会现实存在，决定着关于上述现实存在的观念世界的形成。思想、观念、意识和精神等最初都是现实的、从事活动的个人的物质生产和物质交往活动的产物。这些人同时要受自己的生产力和与之相适应的交往形式所制约。"意识［das Bewuβtsein］在任何时候都只能是被意识到了的存在［das bewuβte Sein］，而人们的存在就是他们的现实生活过程。"③ 从现实的个人而不是说出来的、思考出来的、想象出来的、设想出来的人出发，就可以描绘出人们的实际生活过程在意识形态上的反映及其发展样态。由此可见，包括道德、宗教和形而上学等在内的意识形态，不是独立于人之外的事物，它们作为人们的思维和思维的产物，会随着人们的物质生产和物质交往活动的发展而变化。不是意识决定生活，而是生活决定意识。

---

① 《马克思恩格斯文集》第1卷，人民出版社，2009，第520页。
② 《马克思恩格斯文集》第1卷，人民出版社，2009，第520页。
③ 《马克思恩格斯文集》第1卷，人民出版社，2009，第525页。

与马克思将哲学"从天国降到人间"① 相反，蒲鲁东接受了德国观念论哲学的前提，将普遍理性视作社会和历史的出发点。蒲鲁东认为，普遍理性对人类社会具有决定性作用，整个社会就是以普遍理性创造经济范畴的形式而不断进步的。作为普遍理性的产物，经济范畴有其固有的矛盾，即"好的方面"和"坏的方面"。为了解决价值的二律背反问题，"社会天才"先后创造出分工、机器、竞争、垄断、税收、对外贸易、信用、所有权、共产主义和人口这 10 个经济范畴。由于每个经济范畴在观念世界中有着与之相适应的社会形态，所以社会经济形态的演进是经济范畴的矛盾运动的结果。"要叙述的不是那种与时间次序相一致的历史，而是与观念顺序相一致的历史。"② 上述"冒牌的黑格尔词句"③ 必然会受到马克思的强烈批判。

秉承《德意志意识形态》中关于社会和历史的现实前提及运动形式的论述，马克思在作为《哲学的贫困》的"前篇"或"提纲"的马克思致安年科夫的信中开篇就揭示出这样一个以现实的个人为前提的社会历史结构：生产力→生产关系→市民社会→政治国家。在这样的历史结构中，现实的个人不能自由选择某一社会形式，因为他们不能"自由选择自己的生产力"——这是人类"全部历史的基础"。④

任何生产力都是人类过往活动的产物和既得力量，但这绝不意味着生产力的永恒不变和无限制性，它要同时取决于人们所处的特定的具体社会条件和他们之前一代人已取得的生产力成果及所处的社会形式。马克思指出，不同时代的人们以持续使用生产力成果来服务新生产方式的形式，形成了他们在历史中的联系，不断地创造着人类历史。社会形式也非一成不变，它同样具有历史性和暂时性：当人们的交往方式不再适合于既得生产力时，他们往往就会改变所继承的社会形式；新的生产力往往会促使人们

---

① 《马克思恩格斯文集》第 1 卷，人民出版社，2009，第 525 页。
② 〔法〕蒲鲁东：《贫困的哲学》上卷，余叔通、王雪华译，商务印书馆，2010，第 177 页。译文有改动。
③ 《马克思恩格斯文集》第 1 卷，人民出版社，2009，第 598 页。
④ 《马克思恩格斯文集》第 10 卷，人民出版社，2009，第 43 页。

改变生产关系及与之共存的经济关系，人类社会也随之从一种形态过渡到另一种形态。由此可知，社会形态更替的动力不是某种外在于人的神秘力量，不是观念或普遍理性，而是现实的人的生产活动及交往方式——这正是蒲鲁东没有理解的和证明的，他所描绘的不是历史的实在进程，而是观念的历史。作为社会前提的现实的个人在蒲鲁东那里只能置身于社会和历史之外，最终沦为观念或普遍理性为了自身发展而使用的工具。蒲鲁东只是在重复着古典政治经济学家普遍所犯的错误，把作为政治经济学研究对象的经济范畴当作一种永恒的和超历史的观念，并推广到一切社会形式中。

有了上述充分的论证，马克思就没有必要在《哲学的贫困》中展开对蒲鲁东关于现实的生产关系只是经济范畴的化身的论断的批判，只是写了5个带有结论性的语句，其要义如下：生产力决定社会生产关系，经济范畴是社会生产关系的理论表现；由于社会生产关系是暂时的和历史的，所以经济范畴不是永恒的而是暂时的历史的产物。与蒲鲁东将普遍理性当作社会和历史的出发点相对的是，马克思强调只有把现实的个人"当成他们本身历史的剧中人物和剧作者"，① 才能找到历史真正的出发点；只要理解了人在社会历史中的这一双重地位和作用，就能揭示"与观念顺序相一致的历史"② 的实质与虚构性。

假定蒲鲁东"与观念顺序相一致的历史"，即观念、范畴和原理在其中出现的历史是成立的，那么就会得出"不是历史创造原理，而是原理创造历史"③ 这个结论。然而，每个原理都有它出现的时期，诸如 11 世纪的权威原则和 18 世纪的个人主义等，这样表现出来的不是原理属于世纪，而是世纪属于原理。如果按照蒲鲁东的这一思路继续追问，权威原则与个人主义为何各自出现于 11 世纪和 18 世纪，而不是其他的某个世纪，就须对以下问题一一做解答：一是 11 世纪和 18 世纪的人们怎样生活，二是他们的需要、生产力和生产方式处于何种水平，三是上述条件造就出人与人之

---

① 《马克思恩格斯文集》第 1 卷，人民出版社，2009，第 608 页。
② 《马克思恩格斯文集》第 1 卷，人民出版社，2009，第 598 页。
③ 《马克思恩格斯文集》第 1 卷，人民出版社，2009，第 607 页。

间怎样的关系。总而言之，就是要研究每个世纪中人们的现实的历史。这就是说，即使"与观念顺序相一致的历史"这一结论能够成立，其前提必然也是要探究现实的和世俗的历史，这种结论与前提的相左反证出结论的不成立。

此外，针对蒲鲁东关于特定经济范畴与具体社会形态相对应的论断，马克思提出了"社会有机体"的说法。他指出，在特定的社会形态中都会形成相应的生产关系，而"每一个社会中的生产关系都形成一个统一的整体"，① 即"一切关系在其中同时存在而又互相依存的社会机体"。② 要言之，社会形态必然依附在社会有机体之上。作为"社会物质生活"的社会生产关系，总要与一定的生产力发展水平相适应，它本身所包括的生产资料所有制形式、人们在生产中的地位及其相互关系和产品分配方式等，是有机统一在一起的。同样，作为社会生产关系理论表现之各种经济范畴，诸如分工、使用机器、竞争、垄断和所有权等，亦在同一具体社会形态中构成了一个有机统一体。由于经济范畴在蒲鲁东所建构的逻辑顺序中是逐一生成的关系，所以他在具体考察某一社会形态时只能依靠其他的社会形态和本身决定着经济范畴的社会生产关系来说明。这一做法必然会产生矛盾，当蒲鲁东不得不依靠其他社会生产关系来解释说明某个社会形态时，这些社会关系却在"与观念顺序相一致的历史"中尚未生成。"因此，他要构成被他看做一切经济发展基础的价值，就非有分工、竞争等等不可。然而当时这些关系在系列中、在蒲鲁东先生的理性中以及逻辑顺序中根本还不存在。"③

二　分工的实质和它所表征的历史过程

众所周知，分工是马克思在《德意志意识形态》中重点讨论的主题之一，他不仅在"费尔巴哈"章中，还在批判施蒂纳的部分中讨论过它。如本书第七章所述，马克思将分工视为历史演进的动力之一，梳理出它所表

---

① 《马克思恩格斯文集》第 1 卷，人民出版社，2009，第 603 页。
② 《马克思恩格斯文集》第 1 卷，人民出版社，2009，第 604 页。
③ 《马克思恩格斯文集》第 1 卷，人民出版社，2009，第 603 页。

征的历史演进过程，阐述了分工在"历史向'世界历史'转变"过程中的具体表现、积极作用和消极后果，特别是不平等的分配和私有制、特殊利益与共同利益的矛盾、国家内部的阶级斗争、个体的活动及生命活动的异化。

可是，按照蒲鲁东的构想，分工却成了"经济进化的系列"的首要阶段，并且有其固有的矛盾。由于观念转化为现实的过程的漫长性，所以分工所带来的进步虽然最终要扩及每个人，但绝不是划一地同时及于每个人。这种进步带有强烈的"偏私"，使最先受益于这种进步的个人成为民族的精华部分，而广大劳动者则仍然处于野蛮状态。正是这种偏私，使人们长期相信生活条件的不平等是出于自然与天意，同时也产生了种姓制度，建立了各个社会的等级制。分工规律即劳动按照其固有的规律进行分工，一方面提高了劳动者的熟练程度，实现了财富增值（"好的方面"）；另一方面则自我毁灭与自我否定，造成了人类的精神衰退和文化贫乏（"坏的方面"）。

蒲鲁东自认为其对分工的理解在政治经济学领域内具有首创性意义，因为自斯密以来的全部政治经济学家都不仅过分强调分工的"好的方面"而忽视其"坏的方面"，还没有找到造成分工规律两面性的原因。为彰显其理论的超越性，蒲鲁东对分工的必然性和"好的方面"只是轻描淡写，转而重点论述分工所带来的对抗性后果，诸如败坏人的灵魂，使其重新沦入兽性；延长工作日，加之"普遍良知"不会对监工的工作和小工的劳动等量齐观，使工作日与脑力的消耗量成反比，让劳动者遭受报酬微薄所造成的肉体痛苦和灵魂摧残；造成文人的消失和文学的衰退；等等。这种对抗性后果是无法避免的，因为二律背反是任何社会的经济和哲学都具有的特点。因此，解决分工问题的关键不在于承认或描述这种作为普遍事实和原因的分工及其所具有的规律的一切特征，而是找到补救分工所固有矛盾的方法，即重组劳动，在消除分工弊病的同时保留它的有益作用。

在《德意志意识形态》中充分认识到分工的实质及其所表征的历史过程、分工的后果和前景的基础上，马克思在《哲学的贫困》中指出了蒲鲁东上述分工理论中的主要谬误：①错误地把分工范畴及其规律永恒化，用

"分"的观念来解释分工，抹杀了它在不同历史时代中的质的差异；②完全无视政治经济学以往对分工后果的合理阐释，仅仅对政治经济学关于分工益处的探讨作简单的重复；③用纯粹的观念或范畴来解释导致分工后果的根源，因而虚构出不同历史时代的分工之间的对立。鉴于这些内容在本书第七章中已有详细论证，在此不再赘述。

三　竞争的历史性及其在资产阶级社会中的表现

马克思在《德意志意识形态》中重点论述了生产和交往的关系，而竞争则被他看成资产阶级社会中最为显著的交往形式。他以批判施蒂纳的方式诠释了竞争的实质、形式和作用，后者认为竞争的实质在于尽可能地把事情做得合算，而不在于尽可能地把事情做好，也就是说，竞争被功利和投机所主宰，这决定了它不再是真正的交往。马克思指出，施蒂纳的上述解释完全摒弃了惯常的思维推导而诉诸感性的考量，这是"乡下佬"的水准，没有一个政治经济学家会做出施蒂纳这样的断言。不同地域中的竞争有着极为不同的形式：在最为发达的英国，竞争就是尽可能地把事情做好；而在浅陋的竞争条件下，如德国人、犹太人和一般走街串巷的小商贩中间，盛行的则是小工商业者的骗术，即把事情做得合算。

按照马克思的理解，竞争是一个历史范畴，应当遵循以下方式来透视它的本质和评价它的作用，诸如不要用法学或道德学说来解释竞争，必须仔细研究工业关系来审视一般的竞争规律；不应像施蒂纳那样把竞争的一切关系抽象为一些道德教训并用一些道德的公设否定这些关系，而应看到竞争同分工、供求关系之间的复杂联系；处于竞争领域中的商品不是由生产者本人任意确定的，而是由生产成本决定的；竞争不完全是"敌对、较量和比赛"，而是在打破中世纪的小市民生活之后体现出一系列积极作用，如地方局限性的消失、交往和分工的发展、世界贸易的形成、无产阶级的产生、机器的大规模应用等；竞争与资产者的利益密切相关，他们在利益的驱使下往往会在竞争和私有财产所允许的范围内达成"协议"；竞争不会使偶然性起支配作用并造成人的个性的丧失，竞争中的个性和偶然性是同义语；不取决于个性的竞争手段是人本身的生产条件和交往条件，它们对人来说就是偶然性的手段；竞争所引发的伟大社会变革就在于把资产者之间、资产者和无产者之间的关系变为纯粹的金钱关系，并摧毁了无产者的一切自然形成的、传统的关系及其整个思想上层建筑……上述全面而深刻的阐释，为马克思在《哲学的贫困》中批判蒲鲁东的竞争理论奠定了坚实的理论基础。

事实上，蒲鲁东在讨论作为经济范畴的竞争时，在方法上没有任何新意，仍遵循必要性（"好的方面"）到后果及危害（"坏的方面"）再到应当解决的问题的僵化模式。其中，竞争之所以是必要的，是因为：①它是组织劳动和实现自由所必需的，是提高到第二种能力的分工，是存在于分工过程和已划分的各种劳动中的自由；②它是构成价值和分配原则所必需的，因而也是实现平等所不可或缺的；③它是社会经济的原则，是命定的法令和人类灵魂的某种必然；④社会一旦缺少了它，就只能使用伪善的牺牲和骗人的奖励这两种手段。此外，法国人在1789年大革命后宁愿废除同业公会、行会和商会，却不考虑加以修正，是竞争的必要性的有力证明。

在强调竞争必要性的同时，蒲鲁东坚决反对用竞赛来取代竞争的做法，因为竞争本身就是追逐利润的工业竞赛。作为一个自我否定的原则（竞争消灭着竞争），竞争在现实中必然会带来一定的后果。在受劳动支配的现实社会中，全部的地位、财富和荣誉等都任凭人们竞争，而最终拥有这一切的必然是强者。这就使竞争成为强者的统治手段，鼓励公平的竞争却造成诸多不公平的结果："竞争具有杀人的本能，它经常夺取了整个劳动阶层的面包，而且还把这当成改进和节约。……它用投机赌博来代替行使权利，从而败坏了公共道义，到处制造了恐怖和猜疑。"① 鉴于竞争的必要性，蒲鲁东不主张废除竞争原则本身，而是废除竞争的现存形式。他认为解决竞争问题的关键不在于消灭它，而在于如何使它获得平衡；或者说，如何使它受到监督。与自由、理智一样，竞争作为一种力量和自发性必须有一个确定的范围。

秉承《德意志意识形态》中关于竞争的理解，马克思在《哲学的贫

① 〔法〕蒲鲁东：《贫困的哲学》上卷，余叔通、王雪华译，商务印书馆，2010，第230页。

困》中强调竞争的历史性，指出蒲鲁东重复了古典政治经济学家将经济范畴永恒化的错误。在马克思看来，蒲鲁东根本不懂得资产阶级社会自由竞争的形成是同 18 世纪人们的现实发展密切相关的，居然将竞争说成非现实的人类灵魂的某种需要。在资产阶级社会中，竞争不是工业竞赛而是商业竞赛，因为这个时期的工业竞赛是受以利润为目的的商业所支配的，人们普遍幻想不从事生产就能获得利润。只有在封建时期的手工业生产中，各种同行业公会、行会和商会的特权，也即有组织的竞争，才是符合工业竞赛的模式，其以追逐产品的最大化为目的。蒲鲁东用以证明竞争必要性的例子，反映的是竞争的现实性而不是它的非现实性。"既然 18 世纪的法国人废除了同业公会、行会和商会而不是将它们改头换面，那么 19 世纪的法国人就应该把竞争改头换面而不是将它废除。既然竞争在 18 世纪的法国是作为某些历史需要的结果而形成的，那么它在 19 世纪的法国就不该由于另一些历史需要而被消除。"①

不可否认，蒲鲁东确实认识到竞争是资产阶级社会中的人们借以发展其生产力的一种社会关系。但是，他却没有在逻辑上说明这个真理，而是赋予了竞争十分可笑的形式，例如，工业竞赛、自由的时髦方式、劳动中的责任、价值的构成、实现平等的条件、社会经济的原理、命运的法规、人类灵魂的必然要求、永恒公平的启示、存在于分工过程和已划分的各种劳动中的自由、永恒的经济范畴等。

与此同时，也应当辩证地去看待蒲鲁东所理解的竞争的坏的即否定的一面。在蒲鲁东的笔下，竞争在这方面的表现是十分阴暗的："竞争产生贫困，它酿成内战，'改变自然区域'，混合各民族，制造家庭纠纷，败坏公德，'搞乱公平、正义的概念'和道德的概念，更坏的是，它还破坏诚实而自由的贸易，甚至也不拿综合价值、固定而诚实的价格来代替。竞争使得人人失望，经济学家们也不例外。它把事情弄到自我毁灭的地步。"②于是，竞争就成了资产阶级社会关系及其原理和幻想的最具有分裂性和破

---

① 《马克思恩格斯文集》第 1 卷，人民出版社，2009，第 633 页。
② 《马克思恩格斯文集》第 1 卷，人民出版社，2009，第 635 页。

坏性的因素。而且，竞争的这种破坏作用还将随着新生产力即新社会的物质条件、在它的刺激下急剧地形成而日益增大。可见，竞争的所谓坏的一面也有它的好处。① 这也表明，简单地将竞争划分为好、坏两个方面的做法是极为片面的。需要指出的是，马克思在《哲学的贫困》写作时期对竞争的理解是建立在自由竞争的基础上的，而不是作为一般范畴的竞争。他反对的是蒲鲁东用简化了的善恶辩证法来看待竞争在资产阶级社会中的作用，而不是竞争范畴本身；其真正意义上讨论作为一般范畴的竞争是在《1857—1858 年经济学手稿》中进行的。

四 共产主义的本质、作用和实现路径

《哲学的贫困》与《德意志意识形态》在共产主义问题上的思想延续关系，是以间接的形式完成的。具体而言，基于《德意志意识形态》中对共产主义的本质、作用和实现路径等的理解，马克思直接将蒲鲁东在共产主义问题上的认识界定为"搜索枯肠制定的理论"，哪怕是"最宽容的评论也不会对这些章节进行认真的研究了"。② 值得注意的是，马克思对"共产主义"这一概念的使用同他写作时所处的思想语境密切相关，他在《哲学的贫困》写作时期还没有明确"社会主义"和"共产主义"各自的含义，因而也就没有作严格的区分，经常并用或者混用这两个概念，有时甚至认为"社会主义"是比"共产主义"更高级的社会阶段，这与他后来的看法截然不同。

在《德意志意识形态》中，马克思对"真正的社会主义"作了批判性考察，他通过揭示这一流派的形成、发展过程和实质，以及深入分析海尔

---

① 事实上，竞争的破坏作用的正面意义在《德意志意识形态》中阐发得更为全面一些："他忽视了首先由竞争造成的一切关系，如地方局限性的消失、发展交通、分工的发展、世界贸易、无产阶级、机器等等，而以哀伤的眼光回顾中世纪的小市民生活。他只知道竞争是'敌对、较量和比赛'；他对于竞争和分工的联系、和供求关系的联系等并不感到兴趣。"（《马克思恩格斯全集》第 3 卷，人民出版社，1960，第 430 页。括号内文字为笔者所加）此外，马克思还特别指出了竞争所带来的现代无产者的产生和壮大成为变革社会的主要力量："竞争所引起的伟大的社会变革把资产者之间的相互关系以及他们对无产者的关系变为纯粹的金钱关系，而把上述一切'神圣化的财富'变成买卖对象，并把无产者的一切自然形成的和传统的关系，例如家庭关系和政治关系，都和它们的整个思想上层建筑一起摧毁了。"（《马克思恩格斯全集》第 3 卷，人民出版社，1960，第 432 页）

② 《马克思恩格斯文集》第 1 卷，人民出版社，2009，第 638 页。

曼·泽米希（Hermann Zemich）、鲁道夫·马伊特（Rudolf Matei）等这一流派的代表的具体论述，确证了作为现代社会变革的表现和产物的共产主义是"用实际手段来追求实际目的的最实际的运动"。① 马克思指出，"真正的社会主义"是典型的"德国式"思维和德国国民性的体现，是当时德国共产主义者及其思想代言人混合英法的某些共产主义思想与德国哲学前提的产物。在现实斗争和行动方面较为迟缓但在思想观念与哲学上自视甚高的德国人，将从"纯粹的思想"中产生的、试图构建"最合乎理性的"社会制度的英法社会主义学说看成"不讲科学的"，他们试图通过"哲学概括和阐释"让上述理论体系科学化。这种做法在马克思看来根本无助于共产主义的实质性推进，因为共产主义的现实基础不是抽象的社会与自然、"生活与幸福之间的二重性"的消解以及虚化的"人类的特性的完全体现"，而是"最粗暴的关系"和"粗暴的对立"的社会，它不能靠单纯的"哲学论证"、思想演绎和"美文学描摹"实现。

相形之下，蒲鲁东却将共产主义定义为政治经济学这门关于私有或所有权惯例的、社会主义所极力反对的科学的一个范畴。在"经济矛盾的体系"中，所有权和共产主义构成了一对"正—反题"；与所有权是提高到第二个阶段的垄断相似，共产主义既然是所有权的反公式，那么它就是在相反的背景下复活政治经济学的一切矛盾；它既然作为"经济矛盾的体系"中的一个阶段，并且只是在包括生产、交换、消费、教育和家庭等在内的社会职能方面用"集体的人"取代个人，那么就必然不能协调或解决任何矛盾，只能命定地导致不公正和贫困。

在共产主义和人道主义之间复杂而非单一的关系的理解方面，马克思在《德意志意识形态》中重点驳斥了海尔曼·克利盖（Hermann Kriege）用"爱"来诠释和宣传共产主义这种"人本主义化"的做法。他指出，把共产主义描绘成利己主义的对立物和"关于爱的呓语"，以及用"爱"来构建一种新宗教的做法，表明克利盖根本没有真正触及复杂的社会现实问题的症结，他不过是借助共产主义的名义来宣传陈旧的、与共产主义截然

---

① 《马克思恩格斯全集》第 3 卷，人民出版社，1960，第 236 页。

相反的宗教哲学的幻想。克利盖在"政策告白"中答应不会触及资本家、高利贷者的既得利益，他只想实现"对家庭生活、国家和民族的依恋"状态，他甚至把共产主义说成"使现存的腐朽关系以及资产阶级对这种关系的一切幻想'实现'"，① 这种做法昭示着他在变革社会的残酷现实面前的怯懦和虚伪。至于克利盖据此提出的社会拯救方案，则是违背政治经济学原理的幼稚见解。基于共产主义运动初期的现实状况——不同阶级的社会地位差别巨大、阶级关系空前对立、无产阶级的革命意志不强及组织程度不高——的考量，马克思认为用超越阶级的"爱"来诠释共产主义的做法，不仅对无产阶级革命和共产主义运动来说于事无补，反而是一种削弱，因而必须对其加以拒斥。由此可见，马克思在共产主义问题上对人类之"爱"的拒斥是综合当时共产主义运动的现实的结果，但这绝不表明共产主义不讲爱与和谐，更不表明共产主义学说在本质上是一种与人道主义相对立的"斗争哲学"。

相较之下，蒲鲁东将共产主义的价值宗旨归结为博爱的做法虽然是武断的，但这也表明他已经意识到了共产主义与人道主义、人本主义之间的某种关联性。然而，蒲鲁东并没有就这一问题继续讨论下去，反而更多的是从作为共产主义的否定性一面的利己主义或个人主义展开其论述。他只是看到了"爱"或"博爱"在社会现实面前的"无助"——它们是利益协调的和劳动组织起来以后的产物、交换理论的体现和共产主义的目的，根本没有认识到这一原则背后的共产主义与人道主义之间错综复杂的关系。

此外，在共产主义的可行性和实现路径这个问题上，马克思在《德意志意识形态》中仍旧认为现实的社会是处于异化的状态，并提出了消灭这种"异化"的两个必不可少的条件："必须让它把人类的大多数变成完全'没有财产的'人，同时这些人又同现存的有钱有教养的世界相对立。"② 当然，上述两个条件还必须以生产力的高度发展为前提，之所以这样说，一来是因为若生产力没能得到高度的发展，社会中就会出现普遍化了的极端贫困，一切"陈腐污浊的东西"此时势必会"死灰复燃"，人们就不得

① 《马克思恩格斯全集》第 4 卷，人民出版社，1958，第 8 页。
② 《马克思恩格斯文集》第 1 卷，人民出版社，2009，第 538 页。

不重新开始争取必需品斗争。二来是因为人们之间的普遍交往只有伴随着生产力的普遍发展才能建立起来，而只有普遍交往才能带来普遍竞争并最终使世界历史性的、经验上普遍性的个人真正地取代地域性的个人。从反面论证的角度来说，如果共产主义不奠基于生产力的高度发展，就会带来以下后果："（1）共产主义就只能作为某种地域性的东西而存在；（2）交往的力量本身就不可能发展成为一种普遍的因而是不堪忍受的力量：它们会依然处于地方的、笼罩着迷信气氛的'状态'；（3）交往的任何扩大都会消灭地域性的共产主义。"①

马克思此时认为，共产主义是由现存状况所产生的那种消灭它的现实的运动，而不是应当确立的状况和现实应当与之相适应的理想。共产主义的一种在经验上可能的实现路径是：在生产力的普遍发展和世界交往的普遍扩大的前提下，由占统治地位的各民族"一下子"同时发生行动。随着共产主义运动的完成，分工及其带来的诸如私有制的产生、私人利益和共同利益之间的冲突、国家这种虚幻的共同体以及个体活动的与生命本质的"异化"等之类的后果，也会随之被消灭。共产主义的实现并不像蒲鲁东所说的那样离不开分工规律，反而是消灭了分工。至于马克思所说的分工消灭之后的社会活动和个体情形，则是人们最为熟知的那段话："在共产主义社会里，任何人都没有特殊的活动范围，而是都可以在任何部门内发展，社会调节着整个生产，因而使我有可能随自己的兴趣今天干这事，明天干那事，上午打猎，下午捕鱼，傍晚从事畜牧，晚饭后从事批判，这样就不会使我老是一个猎人、渔夫、牧人或批判者。"② 相反，蒲鲁东从二律背反的规律出发，构建出共产主义本身所固有的五个矛盾，③ 以此来论证

① 《马克思恩格斯文集》第 1 卷，人民出版社，2009，第 538 页。
② 《马克思恩格斯文集》第 1 卷，人民出版社，2009，第 537 页。
③ 这五个矛盾分别为：第一，共产主义的实现离不开确定的原则，但是共产主义在有了原则之后就会变为所有权；第二，共产主义的实现离不开作为其形象和样板的家庭，但是两者在现实中却是不相容的；第三，共产主义的实现离不开分配规律，但是共产主义将随着分配的实行而崩溃；第四，共产主义的实现离不开分工规律，但是共产主义会因实行分工而被扼杀；第五，共产主义的实现离不开正义原则，但是共产主义却始终在拒斥这一原则。（参见蒲鲁东《贫困的哲学》下卷，余叔通、王雪华译，商务印书馆，2010，第 772 ~ 788 页）

共产主义的空想性，否认其现实可行性。试问，对比基于社会现实的深刻把握和理论阐述严谨的马克思和从观念出发主观地构建各种矛盾的蒲鲁东，他们关于共产主义可行性的两种论述之间的高下不是可以很容易就立分的吗？

综合以上分析，不应将《哲学的贫困》与《德意志意识形态》之间的关系笼统地解释为后者是前者中马克思所创立的新世界观的进一步检验与应用，或者只是从唯物史观的一些基本原理，如生产力与生产关系原理、历史发展中主客体的辩证关系等的角度来阐释这两部文本之间的关系；而应将《德意志意识形态》中的"鲜活"思想看作马克思批判蒲鲁东的重要思想来源与理论依据，换句话说，这些"鲜活"的思想在《哲学的贫困》中得到了怎样的发挥、它们在马克思批判蒲鲁东时所起到的具体作用是什么。由于《哲学的贫困》所带有的批判性质，马克思在具体剖析蒲鲁东所说的每个经济范畴时主要是按后者的论证思路展开的，所以往往难以找到马克思正面阐发的观点到底是什么，而这些观点能从《德意志意识形态》等著述中找到。

第十三章　马克思思想进程中的
《哲学的贫困》

评述《哲学的贫困》思想史价值的一个重要维度是辨明它在马克思思想进程中的地位，特别是厘清它同《黑格尔法哲学批判》《巴黎手稿》《德意志意识形态》《共产党宣言》《资本论》等一系列经典著作之间的内在关联。经典著作之间的内在关联，在这个问题上，马克思本人生前的论述无疑是最具说服力的，他在《〈政治经济学批判〉序言》和在应法国《平等报》编辑部请求而作的《关于〈哲学的贫困〉》中专门谈及《哲学的贫困》在自己思想演进中的地位及作用。不难发现，《哲学的贫困》在马克思的思想进程中起着承上启下的作用。它不仅吸收了马克思在此之前的新的哲学方法论、历史观和政治经济学的研究成果，实现了作为"总的结果"的原则指导下的深入的"原本批判"，完成了哲学、政治经济学和社会主义理论的再次整合，而且还产生出"有决定意义的论点"用以科学地指导社会革命，由此萌发出政治经济学研究之哲学新方法进而为《资本论》及其手稿的创作奠定基础。

一　"总的结果"指导下的"原本批判"

诚如马克思所言，他在《莱茵报》编辑部工作时期遇到了所谓物质利益问题这一"苦恼的疑问"，继而转变了之前的自由理性主义的立场。具体来说，按照马克思先前在其博士论文中的理解，自由理性应当成为现实世界的"统治者"；但在成为《莱茵报》编辑后，他却发现现实世界充斥着诸如专制制度、书报检查制度和官方法学派之类的各种反自由理性的事物。这样看来，自由理性的价值观念和反自由理性的现实世界之间存在巨大的矛盾与冲突。在历经关于新闻出版自由、林木盗窃法、摩塞尔河谷农民状况、自由贸易和保护关税等一系列论辩之后，马克思认识到支配不同社会阶层的思想行为和政治态度的是物质利益而非自由理性，正是物质利益最终导致普遍自由的沦丧。

为了解决"苦恼的疑问"，马克思展开了相应的理论工作，一方面试图通过诉诸历史以弄清所有制、阶级、国家和法等一系列问题（即写作《克罗茨那赫笔记》），另一方面则尝试通过批判黑格尔法哲学来探讨政治国家的异化及其扬弃问题，进而将诉诸历史的考察提升到理性自觉的高度（即写作《黑格尔法哲学批判》）。马克思最终得出如下结论：市民社会（私人利益体系）在其现实关系中决定着政治国家，并使后者因违背普遍理性而陷入异化；只有对市民社会进行深刻批判和实际改革，而非仅从政治国家制度的层面扬弃它的异化，才能为自由找到真正的出路——这正是"副本批判"的限度所在。正如恩格斯所说："马克思从黑格尔的法哲学出发，得出这样一种见解：要获得理解人类历史发展过程的锁钥，不应当到被黑格尔描绘成'大厦之顶'的国家中去寻找，而应当到黑格尔所那样蔑视的'市民社会'中去寻找。"①

到 1843 年创办《德法年鉴》时期，马克思进一步批判黑格尔的市民社会理论。尽管《黑格尔法哲学批判》的现存文稿没有专门分析黑格尔的市民社会理论的内容，但是还是能在马克思的其他文本，如《马克思致阿尔诺德·卢格（1843 年 9 月）》《论犹太人问题》《〈黑格尔法哲学批判〉导言》等中，看到相应的研究内容。马克思在《论犹太人问题》和《〈黑格尔法哲学批判〉导言》中"对现存的一切进行无情的批判"，"对当代的斗争和愿望作出当代的自我阐明（批判的哲学）"，② 这方面所做的尝试，从某种程度上说就是对"市民社会决定国家"这一思想的深化及发展。

马克思从分析犹太人问题出发，揭示了现代市民社会的自我异化现象，提出了实现人的解放的目标："任何解放都是使人的世界即各种关系

---

① 《马克思恩格斯全集》第 16 卷，人民出版社，1964，第 409 页。
② 《马克思恩格斯文集》第 10 卷，人民出版社，2009，第 7、10 页。

回归于人自身。……只有当现实的个人把抽象的公民复归于自身，并且作为个人，在自己的经验生活、自己的个体劳动、自己的个体关系中间，成为类存在物的时候，只有当人认识到自身'固有的力量'是社会力量，并把这种力量组织起来因而不再把社会力量以政治力量的形式同自身分离的时候，只有到了那个时候，人的解放才能完成。"① 在《〈黑格尔法哲学批判〉导言》中，马克思则认识到实现德国人的解放也即人的解放的可能性前提为"宣布人是人的最高本质"，且只有通过作为"头脑"的哲学和作为"心脏"的无产阶级的"联姻"，才有可能实现宗教解放、政治解放和人的解放，因为"哲学不消灭无产阶级，就不能成为现实；无产阶级不把哲学变成现实，就不可能消灭自身"。②

正是通过上述思想历练的过程，马克思认识到人的关系问题的答案就隐藏在政治经济学领域之中，认识到只有从"副本批判"推进到"原本批判"才能为自由找到真正出路。也正是历经了上述过程，马克思归纳出那个用以指导其今后研究工作的"总的结果"，也就是人们通常所说的"唯物史观的经典表述"："人们在自己生活的社会生产中发生一定的、必然的、不以他们的意志为转移的关系，即同他们的物质生产力的一定发展阶段相适合的生产关系……在资产阶级社会的胎胞里发展的生产力，同时又创造着解决这种对抗的物质条件。因此，人类社会的史前时期就以这种社会形态而告终。"③

这个"总的结果"作为马克思"原本批判"之重要作用，体现在如下几个方面。其一，基于"生产力→生产关系→市民社会→政治国家"的社会历史结构认识，马克思阐明了由于现实的个人之间交往活动所构成的整个社会的结构及其运动，因此，整个现代社会制度就处于一个联结的关系之中——这正是蒲鲁东没有看到的，其错误不在于用"贫困的哲学"进行政治经济学批判，而在于不了解处于联结关系中的现代社会制度。

其二，基于对现实的人们的生产力发展过程的描述，马克思指出，社

① 《马克思恩格斯文集》第1卷，人民出版社，2009，第46页。
② 《马克思恩格斯文集》第1卷，人民出版社，2009，第18页。
③ 《马克思恩格斯文集》第2卷，人民出版社，2009，第591~592页。

会形态更迭的动力不是某种外在于人的神秘力量，不是观念或普遍理性，而是现实的人的生产活动及交往形式，人们的社会历史始终只是他们的个体发展的历史。蒲鲁东的错误就在于把人类社会的历史解释为"普遍理性的自我表现"，作为社会的前提的个人只能置身社会和历史之外，成为"观念或永恒理性为了自身的发展而使用的工具"。①

其三，从生产力与生产关系的历史性和暂时性出发，马克思得出了"经济范畴只是社会生产关系的理论表现和历史的暂时的产物"这个结论，以此批判了蒲鲁东将经济范畴作为永恒观念推广到一切社会形式中的错误做法。

其四，以物质生活的矛盾即生产力与生产关系或财产关系的冲突必将导致社会变革为依据，马克思指出，构筑在阶级对立上的社会最终将导致激烈的矛盾，并在此基础上批评了蒲鲁东用他所臆想的经济范畴的二律背反取代物质生活的矛盾进而否定工人运动及政治革命的观点。

二 哲学、政治经济学和社会主义学说的再次整合

马克思正式进行"原本批判"时所做的首项工作，是系统地研究资产阶级政治经济学发展史，特别是从布阿吉尔贝尔到詹姆斯·穆勒的政治经济学的发展。仅从 MEGA2 第四部分第 2、3 卷就可以看出，马克思先后阅读、摘抄和详细研究了勒奈·勒瓦瑟尔、斯密、威廉·舒尔茨、弗里德里希·李斯特、亨利希·弗里德里希·奥西安德、萨伊、弗雷德里克·斯卡尔培克、色诺芬、李嘉图、詹姆斯·穆勒、约翰·雷姆赛·麦克库洛赫、德斯杜特·德·特拉西、吉约姆·普雷沃、恩格斯和比雷等人的 20 余部著作，最终写成了著名的《巴黎笔记》。在上述过程中，马克思曾签订了合同拟出版一部涉及政治经济学及其与法律、道德、政治、上层建筑的关系等内容的《政治和政治经济学批判》（两卷本），但由于后来迫切批判青年黑格尔派的需要，上述计划未能完成。

在《巴黎手稿》中，马克思从古典政治经济学的各个前提，如私有财

① 《马克思恩格斯文集》第 10 卷，人民出版社，2009，第 44 页。

产、劳动、资本、土地的相互分离，工资、资本、利润的相互分离以及分工、竞争、交换价值等概念出发，描述了资产阶级社会中工人及其劳动产品的异化这一经济事实，认清了古典政治经济学以私有财产为理论前提却没有说明这一前提的弊端。在此基础上，马克思得出了关于异化劳动的四个规定，即劳动者与劳动产品的异化、劳动者与劳动活动的异化、劳动者及其类本质的异化以及人与人关系的异化；探讨了异化的根源（私有财产）及其"积极扬弃"（共产主义运动），对当时的主要共产主义学说进行了批判。

此外，马克思在研究中还插入了对黑格尔哲学的分析，以试图超越黑格尔哲学，实现异化观的变革。以上种种迹象表明，马克思通过对政治经济学的研究，已经开始洞察到哲学、政治经济学和社会主义学说之间所具有的某种联系，并尝试将它们整合起来，而异化劳动则构成了这一整合的理论基础。在马克思看来，这种联系就在于：在德国体现为哲学思考的事物，在法国往往以政治语言的形式表达出来，而这种政治语言在英国古典政治经济学中以原则或原理的形式出现。正如他所说："平等不过是德国人所说的自我＝自我译成法国的形式即政治的形式。平等，作为共产主义的基础，是共产主义的政治的论据。这同德国人借助于把人理解为普遍的自我意识来论证共产主义，是一回事。不言而喻，异化的扬弃总是从作为统治力量的异化形式出发：在德国是自我意识；在法国是平等，因为这是政治；在英国是现实的、物质的、仅仅以自身来衡量自身的实际需要。"①要言之，相同的理论主旨（实现人的自由、平等）和社会现实条件（资产阶级社会中异化劳动的事实）为哲学、政治经济学和社会主义学说的整合提供了可能性。

由于马克思此时对整个资产阶级社会的认识还停留在劳动异化的现实上，没有彻底划清同青年黑格尔派哲学之间的界限，没有形成自己的哲学，也没有梳理清楚社会主义学说的发展脉络，因此，他对哲学、政治经济学和社会主义学说的整合还停留在初步尝试阶段。此后，马克思仍在坚

---

① 《马克思恩格斯文集》第 1 卷，人民出版社，2009，第 231 页。

持这一思路，并在《哲学的贫困》中以批判蒲鲁东的形式完成了唯物史观、政治经济学和社会主义学说的内在整合。

事实上，蒲鲁东的思想中存有这样一条清晰的主线，即"形而上学方法—政治经济学重组—社会主义学说（社会革命理论）"。这条主线是他在《贫困的哲学》中确立并延续下来的。①系列辩证法是政治经济学科学化的根本方法，整个社会的经济生活就是一个从分工到人口的"经济矛盾的体系"，只要实现了价值的构成，就能解决经济矛盾及作为其现实表现的社会贫困问题。②解决贫困问题是社会革命的真正使命，只有把包括分工、机器、竞争、所有权等在内的经济力量组织起来，才能实现构成价值和直接交换，才能完成劳动和财产方面的革命，进而推动整个社会的政治革命的完成。③只有资产阶级，而不是工人阶级和农民阶级，才是真正的革命者。后两者根本不具有政治能力，社会革命从根本上说就是资产阶级和无产阶级的和解。

马克思正是从形而上学方法、政治经济学和社会革命理论这三个方面，展开对《贫困的哲学》的批驳的，只不过囿于这一著作的批判性质，才按照蒲鲁东原书的顺序将批判构成价值论置于前面而已。较之在《巴黎手稿》中的那次整合，马克思此时已经形成了自己的哲学即唯物史观，这使他能够透视以现实的个人为前提的整个社会历史结构，认识到建立在阶级对抗上的社会经济事实和经济范畴的历史性，从而提出了作为被压迫阶级的无产阶级进行社会革命以便进一步建立消灭一切阶级和阶级对抗的"自由人的联合体"的必要性。

需要指出的是，马克思从完成《巴黎手稿》到开始写作《哲学的贫困》这段时期内的思想历练过程是不容忽视的。其中，在1845年3月写成的《评弗里德里希·李斯特的著作〈政治经济学的国民体系〉》中，马克思既吸取了李斯特的"生产力创造财富"这一合理思想，又批判了他将生产力神秘化、把精神视为历史发展的根本动力之一的错误。在马克思看来，生产力不是某种神秘力量，而是现实的、客观的物质力量，是人们在劳动过程中用以改造自然界的人力和物力的总和。在思考和探讨社会有机体中生产力和生产及两者的关系问题时，马克思还发现，存在于工业中的生产力与工业本身是两个完全不同的事物，谈论工业中的生产力问题既不能脱离工业所处的环境，又不能把资产阶级社会的现实的物质生产与自由人的社会劳动即理想的生产混为一谈。

与此同时，马克思还延续着对青年黑格尔派的批判工作，从而实现了哲学思想的根本性转变，其标志就是与同属于青年黑格尔派的费尔巴哈哲学彻底剥离。在1845年春所写的《关于费尔巴哈的提纲》中，马克思指出，在迄今为止的哲学史上，不论是"敌视人"、坚持"客观至上"原则的"纯粹"唯物主义或以"抽象的人"为研究对象的"直观"唯物主义，还是推崇理性的客观观念论或膨胀"自我"的主观观念论，都不能准确而科学地理解哲学的研究对象。只有把"人与世界的关系""实践的人和人的实践"作为哲学研究的中心，才能避免上述四种僵持于本原问题两极抽象对立的还原论哲学的片面性与极端性。只有在"实践"即围绕人与世界的关系展开的活动这个关节点上，才能破解"理性原则"和"自我意识"的谜团，才能形成科学的哲学知识，并实现哲学思维方式和哲学理论体系的根本性转变。具体而言，就是由把物质还原为意识或者把意识还原为物质的极度抽象思维模式向以实践为基础的辩证法——用恩格斯的话说是"唯一在最高程度上适合于自然观的……思维方法"①——转变；就是由静态的逻辑体系，即确立哲学原则、选择核心概念与判断、推导出结论，向不断随实践发展而改变自身形式的、动态的、更为开放的结构体系转变。

此外，马克思还深刻地揭示了哲学史之于哲学理论的独特意义，即它是理解现存哲学的重要环节、创立哲学理论的基本前提和锻造思维能力的重要途径，并重新将哲学家的社会职能定位为"改变世界"。在解决了费尔巴哈的这个重要难题之后，马克思接下来所做的就是对整个青年黑格尔派哲学，连同当时盛行的"真正的社会主义"思潮进行批判，进而详细阐述自己的哲学思想，其成果便是《德意志意识形态》。总之，通过上述思想历练过程，马克思不仅形成了自己的独特的哲学思想，而且在政治经济学和共产主义等问题的认识上也有了长足的进步，从而为马克思在《哲学

---

① 《马克思恩格斯文集》第9卷，人民出版社，2009，第471页。

的贫困》中实现哲学、政治经济学和社会主义理论的再次整合奠定了坚实的基础。

三　批判与建构所得出结论的具体运用

探讨《哲学的贫困》的思想史价值必然离不开唯物史观这一维度，这就意味着要涉及这一文本同《德意志意识形态》之间的关系。过去的研究普遍从整个马克思主义哲学史的角度论述《德意志意识形态》和《哲学的贫困》的理论地位，指出前者标志着以唯物史观为核心的新世界观的创立，后者则表明这个新世界观的公开问世。至于《哲学的贫困》在唯物史观形成过程中的地位，过往研究中对此有一个通行表述：它以批判蒲鲁东观念论经济学的方式，对马克思在《德意志意识形态》中所创立的唯物史观的基本概念和范畴有了确切的表达，从而对这一学说的基本原理予以完善，诸如对经济范畴的本质的科学揭示、对生产力和生产关系的原理的科学表述、关于历史发展的辩证法思想的阐述等。

客观而言，上述论点对认识作为理论体系的马克思主义哲学形成过程的意义是毋庸置疑的——众所周知，恩格斯将"人类历史发展规律"（即唯物史观）称作马克思一生中最重要的"两个发现"之一。[①] 然而，就一种思想体系而言，其展现形式应该是"鲜活"的，不应由只对基本概念或观点进行概括、推演来完成，对唯物史观的表述也应如此。对唯物史观研究的深化首先是要"回到马克思的文本序列中追溯其不同阶段的思想运演、具体阐发和论证逻辑，这是比原理性的表述更为'鲜活'的思想史佐证、评判依据和发展基础"。[②]

众所周知，马克思在《德意志意识形态》中对唯物史观的具体阐释是以批判青年黑格尔派和德国观念论者对社会和历史的理解的方式展开的。他们所理解的社会和历史不是用抽象思维来感知的神秘事物，而是可以用纯粹的经验方法来确认的具体现实。同样，社会和历史的前提也不是抽象

---

① 《马克思恩格斯文集》第 3 卷，人民出版社，2009，第 601 页。
② 聂锦芳：《批判与建构：〈德意志意识形态〉文本学研究》，人民出版社，2012，第 418 页。

的原理或教条，而是一些现实的个人及其生活与物质生活条件。如此一来，就应从人的本质出发来探究社会形态演进的动力和机制。在马克思看来，人的本质即他同动物的区别就在于能够生产自己的生活资料，从而间接地生产自身的物质生活。这是一个动态的过程。人们的生活资料的生产方式首先取决于既有的和需要再生产的生活资料本身的特性。与此同时，人们又是同自身活动和生活状态相联系着的。社会是由现实的个人所组成的，而生产和个人彼此之间的交往是互为前提的，因此，社会的结构和运动就在于个人生产范围的扩大和不同的个人生产之间的联结。同样，不同的社会形态的更迭即历史演进的动力，也不是某种外在于人的力量，而是生产力、分工和民族内部交往等现实因素。

当然，马克思在《哲学的贫困》中对他在《德意志意识形态》中所得出的结论作为思想的延续性运用至少还应包括以下方面。

第一，基于对分工所表征的同所有制发展相一致的历史过程、分工在"历史向世界历史的转变"过程与环节中的表现形式及作用的认识，批判了蒲鲁东将分工理解为永恒规律与一种单纯而抽象的范畴，用"分"字抹杀了不同历史时期的分工之间的质的差异的谬论。蒲鲁东的上述做法就意味着，在探究分工问题时，没有必要再研究每个时代中赋予分工以某种特定性质的诸多影响，只要首先好好研究"分"的含义即可。更为重要的是，蒲鲁东在谈论分工时竟然没有提到世界市场，而这是连普通的经济学家都会做的事情。事实上，市场大小及其面貌赋予各个不同时代的分工以不同面貌和性质，是很难单从一个"分"字或者观念与范畴中推论出来的。

第二，在阐释了分工所导致的四种主要后果——不平等分配和私有制、特殊利益与共同利益之间的矛盾、国家及其内部各阶级之间的斗争以及个体活动的与生命本质的"异化"——的基础上，驳斥了蒲鲁东用简单的范畴或观念来解释分工产生有害方面的原因、人为地制造出不同时代的分工之间的对立、将分工的后果臆想为损害劳动者的肉体和灵魂等做法。蒲鲁东的做法实质上是观念论至上，他在说明分工的害处时所列举的各种事实不仅是虚构的证据，而且在论述这些所谓事实的方法上也存有致命的错误。蒲鲁东试图表明一般分工即作为范畴的分工的害处，但他根本没有说清楚这个问题；他只是使用了一种比较的历史，人为地把一个历史时代的分工和另一个历史时代的分工对立起来。

第三，基于对作为资产阶级社会最显著的交往方式的竞争的理解，诠释了竞争的历史性及其对资本主义生产关系的破坏性作用，否定了蒲鲁东对竞争所做的"好的方面"和"坏的方面"这样的简单划分。

第四，通过分析社会主义的"哲学论证"问题、确证共产主义的本质及作用、探究社会主义史的理解与叙述、厘清共产主义与人本主义之间的关系等，直接将蒲鲁东在共产主义问题上的认识归结为不值得进行认真研究的"搜索枯肠制定的理论"。①

四　"有决定意义的论点"的首次科学概述

"在我们当时从这方面或那方面向公众表达我们见解的各种著作中，我只提出恩格斯与我合著的《共产党宣言》和我自己发表的《关于自由贸易的演说》。我们见解中有决定意义的论点，在我的 1847 年出版的为反对蒲鲁东而写的著作《哲学的贫困》中第一次作了科学的、虽然只是论战性的概述。"②

这是过往研究中耳熟能详的一段话，研究者们普遍把"有决定意义的论点"解释为马克思所说的"总的结果"即唯物史观的经典表述。这种解释是毋庸置疑的，可问题在于"有决定意义的论点"在《哲学的贫困》中具体体现在何处。结合该处上下文可以看出，马克思提到的"我们见解"的代表性文本是《共产党宣言》和《关于自由贸易的演说》，那么作为"我们见解中有决定意义的论点"的概述的《哲学的贫困》显然同这两个文本密切相连。此外，《哲学的贫困》1885 年德文第 1 版将《关于自由贸易的演说》作为附录收入其中，也说明了这一点。这样就意味着"有决定意义的论点"应当与《共产党宣言》和《关于自由贸易的演说》的基本思想是一致的。

从内容来看，《共产党宣言》论述的是作为被剥削阶级的无产阶级采

---

① 《马克思恩格斯文集》第 1 卷，人民出版社，2009，第 638 页。
② 《马克思恩格斯文集》第 2 卷，人民出版社，2009，第 593 页。

取革命的形式实现自我解放的必要性和紧迫性，其基本思想是："每一历史时代的经济生产以及必然由此产生的社会结构，是该时代政治的和精神的历史的基础；因此（从原始土地公有制解体以来）全部历史都是阶级斗争的历史，即社会发展各个阶段上被剥削阶级和剥削阶级之间、被统治阶级和统治阶级之间斗争的历史；而这个斗争现在已经达到这样一个阶段，即被剥削被压迫的阶级（无产阶级），如果不同时使整个社会永远摆脱剥削、压迫和阶级斗争，就不再能使自己从剥削它压迫它的那个阶级（资产阶级）下解放出来。"① 而马克思在《关于自由贸易的演说》中则通过揭露包林博士自由贸易演说的伪善性，得出了自由贸易在以资本自由的形式榨取工人最后脂膏的同时还加速了社会革命这个结论。相应的，《哲学的贫困》对此第一次所作的"科学的、虽然只是论战性的概述"就是指该书第二章"罢工和工人同盟"这部分内容，即批判蒲鲁东关于工人运动无效性的论断，进而阐述资产阶级社会的暂时性，劳动者结成同盟并进行社会革命实现自我解放的必要性。要言之，"有决定意义的论点"不只是指马克思从方法论上解决了政治经济学的历史性视域问题，而且是指论证了无产阶级社会革命的现实意义。

在以阶级对抗为基础的社会中，无论它表现为何种制度形式，被压迫阶级的存在就是这个社会的必要条件，因此，被压迫阶级的解放必然意味着新社会的建立。马克思指出，被压迫阶级解放自身就必须使既得的生产力和现存的生产关系不再能够继续并存，换句话说，在保存既得生产力的同时，消灭与之不适应的现存生产关系。劳动阶级在旧社会崩溃之后成为新政权的统治阶级并不意味着他们已经得到了解放，因为有统治阶级就意味着有被压迫阶级，这种新的政权迟早会被新的被压迫阶级推翻。劳动者解放的条件就是要消灭一切阶级，创造出一个消除阶级和阶级对抗的联合体来代替旧的市民社会。原来意义上的政权自此也不会存在了，因为政权正是市民社会内部阶级对抗的正式表现。当然，在没有阶级与阶级对抗的联合体建立之前，无产阶级和资产阶级之间的对抗仍然是阶级反对阶级的

---

① 《马克思恩格斯文集》第 2 卷，人民出版社，2009，第 9 页。

斗争，这个斗争的最高表现就是全面革命，这种政治运动就是一种与社会相适应的运动。从这个角度来说，任何试图调和资产阶级和无产阶级、否定无产阶级斗争的合法性与社会性的说法（包括蒲鲁东主义在内），都绝对是错误的。

针对蒲鲁东的"经济矛盾的体系"、经济革命优于政治革命的观点，马克思强调，构筑在阶级对立上面的社会最终将导致激烈的矛盾和人与人的斗争，这种矛盾不是某种观念或经济范畴自身二律背反在现实中的表现，而是现实的产物；产生这种矛盾的根源是极为简单和明显的，就是存在阶级和阶级对抗的社会现实，根本用不着在矛盾的问题上大做文章。只有在不存在阶级和阶级斗争的情况下，社会进化才将不再是政治革命。而这之前，在每次社会全盘改造的前夜，必然会是革命与斗争。需要指出的是，马克思在此主张暴力的政治革命主要是针对蒲鲁东而言的彻底性，也就是有针对性的暴力革命，而不是始终主张暴力革命。这就解释了马克思缘何在 1848 ~ 1852 年关于政治革命的文献中时而主张暴力革命、时而主张和平过渡的原因所在。

五 "《资本论》中阐发的理论的萌芽"

"卡尔·马克思的《哲学的贫困》是在 1847 年，即在蒲鲁东的《经济矛盾》（副标题为《贫困的哲学》）一书出版后不久问世的。我们决定重新发表《哲学的贫困》（初版已售完），是因为该书包含了经过 20 年的研究之后，在《资本论》中阐发的理论的萌芽。所以，阅读《哲学的贫困》以及马克思和恩格斯于 1848 年发表的《共产党宣言》，可以作为研究《资本论》和现代其他社会主义者的著作的入门。"[1]

以上这段提纲挈领式的话，直接表明了《哲学的贫困》与《资本论》及其手稿之间的密切联系。本书在此以这段话为依据，展开对这两部文本之间关系的阐释。

首先，从政治经济学研究的方法来看，主要体现在以下两个方面。

---

[1] 《马克思恩格斯全集》第 25 卷，人民出版社，2001，第 425 页。

其一，马克思批判蒲鲁东的政治经济学的形而上学方法时所得出的基本结论，如"历史的真正出发点是现实的个人""逻辑范畴无法再现社会现实的真实进程""经济范畴只是社会生产关系的理论表现"等，直接被延续到《资本论》及其手稿中，并最终形成了以现实的个人及其在一定社会关系中进行的物质生产为出发点、逻辑和历史相结合的政治经济学批判方法。

其二，马克思通过批判蒲鲁东的系列辩证法这一"冒牌的黑格尔词句"① 开始对黑格尔辩证法进行反思，认识到黑格尔辩证法作为认识世界而不是改造世界的方法的合理性所在，并最终汲取了这部分合理因素，使其在进一步"加工"政治经济学材料时受益颇丰。正如马克思所说："因为辩证法在对现存事物的肯定的理解中同时包含对现存事物的否定的理解，即对现存事物的必然灭亡的理解；辩证法对每一种既成的形式都是从不断的运动中，因而也是从它的暂时性方面去理解；辩证法不崇拜任何东西，按其本质来说，它是批判的和革命的。"②

其次，就政治经济学研究的内容即对整个资产阶级社会的生产关系及作为其理论表现的经济范畴而言，《资本论》及其手稿与《哲学的贫困》之间的延续性关系主要有以下几点。

其一，对蒲鲁东"只能用产品来购买产品"的构想，"凡劳动必有剩余"的定理，"工人无法买回其劳动产品"、劳动力价值同工资的关系等论述的持续批判。例如，马克思在《资本论》中讨论商品的价值形式的两极，即相对价值形式和等价形式之间的对立的第三种形式时，延续了《哲学的贫困》中对蒲鲁东"只能用产品来购买产品"的构想的批判，再次指明小资产阶级的社会主义的实质；在《资本论》的手稿《直接生产过程的结果》中，马克思在论述劳动的剩余作为资本家剩余价值的来源时，在正文的注中摘录、批判了蒲鲁东在《贫困的哲学》中关于"凡劳动必有剩余"的论述；马克思在《资本论》中论述"生产力本身必然是集体力"

---

① 《马克思恩格斯文集》第 1 卷，人民出版社，2009，第 598 页。
② 《马克思恩格斯文集》第 5 卷，人民出版社，2009，第 22 页。

时，指出了资本家占有"结合劳动的集合力"是符合价值规律的，进而批判了蒲鲁东将"工人无法买回其劳动产品"归因于资本家无偿占有工人集体劳动力的成果，阐明这一错误做法未能区分资本和劳动的两个交换过程；在《资本论》的"劳动力价值或价格转化为工资"章中，马克思延续了他在《哲学的贫困》中对蒲鲁东将劳动价值视为一种隐喻说法的批判；等等。

其二，《哲学的贫困》中关于分工、机器、竞争、垄断等经济现象或范畴的分析，奠定了《资本论》及其手稿中探讨这些问题的基本论证框架。马克思在批判蒲鲁东的机器观时所阐发的微言大义，特别是"分工和工场手工业→机器和大工业"的基本论述框架，被他置于《资本论》的"相对剩余价值的生产"一章中。这一点从《资本论》第一卷第四篇的纲目中就可见一斑：第十章，相对剩余价值的概念；第十一章，协作；第十二章，分工和工场手工业；第十三章，机器和大工业。正是在这个意义上，马克思后来才说《哲学的贫困》是《资本论》的萌芽。

最后，就政治经济学研究的现实旨归即社会变革的方式来说，《哲学的贫困》与《资本论》及其手稿是相承接的。

在《哲学的贫困》中，马克思论述的现实落脚点在于工人阶级结盟和社会革命的必要性，进而为建立消灭一切阶级和阶级对抗的"自由人的联合体"奠定现实基础。在他看来，"在一切生产工具中，最强大的一种生产力是革命阶级本身。革命因素之组成为阶级，是以旧社会的怀抱中所能产生的全部生产力的存在为前提的"。① 而在《资本论》及其手稿中，马克思不仅反复提及"自由人的联合体"，而且在揭示"现代社会的经济运动规律"之后，简要地描绘了"经济范畴的人格化"即"一定的阶级和利益的承担者"的面貌。他认为："首先要解答的一个问题是：是什么形成阶级？这个问题自然会由另外一个问题的解答而得到解答：是什么使雇佣工人、资本家、土地所有者成为社会三大阶级的成员？"② 尽管《资本论》的

① 《马克思恩格斯文集》第1卷，人民出版社，2009，第655页。
② 《马克思恩格斯文集》第7卷，人民出版社，2009，第1002页。

手稿至此中断，但还是能够根据马克思一贯的论证方式推断出他接下来阐述的内容很大程度上是，在揭示资产阶级社会中三大阶级产生的条件之后，指出这些条件本身必然蕴含着由雇佣工人等组成的无产阶级消灭它们的因素，同时也决定着消灭这些条件、实现无产阶级自我解放的必经途径就在于社会革命。

此外，马克思在《哲学的贫困》中论述的其他诸如社会有机体之类的思想内容，在《资本论》及其手稿中也得以延续。在马克思看来，所谓社会，就是现实的个人之间的交互活动的产物，它是由人们在社会生产中所形成的基本关系及由此衍生的一切关系所构成的，其形式并不能为人们自由地选择。现实的社会囊括了社会生活的各个领域及其相互联系所形成的序列、个体与共同体及其相互关系、作为社会主体内容的现实的个人同作为社会客体形式的社会生活领域序列之间的联系及形式和中介等。所谓有机体就是上述一切关系"同时存在而又互相依存"的有机统一的系统。由于生产力对社会发展具有决定性作用，而它又是不断变化发展的，所以社会有机体是一个动态系统，只有在社会动态发展的过程中才能把握其特质。这就是马克思后来在《资本论》及其手稿中所说的"现在的社会不是坚实的结晶体，而是一个能够变化并且经常处于变化过程中的有机体"①的意指所在。

综上所述，《哲学的贫困》确实在马克思的思想进程中起着承上启下的作用，尽管在内容形式上有所差异，但是"《莱茵报》—《德法年鉴》时期"的著作、《巴黎手稿》、《德意志意识形态》所奠定的思想基础，以及《共产党宣言》、《资本论》及其手稿中的新探索，都与《哲学的贫困》在思想内容上是一脉相承的。离开了《哲学的贫困》，就无法理解马克思在整合唯物史观、政治经济学和社会主义学说的过程中所实现的思想变革的意义，更无法说明马克思以后思想发展的来源与出处。

---

① 《马克思恩格斯文集》第5卷，人民出版社，2009，第10~13页。

第十四章　同时代思想图景中的《哲学的贫困》

评判《哲学的贫困》的思想史价值意义理应将其置于同时代的思想图景之中。同斯密、黑格尔和蒲鲁东等同时代的思想家一样，[①] 马克思创作《哲学的贫困》也是以实现人的自由全面发展为理论宗旨，力图完成哲学与政治经济学的内在整合。但在哲学和政治经济学之间关系的认识、资产阶级社会及其经济生活的理解、社会未来发展图景与实现途径的展望等方面，马克思不仅给出了与上述三位思想家根本不同的答案，而且还深入批判了他们的论点，以彰显他在这一时期所实现的思想变革的独特价值。

一　哲学和政治经济学之间的内在关系

自政治经济学作为一门新兴学科诞生之日起，它与哲学之间的关系，以及如何将两者内在地整合起来，就成为思想家们讨论的核心问题之一。斯密、黑格尔、蒲鲁东和马克思对此有着本质不同却又存在某种关联的理解，这足以成为理解《哲学的贫困》思想史价值的关键。

[①] 之所以选择上述三人，主要是因为：其一，《哲学的贫困》的思想主旨是以批判蒲鲁东的方式实现唯物史观、政治经济学和社会主义学说的整合，而上述三人在其各自研究领域内的造诣有着其他人不可比拟的地方——斯密是整个英国古典政治经济学体系的创立者；黑格尔作为德国古典哲学的集大成者，其对近代市民社会的"经济学—哲学"分析颇具开创性；蒲鲁东则试图整合思辨哲学、政治经济学和社会主义学说，更是马克思在《哲学的贫困》中直接的批判对象。其二，他们分别历经资产阶级社会发展的不同时期，体现着不同民族国家的思维方式对哲学、政治经济学研究及其相关问题的不同思考。

（一）斯密：政治经济学从属于道德哲学

斯密认为，市民社会是摆脱封建社会桎梏、追求自由幸福的商业社会，其时代主题是为个体制定新的道德规范与行为准则。道德是社会全体成员为了更好地生存所形成的且应当遵守的基本行为准则，道德哲学相应的就是从最高层面上探讨道德问题的学问。在市民社会中，任何个体都只有依附于社会共同体才能生存下去。所以，一切与社会机构及其运行机制有关的研究都应被纳入道德哲学的范围。由之，政治经济学，即包括关于人们为维持生存而进行的生产（生活）资料的生产、分配及流通等经济活动的研究，保障上述经济活动的教育、法律、治安和国防等的研究，以及维持上述全部活动所需费用问题（财政、税收和公债等）的研究，均属于道德哲学的范围。为此，斯密在写作《国民财富的性质和原因的研究》（以下简称为《国富论》）时先后五次修订再版《道德情操论》，直至其晚年仍在尝试建构囊括政治经济学、法学和伦理学等在内的道德哲学体系。①

在此基础上，斯密运用自然科学中的经验论唯物主义方法进行政治经济学研究，以阐明资产阶级社会中实际存在事物的本质与发展过程。斯密认识到物质生产作为人类社会存在前提的基础性意义，并使之成为古典政治经济学的唯物主义前提。作为物质生产基本范畴的劳动与需要——前者是一切所需用品的来源，后者则是他人劳动的支配因素②——自然构成了斯密政治经济学研究的主要内容，他以工场手工业中的具体劳动为研究对象，将一般劳动直接规定为价值的本质和财富的源泉。上述做法虽然昭示出斯密对资产阶级社会的深刻理解，但将工场手工业中的具体劳动直接提升为一般劳动并推广到一切社会形式中的论证却是一种谬误。随之而来的后果是：构筑在劳动和需要基础上的资产阶级社会中的其他经济范畴，如分工、竞争、垄断等，也被永恒化并被推广到资产阶级社会之前的一切社会形式中。这无疑会遭到马克思的强烈驳斥，他在《哲学的贫困》中明确

① 〔英〕斯密：《道德情操论》，蒋自强等译，商务印书馆，1997，第1页。
② 〔英〕斯密：《国民财富的性质和原因的研究》上卷，郭大力、王亚南译，商务印书馆，2012，第1、26页。

将经济范畴视为社会生产关系的理论表现和历史的暂时的产物。蒲鲁东在对经济范畴的理解方面犯了与斯密同样的错误。这就意味着，马克思在《哲学的贫困》中批判蒲鲁东的同时，实际上也暗含对斯密所代表的古典政治经济学的批判。[①]

（二）黑格尔：哲学与政治经济学的内在合一

与斯密将政治经济学归入道德哲学体系不同，黑格尔将哲学与政治经济学视为各自独立但内在合一的事物。相较于斯密单方面强调道德作用且带有功利性的思维方式，黑格尔的思维方式具有强大的历史感，不论其表现形式是多么抽象和观念化，其思想发展总是与世界历史的发展相平行，尽管后者只是前者的验证。这种思维方式使黑格尔的思考深入资产阶级社会的内在结构中，在形成对古典政治经济学独特见解的基础上揭示了市民社会、需要和劳动的哲学内涵。在黑格尔看来，市民社会是在"需要的体系"，特别是市场经济建立之后才形成的。在市场经济尚未得到充分发展之前，人们无法准确地抽象出市民社会的概念及其内涵。同样，在政治经济学尚未得到充分发展的情况下，黑格尔之前的西方近代契约论思想家也无法将市民社会和政治国家加以区分。正是基于对市民社会同市场经济之间关系的上述认识，黑格尔才将市民社会划分为三个环节，即需要的体系、保护所有权的司法体系和将上述两个体系的特殊利益提升为共同利益的警察与同业公会体系。

从本质上说，黑格尔所讨论的"需要"是人的主观意志的产物，是最初"被规定为跟意志的普遍物相对抗的东西"。[②] 在市民社会中，这种需要不再仅仅是斯密所说的自然意义上的物质需要，而是"特异化了的需要"，

[①]　马克思在写作《哲学的贫困》时期及之前并未专门论及斯密将政治经济学纳入道德哲学体系中的做法，所以，本书在此将这一问题搁置讨论。事实上，马克思在创作《巴黎手稿》时期曾计划先写不同的小册子来分别批判法、道德和政治等，再整体说明和它们之间的联系。但他随后认识到，在还没有对包括资产阶级社会在内的各种社会的基础——生产关系——作出科学的分析以前，是不可能对法、道德、政治和上层建筑等其他范畴进行独立科学考察的。所以，上述写作计划并未实现。

[②]　〔德〕黑格尔：《法哲学原理》，范扬、张企泰译，商务印书馆，2009，第204页。

即市场上的需要，它必须通过外在物和劳动这两种方式才能让其从主观性达到客观性。劳动分工的发展既会使需要的满足方式趋向特殊化，又会创造出新的需要。此时的劳动不再是自然经济意义上的劳动，而是市场经济意义上的劳动。劳动所生产出来的是他人的需要物，而不是劳动者自身的需要物。于是，市场交换成为需要被满足的必不可少的环节，劳动分工和市场交换就成为整个"需要的体系"的基础——这正是政治经济学的基本内容，它是"从上述需要和劳动的观点出发、然后按照群众关系和群众运动的质和量的规定性以及它们的复杂性来阐明这些关系和运动的一门科学"。① 正是在这个意义上，马克思才说："黑格尔是站在现代国民经济学家的立场上的。"② 不仅如此，黑格尔还将市民社会中的上述"需要"和"劳动"规定为人的自我确定的本质，以及实现人的解放及自由所不可或缺的重要环节。真正的自我意识不仅要靠自我本身的承认，而且要靠同样具有欲望的他者的承认。例如，奴隶最初没有真正的自我意识，他所具有的只是内化了的主人的意识。正是通过劳动过程，奴隶才获得了真正的自我意识。

黑格尔的上述论证虽然带有强烈的观念论色彩，但也不乏历史感和现实感，特别是其阐述了市民社会中劳动的积极的方面，这一思想贡献是值得肯定的。马克思在创作《巴黎手稿》时正是在这一点上对黑格尔给予了正面肯定。③ 然而，这种做法的观念论特质，特别是"将资产阶级社会经济生活的一切事物都抽象为逻辑范畴，把现实的运动转化为抽象形态的运动"的观点，必然会受到马克思的激烈批判。马克思正是在《哲学的贫困》中展开了对黑格尔观念论特质的批判，他揭示了逻辑范畴和绝对方法的生成过程及实质，指出其弊端在于把一切事物都抽象为逻辑范畴这一极

---

① 〔德〕黑格尔：《法哲学原理》，范扬、张企泰译，商务印书馆，2009，第204页。

② 《马克思恩格斯文集》第1卷，人民出版社，2009，第205页。

③ "黑格尔的《现象学》及其最后成果——辩证法，作为推动原则和创造原则的否定性——的伟大之处首先在于，黑格尔把人的自我产生看做一个过程，把对象化看做非对象化，看做外化和这种外化的扬弃；可见，他抓住了劳动的本质，把对象性的人、现实的因而是真正的人理解为人自己的劳动的结果。"（《马克思恩格斯文集》第1卷，人民出版社，2009，第205页）

端倾向，由此导致与事物的现实形式越离越远，并最终完全脱离了事物的现实运动。

（三）蒲鲁东：构建"在行动中的形而上学"即社会经济学

蒲鲁东对政治经济学的批判，要稍早于马克思。他从一开始就认识到了古典政治经济学的缺陷，即没有对作为其理论前提的所有权和私有财产作任何进一步的考察，而是把它们视为不言自明的事实。在蒲鲁东看来，政治经济学只是关于所有权的法典或惯例的集成，而后者本身是自相矛盾的，具体表现在它以正义、平等为基本原则却又导致了现实的不平等即贫困问题。基于这种认识，蒲鲁东最初主张用一种真实的、科学的分析方法来批判所有权，以得到一种应用于政治经济学上的形而上学规律或公式，并用这个规律或公式进行政治经济学批判，进而完成对历史哲学和人类进程的研究。

随着蒲鲁东模仿黑格尔辩证法和孔德实证主义理论发明了"系列辩证法"，他对哲学与经济学的关系又有了新的认识：在将政治经济学继续作为自相矛盾的非科学理论的同时，肯定了社会经济学本身具有的现实性、进步性和绝对确实性。蒲鲁东承认普遍理性或上帝对人类社会有着决定性作用，"社会天才"通过普遍理性创世或曰上帝创造万物，无非就是理性的各种规律外化为现实，而人类则通过劳动延续着这项"事业"。所以，作为人类劳动产物的社会经济学是一种关于理性或观念的理论，"是形而上学的一种客观形式和具体体现，是在行动中的形而上学，是以不断流逝的时间为背景的形而上学"；[①] 它先是以逻辑学的形式出现，其后又以心理学的形式出现。"实现全人类的福利（精神自由和物质财富）"这个共同目的，促成了社会经济学和哲学的结合。社会经济学中对财富生产与财富分配的各种规律的确定本身，"就是通过客观而具体的论述来揭示理性与自由的各种规律，就是事后由果及因地创立哲学与法学"。[②]

---

① 〔法〕蒲鲁东：《贫困的哲学》上卷，余叔通、王雪华译，商务印书馆，2010，第 44 页。
② 〔法〕蒲鲁东：《贫困的哲学》上卷，余叔通、王雪华译，商务印书馆，2010，第 172 页。

按照蒲鲁东的理解，构建社会经济学离不开政治经济学，两者在本质上并没有区别，都以阐明价值规律为目的，不同之处则在于是否将这个规律付诸实现。然而，政治经济学有着明显的缺陷，它承认一切既成事实的合理性，把社会贫富差距的极度扩大化视为一个有组织的、休戚与共的社会中的合理现象，将社会分裂为贵族与无产阶级的情况肯定为社会的终极状态。政治经济学的上述弊端并不意味着作为其对立面的社会主义学说是合理的，尽管后者试图以联合原则取代所有权原则进而彻底改造社会，但它实质上还是"乌托邦"，除了不断地对社会进行批判与嘲讽之外，毫无切合实际的主张。政治经济学和社会主义学说虽然是对立的，但它们从根本上说都以实现人类的自由、安定和幸福为目的，这为它们的"综合"提供了前提。社会经济学正是政治经济学和社会主义学说的"合题"，其最终完成离不开用形而上学方法来探索社会发展的永恒规律，"重新研究事实，研究经济惯例，找出它们的精神所在，阐明它们的哲理"。[1] 在完成社会经济学建构的同时，蒲鲁东实际上也阐述了他自己的社会主义学说，他主张将社会产品的比例关系和产品直接交换付诸实现，用重组社会财富的构成，而不是暴力革命的方式来完成社会的变革。这样，蒲鲁东用自己的方式将形而上学、政治经济学和社会主义学说结合了起来。

（四）马克思：唯物史观、政治经济学与社会主义学说的内在整合

马克思在政治经济学批判初期就已经认识到相同的理论宗旨和社会现实背景奠定了哲学、政治经济学和社会主义学说之间内在整合的可能性，并对蒲鲁东早期的所有权批判理论持肯定态度，认为这种批判性考察第一次使政治经济学有可能成为一门真正的科学。[2] 与此同时，马克思看到了蒲鲁东用形而上学方法批判政治经济学的缺陷，提醒他应当从这种内在整

---

① 〔法〕蒲鲁东：《贫困的哲学》上卷，余叔通、王雪华译，商务印书馆，2010，第124页。
② 《马克思恩格斯文集》第1卷，人民出版社，2009，第256页。

合的可能性出发来加以批判和承认。① 在全面批判蒲鲁东之前，马克思就曾尝试对哲学、政治经济学和社会主义学说进行整合。他在《巴黎手稿》中围绕"异化劳动"这条思想主线，有逻辑地依次阐述了现实中的异化（"异化劳动论"）、异化在社会关系中的表现（"社会关系异化论"）、异化的根源（私有财产问题）、异化的"积极扬弃"（共产主义运动）和超越黑格尔哲学（异化观的变革）。

此后的思想历练使马克思形成了新的哲学观和历史观，开始从现实的个人出发来把握社会和历史，揭示整个社会历史发展的结构，透视作为政治经济学研究对象的经济范畴的本质所在。他认识到构筑在阶级对抗上的资产阶级社会对人的个性和自由的束缚，提出经由无产阶级革命的环节来实现消灭阶级对抗、实现人的全面自由发展的"自由人的联合体"的主张。最终，马克思得以在《哲学的贫困》中通过批判蒲鲁东的方式实现了唯物史观、政治经济学和社会主义学说的内在整合。这种整合方式，是从唯物史观中的历史性视角来透视资产阶级社会中的经济范畴及其同整个社会生产关系之间的关联，从而批判了斯密和蒲鲁东将经济范畴永恒化并推广到一切社会形式中的错误；是在强调社会物质生产活动的基础性作用的同时将其还原为现实的人之间的交互活动，从而克服了斯密用一般劳动消解特定的生产关系、将交换和需求的关系视为一切社会的规定、无法触及资本主义生产下的剥削关系等局限性，彻底驳倒了蒲鲁东以交换的平等特性为理论前提、在实践中用产品直接交换来消除资本家阶级对工人阶级的剥削的谬误；是以现实的个人为前提来把握社会和历史，从而超越了黑格尔把一切人和事物都抽象为逻辑范畴、把现实的运动变成运动的抽象等做法。

①　蒲鲁东在写作《贫困的哲学》时期接受了马克思的这种批评，不过，尽管他注意到了马克思所说的这种整合的可能性，却提出了与马克思截然不同的路径。正如他在给马克思的回信中所说："通过经济的组合把原先由于另一种经济组合而逸出社会的那些财富归还给社会。换句话说，在政治经济学中使财产的理论转过来反对财产，以便产生您们——德国社会主义者们称之为共产主义而我目下只称之为自由、平等的那种东西。我想，我懂得在短期内解决这一问题的办法。据我看来，用文火把私产烧掉总比对它施加新的力量实行大屠杀要好些。"（转引自〔苏〕卢森贝《政治经济学史》第 3 卷，郭从周、北京编译社译，生活·读书·新知三联书店，1960，第 219 页）

虽然马克思和蒲鲁东几乎同时完成了哲学、政治经济学和社会主义学说的整合，但结果却大相径庭。蒲鲁东试图模仿黑格尔辩证法来创立自己独特的哲学，却把历史辩证法简化为善恶辩证法，把原本用于认识世界的工具变成了改造世界的手段。蒲鲁东不懂得社会矛盾的现实性，反而将其理解为理性之中的矛盾，并想通过范畴的运动而不是现实的运动来消除社会矛盾。蒲鲁东缺乏黑格尔所具有的强大历史感，他同政治经济学家一样，把经济范畴当作永恒的规律而不是历史的规律，从而陷入思辨哲学的幻想之中。蒲鲁东试图构建一种社会经济学，但他只是用黑格尔的"矛盾"作为阐发手段，将经济范畴重新排列了一下次序而已。在这一点上，蒲鲁东又远不如政治经济学家，因为后者的研究材料毕竟是现实的生活。

在讨论蒲鲁东所自鸣得意的方法时，马克思甚至不屑于直接批判它。黑格尔的方法本身就有将一切事物最终抽象为逻辑范畴的极端倾向，只要揭示出黑格尔方法中绝对抽象化的实质及错误，那么，"冒牌的黑格尔词句"[1] 就会不攻自破了。[2] 蒲鲁东反对当时一切形式的社会主义，试图将政治经济学和社会主义各自"好的方面"综合成为一个合题，殊不知政治经济学和社会主义在各自的领域内尚且无法达成统一，领域之间的"合成"就更无从谈起了。正是在上述意义上，马克思才在"做这件不讨好的工作时常常不得不放下对蒲鲁东先生的批判，而去批判德国的哲学，同时还要对政治经济学作某些评论"。[3]

二 资产阶级社会及其经济生活的观照

在上述思想家们对哲学与政治经济学之间关系的不同认识背后，折射

---

① 《马克思恩格斯文集》第1卷，人民出版社，2009，第598页。

② 关于这种批判方法，马克思早在《德意志意识形态》中就已作过类似的论述："蒲鲁东的'论人类秩序的建立'这一著作中包含的最重要的东西是他的 dialectique sérielle［系列辩证法］，即试图提供一种思维方法，这种方法将以思维的过程来代替各个单独的思想。蒲鲁东从法国人的观点出发，寻求实际上和黑格尔所提出的辩证法相似的辩证法。因此，同黑格尔的密切关系在这里是实在的，而不是幻想的类似。所以，对于已经批评过黑格尔辩证法的人来说，要批评蒲鲁东的辩证法是不难的。"（《马克思恩格斯全集》第3卷，人民出版社，1960，第627页）

③ 《马克思恩格斯全集》第4卷，人民出版社，1958，第75页。

出他们各自对资产阶级社会的不同理解和态度。同斯密、黑格尔和蒲鲁东相比，马克思在创作《哲学的贫困》时期对资产阶级社会及其经济生活的理解更为深刻。消灭资产阶级私有制与阶级对抗，始终贯穿马克思研究的始末。

（一）斯密：资产阶级社会的生产、交换和分配的过程是天然的和道德的

斯密生活的时代正值资产阶级社会初期，随着产业革命的开展，资本主义生产方式得到了极大的发展，整个社会物质财富急剧增长。为此，论证资本主义生产方式的合理性及其发展规律，成为时代赋予斯密的课题。在他看来，劳动是创造社会物质财富的源泉，分工则是劳动生产力增进的原因。由于分工是由人类天然的交换倾向产生的，因此，在分工前提下的社会财富分配也就是一个"自然而然地"分配给社会各阶级的过程："分工一经确立……一切人都要依靠交换而生活，或者说，在一定程度上，一切人都成为商人，而社会本身，严格地说，也成为商业社会。"[1]

任何社会中的商品的价格或交换价值归根结底都分解为工资、地租和利润这三个部分或其中之一；相应的，社会财富自然就被分配到工人阶级、地主阶级和资本家阶级手中。斯密由此进一步指出，资产阶级社会的生产、分配和交换是一个天然的过程。对于斯密的上述观点，马克思在《哲学的贫困》中有着深入的分析："经济学家所以说现存的关系（资产阶级生产关系）是天然的，是想以此说明，这些关系正是使生产财富和发展生产力得以按照自然规律进行的那些关系。因此，这些关系是不受时间影响的自然规律。这是应当永远支配社会的永恒规律。"[2] 另外，为了保障社会财富的有序生产、交换和分配，政府和社会的干预必不可少。对此，斯密主张"自然协调论"，在《国富论》中随处可见对上述两者之间协调互

---

[1] 〔英〕斯密：《国民财富的性质和原因的研究》上卷，郭大力、王亚南译，商务印书馆，2012，第20页。

[2] 《马克思恩格斯文集》第1卷，人民出版社，2009，第612页。

补关系的论述。

不仅如此，斯密还主张资本主义生产方式下财富与道德的统一。他并不否认每一个体在资本主义生产方式下采取自我利益最大化的行为（即黑格尔所说的"利己心"），而是肯定它在促进社会财富增长方面所起到的作用。斯密的论证逻辑是：如果每一个体都从利己的本性出发而采取经济行为，那么人们在市场的调节作用下最终会将资本投入收益最高的部门和行业；这不仅使整个社会的资源和生产要素得到最合理的配置，从而使每个人都取得尽可能最大化的收益，还使社会总体福利得到最大限度的增长。斯密认为，由于人的本性、理性和道德具有内在一致性，即人的理性会带来人的行为的合宜性，道德正是源自于此；因此，个体在经济活动中按照利己的本性表现出对利益的追求，这是理性所指导的合宜的经济行为，故该行为也具有道德性。总之，个体追求利益最大化的行为体现道德和财富的统一。

（二）黑格尔：资产阶级社会不是真正的伦理上的自由阶段

黑格尔对资产阶级社会的态度经历了一个从否定到肯定的变化。青年时期的黑格尔十分推崇以伦理和整体为特征的古希腊城邦制，他将基督教以后的社会形式（包括资产阶级社会在内）视为文明的衰落和自由的沦丧。随着政治经济学进入黑格尔的研究视野，他开始意识到资产阶级社会的历史必然性，并把如何实现共同体与个体的自由作为研究主题。此时，古希腊城邦在黑格尔看来也不再是个体和共同体自由的实现，而是尚未建立在自为的普遍理性之上的不完全自由。

虽然黑格尔认为构筑在需要和劳动基础之上的市民社会有助于实现人的解放和自由，但它还不能达到伦理精神上的自由，其原因在于：第一，劳动在抽象化过程中所产生的分工，虽然能提高个体劳动的生产量，加深个体之间在满足其他需要方面的依赖性和相互关系，但它也"使劳动越来越机械化，到了最后人就可以走开，而让机器来代替他"①；第二，市民社

---

① 〔德〕黑格尔：《法哲学原理》，范扬、张企泰译，商务印书馆，2009，第210页。

会中的利己心在实现作为"一切人相互依赖全面交织中所含有的必然性"的普遍而持久的财富的同时，还产生了个体之间财富和技能的不平等这一必然后果（这正是黑格尔与斯密不同的地方），致使它最多只能产生特殊利益群体，而不能实现伦理精神。"无限多样化的手段及其在相互生产和交换上同样无限地交叉起来的运动，由于其内容中固有的普遍性而集合起来，并区分为各种普遍的集团；全部的集合就这样地形成在需要、有关需要的手段和劳动、满足的方式和方法，以及理论教育和实践教育等各方面的特殊体系——个别的人则分属于这些体系——，也就是说，形成等级的差别。"① 要言之，市民社会中的"需要的体系"是一个"各自为政"的分离体系，个体需求内容的特殊性和满足其需求的形式的普遍性相对立地并存着。

（三）蒲鲁东：清除私有制并保留其他一切制度以实现平等

蒲鲁东倾向于使用作为整体和超越特定历史阶段的"社会"这一概念。在描述整个社会经济生活所处的矛盾体系时，蒲鲁东直接将整个人类社会表述为"集体的人"和充满智慧的"天才"，并且这个"社会天才"会通过"普遍理性依次创造不同的经济范畴"的形式而不断进步。这似乎无法推论出蒲鲁东对资产阶级社会生活的理解与态度。尽管蒲鲁东尝试淡化特定的社会形式，但他所描述的这个社会经济生活，实质上还是资产阶级社会的经济生活。原因在于，他对各个经济范畴的理解，是建立在对资本主义生产方式的理解之上的，他无法摆脱其所处时代的"烙印"。比如，蒲鲁东将土地所有权或地租解释为"会随着使用方法改进而不断提高的作为永恒资本的"土地的利息，这种理解显然是以资本主义生产方式为前提的。蒲鲁东对资产阶级社会经济生活的总体看法实际上就是"经济矛盾的体系"。

虽然蒲鲁东强调资产阶级社会经济生活的矛盾性，甚至激烈地批判私有制和所有权，但他终究还是想维护资产阶级社会，使其得到长远发展。

---

① 〔德〕黑格尔：《法哲学原理》，范扬、张企泰译，商务印书馆，2009，第 211～212 页。

蒲鲁东并不拒斥作为客体形式的财产本身，他实际上反对的是财产分配的方式及现状。在他看来，通过改变经济组合的方式把财产归还给社会，再由社会依据平等原则重新进行分配，就能解决私有制所带来的一切弊端，这就是他所谓的"用文火把私财烧掉"。只要实现了价值的构成，即社会财富中各要素之间的比例关系，也即社会全部产品的直接交换，就能在此基础上建立起一个"绝对平等的体系"。这是"一个比私有制更能保证资本的形成并维持一切人的积极性的体系"，包括"个人自由、权力的分立、监察机关、陪审制、行政和司法的组织、教育的统一和完整、婚姻、家庭、直系或旁系的继承权、买卖权和交易权、立遗嘱权、甚至长子继承权"等在内的一切现有制度"不但可以存在，而且它们本身还可以用来作为平等工具"。①

表面看来，上述既要消灭私有制又要保留资产阶级社会的其他制度的做法是矛盾的；但一旦认识到蒲鲁东所谓的"用文火把私财烧掉"只是用一种小私有制代替原有的私有制，而并未消灭掉私有制时，就会发现上述"矛盾"根本不成立。诚如马克思所言，"资产阶级中的一部分人想要消除社会的弊病，以便保障资产阶级社会的生存"，② 这正是作为小资产阶级的社会主义者的蒲鲁东对待资产阶级社会态度的真实写照。

（四）马克思：构筑在阶级对抗基础上的资产阶级社会使现实的个人沦为抽象的个人

按照马克思在写作《哲学的贫困》时期的理解，资产阶级社会中的个人是通过隶属于不同阶级的方式归属于这个共同体的，其所面对的"现实"是私有制和劳动的对立、无产阶级和资产阶级的对抗。具体突出表现在两个方面。一方面，由现实的个人所创造的生产力表现为与个人毫不相干并完全分离的东西。生产力和个人本应是彼此依存的关系："后来的每一代人都得到前一代人已经取得的生产力并当做原料来为自己新的生产服

---

① 〔法〕蒲鲁东：《什么是所有权》，孙署冰译，商务印书馆，2009，第36页。
② 《马克思恩格斯文集》第2卷，人民出版社，2009，第60页。

务，由于这一简单的事实，就形成人们的历史中的联系，就形成人类的历史，这个历史随着人们的生产力以及人们的社会关系的愈益发展而愈益成为人类的历史。"① 但在资产阶级社会中，每个人的一切都不可避免地被融入了私有制和劳动中，人与人之间的交往仅通过一种特殊的媒介即货币来进行。众所周知，生产力只有在个人的交往和相互联系中才是真正的力量，但货币使任何交往和交往本身对人而言成为偶然性的东西，从而每个人就变成分散的和彼此对立的个体。这样，生产力对个人来说已无法成为其力量的显现，转而以一种物的形式存在，成为私有制力量的显现。与此同时，与生产力相对立、相分离的大多数个人，因丧失了一切现实的生活内容而成为抽象的个人。

另一方面，作为每个人同生产力和其自身的存在还有着唯一联系的劳动也失去了自主性，劳动力沦为了商品。个人的现实劳动本应是其自主活动的唯一可能的形式，但在资产阶级社会中，劳动在每个人那里完全丧失了任何自主活动的迹象，其只能靠出卖作为自己生命表现的劳动的方式才能生存下去。同样，自主活动和物质活动的生产也本应是分开的，后者在某种程度上还本应被认为是前者的从属形式。可是在资产阶级社会中，它们的关系不但更进一步得以分离，而且还颠倒了过来——物质生活竟然表现为目的，而它的生产即劳动则表现为手段。长此以往，劳动力必然彻底沦为商品，并且由生产它的必要劳动时间，即"为了生产维持不断的劳动即供给工人活命和延续后代所必需的物品的劳动时间"② 来确定。资产阶级不仅掌握着无产阶级劳动力价格具体数额的决定权，还占有了全部生产资料和包括无产阶级维持生计的必需品在内的全部产品。这样，无产阶级的命运便被完全掌握在了资产阶级的手中，后者对前者可以进行任意的剥削和奴役，从而导致两个阶级之间的根本对立。在上述情况下，只有消灭私有制和阶级对抗，才能实现个人自主活动和物质活动的一致性，使个人向其自身复归。

---

① 《马克思恩格斯文集》第 10 卷，人民出版社，2009，第 43 页。
② 《马克思恩格斯全集》第 4 卷，人民出版社，1958，第 94 页。

三 社会发展的未来图景及其实现途径

上述四位思想家有一个共同的理论旨归，即建立一个最适宜的社会秩序，实现人的自由全面发展。然而，对现存的资产阶级社会的不同理解和态度，决定着他们各自形成了极为不同的对社会未来发展图景与实现途径的展望。其中，斯密、黑格尔和蒲鲁东尽管期许有所不同，但他们基本上都在维护资产阶级社会及其制度；马克思则在写作《哲学的贫困》时就确立了"消灭现存状况"并建立"自由人的联合体"的构想。

（一）斯密：凭借人类情感的共鸣建立符合人的本性和客观规律的社会公正秩序

在认识到资产阶级社会中道德和财富相统一的同时，斯密也清楚地知道个体一味追求财富对道德和整个社会自然秩序的损害，并详尽描述了造成这种现象的原因。他指出，个体在社会中获得尊敬不外乎有两种路径：一是通过取得财富和地位，二是通过学习知识和培养美德。由于前一种路径经常显露在外，所以人们就更为重视它而忽视后者，人性中"目空一切的野心和毫无掩饰的贪婪"逐步将"谦逊有礼和公正正直"①掩埋。最终，财富和地位成为人们所尊敬的对象，拥有它们的人成为整个社会的宠儿。此时，人们自然会形成一种敬佩富人而轻视穷人的倾向，这正是引起道德败坏的一个重要且普遍的原因。在上述错误倾向的诱导下，人们不但放弃了通往美德的道路转而不惜一切代价追名逐利，而且还认为只要跻身富人阶层，就能为自己赢得荣誉进而完全掩盖之前所采取的各种邪恶手段。拥有特权的上层人士和底层民众成为上述过程中的主要群体，前者几乎囊括了无知、阿谀、虚伪等一切恶劣品质，树立起只追名逐利的反面典型；后者则完全出于敬佩富人倾向而一味地跟风模仿前者。

当然，人类的情感共鸣最终将使其意识到上述错误，回归到"通过智慧和美德获得尊敬"的正确道路上来。"通过智慧和美德获得尊敬"并不

① 〔英〕斯密：《道德情操论》，蒋自强等译，商务印书馆，1997，第72、73页。

意味着放弃财富和地位，而是强调利己行为本身并非导致通过牺牲他人利益而满足个人利益。斯密认为，广大的中等阶层即新兴资产阶级在扭转道德败坏的局面、建立公正的社会秩序方面，能够起到决定性作用。与拥有特权的上层人士和只知道一味跟风模仿的底层民众不同，新兴的资产阶级不仅凭真才实学才能取得成功，还因没有特权而更容易受道德准则、法律法规和他人评价等的约束，从而具备良好的道德品格。他们在绝大多数情况下都能保持道德和财富的一致性，即使在敬佩富人而轻视穷人的错误倾向诱导下误入歧途，也最终能意识到道德和财富之间相辅相成的关系，及时将自身行为调整到合乎道德的准则上来。正因如此，资产阶级实现了财富和道德的"双赢"，为他人树立了良好的典型，从而使人们普遍走向"通过学习知识和培养美德"的正确道路上来，为建立符合人的本性和客观规律的公正的社会秩序奠定了基础。

（二）黑格尔：通过国家这一必然环节实现伦理精神在普遍性和特殊性上的统一

黑格尔所说的"国家"有其特殊的甚至超越历史的内涵，它是指"作为显示出来的、自知的实体性意志的伦理精神"[1] 得以自我实现的最高阶段和不可或缺的环节，而不是在历史过程中形成的带有偶然性的具体存在（民族国家）。与"市民社会中个体需要内容的特殊性"和"满足其需要的形式的普遍性"相分离不同，国家中不仅存在交互主体的普遍形式，还有将国家作为自身最高的和唯一目的的个体，即国家的公民。这样，普遍性的形式和特殊意志就统一起来了。也只有在国家中，个体才获得了真正的现实的自由，其"单一性及其特殊利益不但获得它们的完全发展，以及它们的权利获得明白承认（如在家庭和市民社会的领域中那样），而且一方面通过自身过渡到普遍物的利益，另一方面它们认识和希求普遍物，甚至承认普遍物作为它们自己实体性的精神，并把普遍物作为它们的最终目

---

[1] 〔德〕黑格尔：《法哲学原理》，范扬、张企泰译，商务印书馆，2009，第253页。

的而进行活动"。①

在黑格尔看来，国家和作为个体的公民之间是一种"互惠共生"的关系，"国家通过自身过渡到普遍物的利益"必须要通过公民和国家的双重"努力"方能得以实现。一方面，公民需要在自身中认识到国家不是通过"需要的体系"来满足其特殊利益，而是作为一种理性秩序来实现最终的自由。只有这样，他们才能摆脱对普遍利益的追求，把作为普遍物的自由作为其活动的最终目的。另一方面，国家既要通过政治制度深入公民个体生活的各个方面，也要通过风俗、习惯以及民族精神等来教化公民。个体具体而现实的自由的实现，意味着他们在"作为伦理理念的国家关照下的家庭、市民社会和国家的各种生活"中分享并享有自身特殊利益的同时，也要承认他人的特殊利益，更要在追求自身特殊利益的过程中始终坚守对"国家"这一普遍物的利益的追求。

（三）蒲鲁东：通过普遍建立互助及其组织形式实现整个社会财富构成的比例关系

这里的"互助"是一种联合的方式，特指通过工场的形式（合作社、作坊和小工厂等）把小生产者联合起来，让他们按照劳动价值直接交换各自的劳动产品。在蒲鲁东看来，首先互助是一种遵循"劳动正在自发地组织起来"的规律的形式，它作为一种联合的方式本身并不排斥竞争。一是因为竞争本身的作用和发展趋势都表明它是"联合的支柱"和"把一切人联合起来、团结起来的负责任的形式"；② 二是因为竞争有利于人们认识劳动和构成价值。其次，互助的实现必须要以"工场"这一社会的有机组成单位为依托，而工场的形成本身既不诉诸权威原则也不诉诸利他主义。再次，互助可以参照股份公司的原则来组织，但要不同于现有的资产阶级社会中的有限股份公司。最后，互助应立足于工业的广泛重

---

① 〔德〕黑格尔：《法哲学原理》，范扬、张企泰译，商务印书馆，2009，第260页。
② 〔法〕蒲鲁东：《贫困的哲学》上卷，余叔通、王雪华译，商务印书馆，2010，第259～260页。

组，即"通过经济的组合把原先由于另一种经济组合而逸出社会的那些财富归还给社会"，① 而不是诉诸强力、横暴的政治革命。

这样，互助就能让生产者之间按照价值的构成规律直接交换各自的劳动产品，从而消除资本家利用资本或货币这一交换媒介对劳动进行剥削。互助组织中的所有成员都既是生产者又是消费者，行使社会管理和行政职能的政府也将被经济组织所代替。随着产品的直接交换，亦即价值构成的完成，整个社会财富构成的比例关系也将得以实现，整个社会就会处于一种超越共产主义和所有权的第三种社会形式（自由或无政府状态）。

（四）马克思：通过作为消灭现存状况的现实运动的共产主义实现"自由人的联合体"

基于对资产阶级社会中私有制和劳动的对立所带来的诸多症结的认识，马克思意识到现实的个人唯占有现有的生产力的总和，方可保证自己的生存和自主活动的实现。由于这种占有要受到占有的对象、进行占有的个人和占有的形式的制约，无产阶级必须通过采取革命手段的普遍联合的形式才能实现这种占有。在以阶级对抗为基础的社会中，无论它表现为何种制度形式，被压迫阶级的存在就是这个社会的必要条件，因此，被压迫阶级的解放必然意味着新社会的建立。被压迫阶级要解放自身，就必须让既得的生产力和现存的生产关系不再继续并存，即在保存既得生产力的同时，消灭与之不相适应的现存的生产关系；这是因为"在一切生产工具中，最强大的一种生产力是革命阶级本身。革命因素之组成为阶级，是以旧社会的怀抱中所能产生的全部生产力的存在为前提的"。②

联合起来的个人对现有生产力的占有，意味着消灭现存状况的共产主义的两个基本前提——生产力的普遍发展和人在世界范围内的普遍交往——具有了可以实现的基础。由此，"每个人的自由发展是一切人的自

---

① 〔苏〕卢森贝：《政治经济学说史》第 3 卷，郭从国、北京编译社译，生活·读书·新知三联书店，1960，第 219 页。
② 《马克思恩格斯文集》第 1 卷，人民出版社，2009，第 655 页。

由发展的条件"① 的 "自由人的联合体" 就得以实现。马克思认为，由于这个联合体取代了现代市民社会，因此，作为市民社会内部阶级对抗正式表现的阶级统治政权也将不复存在。在这个联合体中，个人的自主活动同物质生活也相一致起来，劳动也完成了向自主活动的转化，人们完全可以按照自己的意愿自由地选择职业。此时，劳动产品的相对价值也不再由劳动时间来衡量，而是完全由它的社会效用的大小来确定。当然，在没有阶级和阶级对抗的联合体建立之前，无产阶级和资产阶级之间的对抗仍然是阶级反对阶级的斗争，这个斗争的最高表现就是全面革命，这种政治运动就是一种与社会相适应的运动。从这个角度来说，道德说教（斯密）、观念层面（黑格尔）和否定政治革命（蒲鲁东）的社会变革途径都是不彻底的。

---

① 《马克思恩格斯文集》第2卷，人民出版社，2009，第53页。

第十五章 《哲学的贫困》的当代实践启示

时代的不断发展与社会的日益进步，离不开从哲学的世界观和方法论高度上对此加以审视。通过透视各种现实揭示社会历史发展规律，可以为解决重大时代问题从而推动社会变革，奠定坚实的理论基础。这既是中国道路取得的举世瞩目成就呼唤的理论创新需要，也是全球化时代与世界历史发展的内在要求。现时代与马克思所处时代之间的同构性，即它们同属"历史向世界历史转变"的过程与环节，以及在马克思主义指导下开创的中国特色社会主义的不断发展，共同决定马克思的思想及文本的强大生命力。其中，马克思在《哲学的贫困》中以批判蒲鲁东的方式正面阐释的新世界观，包括哲学之地位与使命的重新界定与理解、观照社会主要经济现象的方法、社会历史发展根本宗旨的把握等，仍具有显著的前瞻性与超越性。

一 "真正的哲学"之时代使命

众所周知，对于理解"一切关系在其中同时存在而又相互依存的社会机体"①、把握"历史向世界历史转变"的过程与环节，哲学、政治经济学和社会主义学说有着其他哲学社会科学所无可比拟的独特意义。经由"副本批判"转向"原本批判"，马克思认识到整个社会历史结构的基础在于市民社会而非政治国家，指出复归人的真正关系问题的答案隐藏于政治经济学领域，阐明社会变革和人的自由个性的实现不应去当时各种样态的观念论哲学中找寻，理应诉诸政治经济学批判和共产主义运动。当然，马克

---

① 《马克思恩格斯文集》第 1 卷，人民出版社，2009，第 604 页。

思的这种建构绝不意味着彻底地"终结哲学""消灭哲学",而是通过走出传统意义上的各种哲学的形态,进入政治经济学和社会主义理论,让社会现实"照进"哲学从而创立新的哲学。

从《哲学的贫困》的主要论断中可见一斑。举凡:黑格尔逻辑学只是对整个现实世界的抽象,经济范畴的实质在于社会生产关系的理论表现,社会形态依附于社会有机体之上,现实的个人具有社会历史"剧作者"和"剧中人"的双重地位及作用,各个时代的所有权的发展取决于不同的社会生产关系,观念上的矛盾无法取代价值形式所表征的复杂现实关系,用劳动时间衡量的相对价值不能适应于建立在阶级对抗上的社会,社会分工而非"分"的观念方为各社会形态间更迭的真正动力,作为现实运动的共产主义是消灭分工从而复归人的自由个性的途径,机器的使用与分工是相互促进的关系,使用机器的后果中包含个人解放的征兆,竞争对资产阶级社会的破坏作用在生产力发展的刺激下日益增大,现代垄断是封建垄断和竞争的合题,现实的个人之间的关系决定竞争与垄断的辩证关系,被压迫阶级的存在是以阶级对抗为基础的社会的必要条件,社会进化只有在没有阶级及阶级对抗的情况下才不再是政治革命,等等。

从以上论断中不难总结出马克思构建的新哲学之主要特性。第一,思维方式即观照现实世界的方式的转变,从认识世界本原问题上的两极抽象对立,转向基于现实关系辩证地看待世界。只有以实践为基础才能理解物质与意识的辩证关系,以及它们之间联系的全部过程与具体环节。第二,研究对象即社会历史的出发点的转变,从理性、自然、自我意识、抽象的人等,转向现实的个人、实践的人和人的实践、个人与现实世界的关系,将一切与现实本身无关的、超验的各种虚构排除出去。第三,体系架构即哲学的存在样态的转变,从核心概念的推演与静态封闭的结构,转向社会现实的运动与动态开放的过程。不仅把个人与世界的关系理解为伴随现实发展而持续生成的过程,而且从实践格局的时代转换中不断更迭哲学的内容和结构。一言以蔽之,马克思的这种新哲学在实现对传统哲学的继承与超越的同时,用唯物论和辩证法相统一的方法诠释了社会历史领域的复杂现象,充分展现了"真正的哲学"作为时代精神之精华的属性。

马克思赋予哲学以时代精神之精华的地位，能够对当今时代盛行的"哲学终结论""哲学无用论"等做出强有力的回击。当前，有不在少数的人认为，在全球化时代造就的多元文化体系中，一切理论和学说均应占有一席之地，它们之间绝无高下之别、对错之分。因此，哲学尤其是马克思主义哲学之于文化体系的基础地位和方法论作用已经过时。更有甚者，一些人还指摘哲学仍然纠结于万物的本原问题和知识的确定性问题而停滞不前，全然不顾全球化时代科学文化发展给人们带来的极为丰富的社会财富。马克思在《哲学的贫困》中对哲学的定位和理解可以表明，不同于一些理论和学说的本质在于对社会历史领域之诸象的部分的、片面的、抽象的认识，运用唯物论和辩证法相统一的哲学可以从整体上透视和把握社会历史。全球化时代的多元文化性作为一种趋势，远不足以"摘掉"哲学的"王冠"。马克思的新哲学非但没有停滞不前，反而成为传统哲学的新发展和人类思维的新成果；它不仅继承了传统哲学关于哲学与现实世界关系的有益论断，还为其"注入"了现实的内容。

当前，哲学的发展已经呈现领域（部门）化的趋势。在中国，随着社会主义市场经济建设于 20 世纪 90 年代中期的全面开展，中国乃至世界发展中的社会问题、文化问题、经济问题等进入哲学研究者的视野。相应之下，过去"屈居"马克思主义哲学研究"末流"的部门哲学，如社会哲学、文化哲学、经济哲学等的重新定位问题，成为马克思主义哲学研究的理论创新过程中绕不开的环节。除却社会经济发展和哲学社会科学繁荣的"反衬"，应用哲学、跨学科或交叉学科的哲学、各领域"准哲学"的出现，也昭示着整个传统哲学的"危机"。经济哲学等部门哲学研究的开展，一定意义上正是破解上述"危机"的产物。在这些领域哲学都无法规避一个前提性问题，即哲学究竟以何种方式介入上述领域中。以经济哲学为例，其理论前提究竟为实证的还是辩证的？它的研究对象在于社会经济系统，还是经济发展的规律及概念？政治经济学（及其批判）自身是否就是经济哲学？

对此，马克思在《哲学的贫困》中实现的哲学与政治经济学的内在整合提供了大有裨益的见解。首先，经济哲学应为哲学与政治经济学相结合的题中应有之义而非这两者的交叉学科。换句话说，哲学既为政治经济学研究奠定方法论前提，又反过来通过政治经济学研究来让现实"照进"自身，建构出一种理解社会历史的新哲学。

其次，经济哲学应以辩证法为基本依据，不能将实证哲学的工具理性规定为原则。如若不然，它势必沦为远在社会现实本身之下的手段和工具，毫不具备对社会现实的理解与把握，更谈不上提升与超越。

再次，经济哲学不是由各种经济范畴间的推演构成的抽象系统，而是在社会现实的转换中不断调整内容的动态结构。偏执于追逐形式上的体系，就会陷入蒲鲁东构建的经济范畴之固有矛盾的无限循环中。用一个经济范畴的"好的方面"消除另一个范畴的"坏的方面"等同于蒲鲁东的自我否定，切断了他自己规定的辩证运动，即"两个相互矛盾方面的共存、斗争以及融合成一个新范畴"。①

最后，构建经济哲学须诉诸对哲学与政治经济学的全面了解，不断借鉴吸收这两者的最新成果，切莫对此一知半解。蒲鲁东就是一个反面典型，他由于毫不通晓辩证法而将其简化为好坏二分，甚至连基本的政治经济学常识都不了解，只是将政治经济学的教条即经济范畴简单地排列组合而已。蒲鲁东根本没有达到资产阶级政治经济学以人的生动活泼的生活为材料的层次，更未能解释清楚生产如何在分工、信用、货币等资本主义生产关系下进行的。有鉴于此，我们可以从马克思对蒲鲁东的批判中汲取经验。

除却人所熟知的时代精神之精华，"真正的哲学"更是人类文明"活"的灵魂。超越仅仅作为"思维的游戏"而存在，哲学应当提升到思考人类社会发展从而推进人类文明永续前行的高度。究其实，任何关于未来理想社会形式的深入探索，都不失为建构人类文明新形态的有益尝试。马克思在《哲学的贫困》中通过批判蒲鲁东关于共产主义及社会革命的错误论断，重申对未来社会形态的描述——"劳动阶级在发展进程中将创造一个

---

① 《马克思恩格斯文集》第 1 卷，人民出版社，2009，第 605 页。

消除阶级和阶级对抗的联合体来代替旧的市民社会"① ——也不例外。更为重要的是，马克思对哲学之时代使命的上述阐释，有助于回击当前各种反对、责难共产主义的错误声音。透视"共产主义是一种乌托邦""共产主义是对利己主义的否定""共产主义是对个体及人性的抹杀"等论断，不难发现这些无端指责皆建立在完全不知晓共产主义学说之上，甚至都没有超过 19 世纪的蒲鲁东的理解水平。只要领悟了马克思创作《哲学的贫困》时期对如下问题的认识，诸如共产主义的起源和基本原则、共产主义学说史的梳理与考察、共产主义的可行性和实现途径、共产主义评判社会革命的标准等，就很容易有力驳斥对共产主义的各种质疑，进而在行动上利用生产力发展的积极成果，通过社会主义制度的优越性去解决主要社会问题，促进社会历史朝着更加尊重人性、肯定人的本质的方向前行。事实上，全球化时代国际金融危机的周而复始，在充分暴露资本主义发展模式弊端的同时，也证实了一种新的社会历史发展的前景，即摆脱资本主义对现实的个人的束缚以实现自由个性。马克思在《哲学的贫困》中指出的新的联合体正是如此。

二 剖析社会经济现象的方法

除却赋予"真正的哲学"以新的时代使命，马克思在同蒲鲁东的思想论战中对分工、使用机器、竞争、垄断、所有权等经济范畴的诠释，也为剖析当前主要社会经济现象提供重要的方法论依据。诚如马克思所言："经济范畴只不过是生产的社会关系的理论表现，即其抽象。"② 它们作为历史的、暂时的产物，根本无法被规定为永恒范畴并推广到全部的社会形式中，更不能割裂其在特定的社会形态尤其是资产阶级社会中的现实联结，也不可完全忽视其以现实的个人及其活动作为社会历史的真正出发点。

作为当今全球化进程中的瞩目现象，资本的全球化所引起的国际分工

---

① 《马克思恩格斯文集》第 1 卷，人民出版社，2009，第 655 页。
② 《马克思恩格斯文集》第 1 卷，人民出版社，2009，第 602 页。

呈现与马克思所处时代的社会分工之间的明显区别。但与此同时，分工在当代的延续和发展仍然没有脱离马克思早在创作《哲学的贫困》时期即已揭示的"历史向世界历史转变"的趋势。从根本上说，当前的国际分工是按照发达资本主义国家的主观意愿进行的。遵循资本的逻辑从而掌握核心生产技术，发达资本主义国家将大量加工业投放到拥有大批廉价劳动力的欠发达或发展中国家，攫取了庞大的利润。这种国际分工体现的资本与劳动的结合无疑是一把"双刃剑"，它在创造极其丰富的财富的同时，也成为全球财富于世界历史体系中发展不平衡的源泉。然而，对于现时代的国际分工的认识切莫止于简单的好坏二分，也不能用"分"的观念取代它的实质内容和时代差异，就像蒲鲁东所犯的错误一样。应当充分借鉴马克思在《哲学的贫困》中的观点，诉诸变革社会的现实运动而非范畴在头脑中运演，消灭分工从而复归人的自由个性。

在全球化国际分工的影响下，竞争与垄断也呈现新的特征。马克思早在《哲学的贫困》中就已指出："竞争对资产阶级关系所起的破坏作用，将随着新生产力即新社会的物质条件在它的刺激下急剧地形成而日益增大。至少在这一点上竞争的坏的一面也会有它的好处。"[1] 当前的国际竞争与国际垄断，一方面促进了社会生产力的极大发展，另一方面造成了远超马克思所处时代的实际后果。利润驱使发达资本主义国家的资本，源源不断地从传统制造业涌向服务业、金融业、通信业等。愈演愈烈的国际竞争不断降低着利润、消耗着资本，日益扩大的国际垄断持续加剧了各国间政治经济发展的不平衡。为了加强在全球化趋势下的竞争力，各国纷纷加强本国势力，选择地区间联合的道路，组建了内容丰富、形式多样的区域一体化组织，以此作为依托来同其对手进行竞争。尽管如此，现时代的国际竞争与国际垄断只是使资本主义私有制的实现形式变得更加灵活而已，未能从根本上触及私有制的本质、消除生产力发展的资本属性，没有真正地解决贫富差距日趋扩大的问题。上述经济现象背后的现实的个人尤其是工人阶级的实际收入基本没有增长，因为全球化的资产阶级社会依然构筑于

---

① 《马克思恩格斯文集》第1卷，人民出版社，2009，第635页。

阶级对抗之上。这充分表明，马克思在《哲学的贫困》中的相关分析有着重要的借鉴意义。

不可否认，作为全球化时代所具有的高度专业化、极度精细化等特质的一个缩影，当前经济学研究之门类齐全且形式多样，在具体指导实践活动方面起着重要的作用。它不仅在基本范围上有宏观、中观、微观的内容之分，而且在具体领域内有高级、中级、初级的难度之别。其中，理论经济学一级学科内设有政治经济学、经济思想史、经济史、西方经济学、世界经济学、环境经济学等二级学科，应用经济学一级学科则包括区域经济学、财政学、金融学、产业经济学、国际贸易学、劳动经济学、统计学、数量经济学和国防经济学等。然而物极必反，学科划分愈具体，研究的整体性愈被遮蔽起来。经济学研究的过度精细化自然无法免于割裂理论与现实、愈加偏离现实的个人及其活动的弊端。

其中，在理论经济学研究方面，人们普遍关注主要方法的更迭和核心概念的演变及其历史，故而无法全部理解其背后的社会生产关系的变化。如果说马克思批判蒲鲁东忽视了经济范畴的历史性，那么理论经济学研究则在强调经济理论历史性的同时，忽视了历史本身所表征的现实关系。应用经济学研究则从理论假设出发，经由抽样调查、样本分析、证实结论、建立模型，直至现实应用。这种研究看似实现了从具体上升为一般再复归具体的目的，实则已经以结论的预先存在性为前提，没有对这个结论的产生原因作出必要的说明，遑论抽样调查和样本分析之于整个社会历史结构只是"皮毛式"理解。从某种程度来说，一些应用经济学研究过度依赖经济学的教条或原理，与蒲鲁东"用政治经济学的范畴构筑某种意识形态体系的大厦"，从而"把社会体系的各个环节割裂开来"的做法之间，① 没有本质上的区别。有见及此，如何以现实的个人为起点从整体上观照当今社会经济生活，找寻隐藏于经济学领域中的人的社会生产关系问题的答案，仍然是当前经济学研究的前提性工作。对此，马克思的《哲学的贫困》无疑具有重要的启发意义。

---

① 《马克思恩格斯文集》第 1 卷，人民出版社，2009，第 603 页。

近年来，人们对发展不平衡和贫富差距扩大等社会经济现象的探讨不断"升温"。2014 年，法国经济学家托马斯·皮凯蒂所著的《21 世纪的资本》（*Capital in the Twenty – First Century*）首次出版，就登上《纽约时报》非小说类畅销书榜首，并旋即风靡全球，引发了公众和知识界对新经济学建构的热烈讨论，被誉为自凯恩斯《货币通论》出版以来经济学领域的最重大事件。通过梳理欧美主要国家过去 300 余年间财富收入的大量相关数据，皮凯蒂指出这些国家内部的不平等和贫富差距扩大已然愈发严峻。现代经济的增长和知识技能的提升，使当今社会并未出现极端的不平等现象，财富分配和个人收入的不平等的深层结构没有得到实质性改变。劳动虽然决定个人财富的多寡但是影响日渐式微，个人继承对其财富的决定性已经远超劳动创造。换言之，在创造财富方面，个人的出身反而比他的后天努力和才能更为重要。加之资本收益率持续高于经济增长率的趋势的作用，收入不平等不断加剧，甚至有可能对现代民主价值观构成较大的威胁。正如皮凯蒂所说："如果放任自流，基于私人产权的市场经济包含强有力的趋同力量（尤其是知识和技术扩散的影响），但是它也包含强大的分化力量，这将潜在地威胁各民主社会以及作为其基础的社会正义价值。"① 这一问题的解决出路在于，依托政治制度和行政手段，特别是在国际范围内推行累进资本税。

应当看到，皮凯蒂将社会不平等和贫富差距扩大等经济现象的分析，作为贯穿整个经济学思想史的主线，这个做法与马克思的政治经济学批判有着较为相似的问题视域，比忽视现实的个人及其生存状况的一些经济学分支学科深刻得多。在他看来，当今经济学家们仅仅为了在各自的研究领域内"跑马圈地"、掩盖内容的空虚，便过度依赖于使用数学模型，导致了较为严重的后果："太多的精力已经而且仍然浪费在纯理论的推演上，没有人想要解释经济事实，也没有人想要解决社会和政治问题。"② 有鉴于此，皮凯蒂把整个经济学研究重新定位为"政治经济学"而非"经济科学"，

---

① 〔法〕托马斯·皮凯蒂：《21 世纪资本论》，巴曙松等译，中信出版社，2014，第 589 页。笔者认为，该书应译为《21 世纪的资本》，在此引用时尊重中译本的名称。
② 〔法〕托马斯·皮凯蒂：《21 世纪资本论》，巴曙松等译，中信出版社，2014，第 593 页。

以表明这种研究的政治的、规范的和道德的目的。扩而言之，经济学研究唯有同其他哲学社会科学结合起来，充分借鉴历史学、社会学、人类学、政治学等的研究方法，方可准确把握财富分配的历史动态，深入理解社会阶级的深层结构，为解决不平等和贫富差距问题奠定坚实的理论基础。

延续上述思路，皮凯蒂于 2019 年出版的《资本与意识形态》（*Capital et Idéologie*）中，将研究视野扩大到贵族、僧侣和劳动者等阶层，进一步探讨了 19 世纪以来的奴隶制、种姓制、民主制、殖民主义、共产主义等制度形式的演变过程，力求证实社会不平等并非经济发展或技术进步的自然产物，而是基于政治制度意识形态建构的结果。在他看来，当今时代的私有财产神圣化观念仍然根深蒂固，人们远未摆脱 19 世纪这个社会财富不平等"黄金时代"的意识形态。从 19 世纪的美国到第二次世界大战后的西欧国家，再到印度废除种姓制的不懈斗争，尽管不同的民族国家从未停止对合理分配社会财富的探索，但其效果时好时坏。有鉴于此，应当在现有的资本主义体系下进行根本性的制度改革，立即采取一些必要的手段遏止将私有财产神圣化、社会财富高度集聚的进程，建立一种"参与型社会主义"制度形式。其一，依托企业"劳资共管"，将私有财产转变为"社会"财产；其二，以累进财产税为起点，推行"资本普及基金"，逐步建立"临时性"财产机制；其三，加大对教育领域的投资，促进教育公平的实现。

诚然，皮凯蒂基于一定的社会历史结构和社会现实问题来构建新经济学，具有较高的理论价值与现实意义。但是，其《21 世纪的资本》《资本与意识形态》与马克思的《资本论》之间有很大的差距。只需"管窥"作为《资本论》之理论萌芽的《哲学的贫困》，即可得出上述结论。相较于马克思构建的新哲学对传统哲学的超越，皮凯蒂在方法论上仍未摆脱工具理性的束缚，他所谓的"系列数据研究"无非是纯粹理性思维的产物，缺乏对社会历史结构及其前提的整体把握。皮凯蒂更多的是在用数字解释或证实经济现象，没有看到资本主义生产方式下各经济现象之间的内在联结。现实的个人在资本主义生产方式下的生活的数字表现，与他们的真实的、具体的样态相去甚远。因此，皮凯蒂救治社会不平等和贫富差距扩大之"弊病"的"药方",只能"治标不治本"。除了减缓或遏制社会财富分配不平等的趋势加剧外,已然无计可施。相对而言,理解了《哲学的贫困》中的思想,认识到建立在阶级对抗上的资产阶级社会的历史性和暂时性,就可以找到从根本上解决社会问题的出路,真正实现人的自由全面发展。

三 社会历史发展的根本宗旨

不同于蒲鲁东秉承观念论哲学的基本原则,将社会历史的发展归结为"与观念顺序相一致的历史",马克思在《哲学的贫困》中揭示由现实的个人自身发展构成的社会历史,阐明人们通过继承前人的既有生产力所创造的新的生产力,不断推动社会形态更迭的过程。相应的,人们的生产方式以及作为其必然关系的经济关系也发生着变化。既存的生产方式和经济关系一旦不再适应新的生产力的发展,势必会得到一定的调整、改变乃至消亡。同样,作为社会生产关系之理论表现的经济范畴,也为历史的和暂时的产物。社会历史发展的出发点(现实的个人)和根本动力(生产力),共同决定人的自由全面发展方为社会历史发展的根本宗旨。这就内在要求人们在深入研究社会历史规律时,应当树立上述宗旨和目标。就此而言,中国特色社会主义理论体系的哲学基础,尤其是习近平新时代中国特色社会主义思想的哲学贡献,与马克思构建的新哲学一脉相承。马克思在整合哲学、政治经济学和社会主义理论过程中,形成了一个内容开放、与实践密切结合的体系。中国特色社会主义理论体系作为一种世界观、方法论、认识论,同样是随着社会主义实践不断发展的、内容不断丰富的体系。

坚持和运用辩证唯物主义、历史唯物主义的世界观和方法论,从千头万绪、纷繁复杂的事物和事物的普遍联系中把握矛盾、认识和处理问题,中国特色社会主义理论体系形成了独具特色的哲学思想,既强调了发展生产力的重要性,又以人的全面发展为归旨。其中,邓小平理论揭示了社会主义的本质在于解放生产力,发展生产力,消灭剥削,消除两极分化,实现共同富裕,指明了建设中国特色社会主义理论的主要内容,包括社会主义的发展道路、发展阶段、根本任务、发展动力、外部条件、政治保证、战略步骤、领导力量和依靠力量、实现祖国和平统一的战略构想等，都是围绕社会主义的本质展开的。"三个代表"重要思想强调，中国共产党要始终代表先进生产力的发展要求和中国最广大人民的根本利益。以人为本更是科学发展观的核心，其把人民的利益作为一切工作的出发点和落脚点，将不断满足人们的多方面需求和促进人的全面发展置于首要位置。

作为马克思主义中国化的最新成果、中国特色社会主义理论体系的重要组成部分，习近平新时代中国特色社会主义思想确立了以人民为中心的发展观。习近平总书记强调，新时代要着力践行以人民为中心的发展思想，把坚持人民主体地位作为推动经济社会健康发展必须坚持的指导原则。"学习和掌握人民群众是历史创造者的观点，紧紧依靠人民推进改革。"[1] 只有把握人民是历史的创造者的原理，才能把握历史前进的基本规律和总体趋势。坚持以人民为中心的发展观，就要尊重人民主体地位，发挥人民首创精神，一切从人民利益出发，把人民满意作为工作的根本标准。践行以人民为中心的发展观，就要把实现人民幸福作为发展目的和宗旨，做到发展为了人民、发展依靠人民、发展的成果由人民共享。全民共建共享的发展理念，丰富和发展了社会主义本质思想。以满足人民日益增长的美好生活需要为目标，抓住了新时代中国社会主要矛盾的关键。新时代中国社会主要矛盾，已经转化为人民日益增长的美好生活需要和不平衡不充分的发展之间的矛盾。要在继续推动发展的基础上，着力解决好发展的不平衡不充分问题，更好地满足人民在经济、政治、文化、社会、生态等方面日益增长的需要，更好地推动社会的全面进步、人的全面发展。

在社会历史发展中关注现实的个人、以人的全面发展为宗旨的同时，还应注意个人在全球化时代与马克思所处的时代之间发生的巨大变化。一方面，生产力的迅速发展，使每个人的社会化进程达到了前所未有的程度：人们的交往范围、自身需求及满足方式愈益扩大化和多元化。另一方面，极端的个人主义思潮更加泛滥，以致蔓延到人们的社会生活的各个领

---

① 习近平：《坚持历史唯物主义　不断开辟当代中国马克思主义发展新境界》，《求是》2020年第2期。

域，受此影响的个人不仅片面地、单纯地、幼稚地看待社会问题，甚至产生了反社会的倾向。再加之在社会各阶级间对抗的部分缓和、资本主义私有制与劳动之间对立的表面消解等现实因素的作用下，解决个人普遍交往扩大的基本现实与极端个人主义盛行的理论动向之间扭曲的关系，成为迫在眉睫之事。

事实上，全球化时代资本主义内部所显露的诸多迹象，如全球霸权、经济掠夺、特权腐败、贫富不均、价值颠倒、人性退化等，皆表明马克思思想非但远未过时，而且出现了让世界认识和思考它的契机。"马克思主义过时论"无非是一种僵化的"学院派"的"话语陷阱"，既对历史发展和社会现实的观察仅仅停留于经验事实的层面，更没有深入马克思思想深处。虽然人们不能直接照搬马克思文本中的个别语句，将其直接作为解决全球化时代的个人发展状况和极端个人主义之间扭曲关系问题的具体答案，但是这绝不意味着对马克思文本的方法论意义的否定。相反，马克思创作《哲学的贫困》时期的以下深刻认识，诸如个人在社会历史中的双重地位及作用的揭示、对实现人的自由发展之信念的坚守、批判诱导个人误入社会变革之"歧途"的错误论断的方法、从多角度对理论与现实之间内在关联的建构等，仍具有重大的理论价值与现实意义。对于专业的马克思主义哲学研究者来说，更应该扎实做好文本与思想的研究工作，深入挖掘马克思的思想理论宝库，在掌握方法论的基础上增强对纷繁复杂的社会历史的理解，正确地引导人们进行改造世界的现实活动。

参考文献

《马克思恩格斯文集》第1~10卷，人民出版社，2009。

《马克思恩格斯全集》第3卷，人民出版社，2002。

《马克思恩格斯全集》第10卷，人民出版社，1998。

《马克思恩格斯全集》第16卷，人民出版社，2007。

《马克思恩格斯全集》第21卷，人民出版社，2003。

《马克思恩格斯全集》第25卷，人民出版社，2001。

《马克思恩格斯全集》第30卷，人民出版社，1995。

《马克思恩格斯全集》第31卷，人民出版社，1998。

《马克思恩格斯全集》第32卷，人民出版社，1998。

《马克思恩格斯全集》第47卷，人民出版社，2004。

《马克思恩格斯全集》第48卷，人民出版社，2007。

《马克思恩格斯全集》第2卷，人民出版社，1957。

《马克思恩格斯全集》第3卷，人民出版社，1960。

《马克思恩格斯全集》第4卷，人民出版社，1958。

《马克思恩格斯全集》第16卷，人民出版社，1964。

《马克思恩格斯全集》第20卷，人民出版社，1973。

《马克思恩格斯全集》第29卷，人民出版社，1972。

《马克思恩格斯全集》第42卷，人民出版社，1979。

《马克思恩格斯全集》第44卷，人民出版社，1982。

《马克思恩格斯全集》第49卷，人民出版社，1982。

《列宁选集》第2卷，人民出版社，2012。

习近平：《坚持历史唯物主义　不断开辟当代中国马克思主义发展新

境界》，《求是》2020年第2期。

〔法〕蒲鲁东：《什么是所有权》，孙署冰译，商务印书馆，2009。

〔法〕蒲鲁东：《贫困的哲学》，余叔通、王雪华译，商务印书馆，2010。

〔德〕黑格尔：《逻辑学》，杨一之译，商务印书馆，1996。

〔德〕黑格尔：《小逻辑》，贺麟译，商务印书馆，1980。

〔德〕黑格尔：《法哲学原理》，范扬、张企泰译，商务印书馆，2009。

〔德〕黑格尔：《精神现象学》，贺麟、王玖兴译，商务印书馆，2009。

〔英〕威廉·配第：《政治算术》，马妍译，中国社会科学出版社，2010。

〔英〕斯密：《国民财富的性质和原因的研究》，郭大力、王亚南译，商务印书馆，2012。

〔英〕斯密：《道德情操论》，蒋自强等译，商务印书馆，1997。

〔英〕斯密：《大卫·李嘉图全集》第1卷，郭大力、王亚楠译，商务印书馆，2013。

〔法〕萨伊：《政治经济学概论》，陈福生、陈振骅译，商务印书馆，2010。

〔德〕李斯特：《政治经济学的国民体系》，陈万煦译，商务印书馆，2012。

〔瑞士〕西斯蒙第：《政治经济学新原理》，何钦译，商务印书馆，2007。

〔瑞士〕西斯蒙第：《政治经济学研究》，胡尧步译，商务印书馆，1997。

〔英〕霍吉斯金：《通俗政治经济学》，王铁生译，商务印书馆，1996。

〔法〕布阿吉尔贝尔；《布阿吉尔贝尔选集》，伍纯武、梁守锵译，商务印书馆，1984。

〔英〕约翰·勃雷：《对劳动的迫害及其救治方案》，袁贤能译，商务印书馆，2012。

〔法〕路易·勃朗：《劳动组织》，何钦译，商务印书馆，2012。

〔苏〕卢森贝：《政治经济学史》第3卷，郭从周、北京编译社译，生活·读书·新知三联书店，1960。

〔苏〕卢森贝：《十九世纪四十年代马克思恩格斯经济学说发展概论》，方钢、杨慧廉、郭从周译，生活·读书·新知三联书店，1958。

〔苏〕拉宾:《马克思的青年时代》,南京大学外文系俄罗斯语言文学教研室译,三联书店,1982。

〔匈〕卢卡奇:《历史与阶级意识》,杜章智等译,商务印书馆,1995。

〔德〕科尔施:《马克思主义和哲学》,王南湜、荣新海译,重庆出版社,1989。

〔德〕施密特:《马克思的自然概念》,吴仲昉译,商务印书馆,1988。

〔苏〕巴加图利亚、维戈茨基:《马克思的经济学遗产》,马健行译,贵州人民出版社,1981。

〔德〕图赫舍雷尔:《马克思经济理论的形成和发展》,马经青译,人民出版社,1981。

〔苏〕布雷什:《马克思主义政治经济学的形成》,刘品大等译,四川人民出版社,1981。

〔美〕威廉姆·肖:《马克思的历史理论》,阮仁慧等译,重庆出版社,1989。

〔法〕托马斯·皮凯蒂:《21世纪资本论》,巴曙松等译,中信出版社,2014。

中共中央马克思恩格斯列宁斯大林著作编译局资料室:《马列著作编译资料》第9辑,人民出版社,1980。

黄楠森等主编《马克思主义哲学史》第1卷,北京出版社,1991。

陈先达、靳辉明:《马克思早期思想研究》,北京出版社,1983。

孙伯鍨:《探索者道路的探索——青年马克思恩格斯哲学思想研究》,南京大学出版社,2002。

陈岱孙:《从古典经济学派到马克思》,北京大学出版社,1996。

陈汉楚:《蒲鲁东和蒲鲁东主义》,江苏人民出版社,1981。

张一兵:《回到马克思——经济学语境中的哲学话语(第4版)》,江苏人民出版社,2020。

杨耕等:《马克思主义哲学基础理论研究》,北京师范大学出版社,2013。

吴晓明、王德峰:《马克思的哲学革命及其当代意义》,人民出版社,2005。

聂锦芳:《批判与建构:〈德意志意识形态〉文本学研究》,人民出版社，2012。

朱进东：《马克思和蒲鲁东》，江苏人民出版社，1999。

余源培、付畅一：《新世界观的第一次公开问世——〈哲学的贫困〉当代解读》，复旦大学出版社，2012。

田中菊次、金德泉：《〈哲学的贫困〉马克思批注影印本出版和马克思研究的发展》，《国外社会科学》1983 年第 1 期。

冯景源：《〈哲学的贫困〉在〈资本论〉哲学思想发展中的地位及其意义》，《青海社会科学》1985 年第 6 期。

刘惠林：《〈哲学的贫困〉与〈贫困的哲学〉》，《哲学研究》1978 年第 10 期。

唐正东：《对蒲鲁东的批判给马克思带来了什么？——〈哲学的贫困〉的思想史地位辨析》，《江苏社会科学》2010 年第 2 期。

Proudhon, Systeme des contradictions economiques : ou, Philosophie de la misere. Paris, 1923.

Proudhon, *Candidature Á la pension Suard : de la célébration du dimanche. Qu'estce que la propriété?* Paris, 1927.

Proudhon, *De la création de l'ordre dans l'humanité : ou, Principes d'organisation politique.* Paris, 1927.

Proudhon, *Les Confessions d'un révolutionnaire: pour servir à l'histoire de la Révolution de Février.* Paris, 1929.

Proudhon, *Gratuité du credit. Discussion entre M. Fr. Bastiat et M. Prouhon.* Paris, 1923.

Proudhon, *Idée générale de la révolution au XIXe siècle: choix d'études sur la pratique révolutionnaire et indus-trielle.* Paris, 1923.

Proudhon, *De la justice dans la révolution et dans l'Eglise.* Paris, 1930.

Proudhon, *Théorie de la propriété : suivie d'un nouveau plan d'exposition perpétuelle.* Paris, 1930.

Proudhon, *De la capacité politique des classes ouvrières.* Paris, 1924.

Proudhon, *Naissance de l'anarchisme : esquisse d'une explication sociologique du proudhonisme.* Paris，1970.

　　Edgar Bauer， *Proudhon. In*： *Allgemeine Literatur-Zeitung.* Charlottenburg. H. 5. April，1844.

　　Robert L. *Hoffman*， *Revolutionary Justice*： *The Social and Political Theory of P. -J. Proudhon.* Univercity of Illinois Press，1972.

　　J. Hampden Jackson， *Marx*， *Proudhon*， *and European socialism.* London，1957.

　　Henri de Lubac，The un-Marxian： *a study of Proudhon.* London，1956.

　　James Joll， *The anarchists.* London，1964.

　　George Woodcock， *Pierre-Joseph Proudhon*： *a biography.* London，1956.

　　Edward Hyams， *Pierre-Joseph Proudhon*， *his revolutionary life*， *mind and works.* New York，1979.

　　K. Steven Vincent， *Pierre-Joseph Proudhon and the rise of French republican socialism.* New York，1984.

　　津島陽子『マルクスとプルードン』青木書店，1979。

　　サント・ブーヴ（原幸雄訳）『プルードン』現代思潮社，1970。

　　アンサール（斉藤悦則訳）『プルードンの社会学』法政大学出版局，1981。

　　森川喜美雄『プルードンとマルクス』未来社，1979。

　　カール・マルクス著『哲学の貧困－著者自用・書き入れ・初版本－』（ファクシミリ版）編注・田中菊次，青木書店，1982。

　　田中菊次 マルクス経済学の学問的達成と未成：『資本論』と『哲学の貧困』をめぐる検討．创风社，1988。

索　引

附　录

马克思与蒲鲁东的主要生平对照

蒲鲁东		马克思
1 月 15 日，生于法国贝桑松城郊的一个农民兼木匠家庭	1809 年	
	1818 年	5 月 5 日生于德国特利尔
被送入中学读书	1821 年	
辍学成为印刷厂工人，结识法洛并与他讨论哲学与社会问题	1827 年	
	1830 年	10 月入特利尔中学
赴法国各地一边工作一边游历	1831 年	
回到贝桑松，开办、经营印刷厂	1833 年	
	1835 年	10 月入波恩大学法律系
	1836 年	10 月转入柏林大学法律系
印刷厂破产，再赴巴黎，撰《论通用文法》，申请贝桑松大学胥阿尔奖学金	1838 年	
撰写发表《论星期日举行宗教仪式的好处等等》	1839 年	年初准备博士论文材料开始撰写《关于伊壁鸠鲁哲学笔记》等
6 月发表《什么是所有权或对权利和政治的原理的研究》一书，尖锐地批判所有权问题	1840 年	下半年，始撰博士论文《德谟克利特的自然哲学和伊壁鸠鲁的自然哲学的差别》

续表

蒲鲁东		马克思
《给布朗基先生的一封信（1841年 4 月 1 日）》，即关于所有权问题的第二篇论文	1841 年	3 月大学毕业，4 月获博士学位
因发表《什么是所有权》一书遭受法庭起诉 回贝桑松	1842 年	1 ~ 2 月撰《评普鲁士最近的书报检查令》（次年 2 月发表）； 5 月撰《第六届莱茵省议会的辩论》（一）； 8 月撰《法的历史学派的哲学宣言》； 10 月任《莱茵报》主编，发表《共产主义和奥格斯堡〈总汇报〉》，其中含对蒲鲁东《什么是所有权》一书的肯定性评价； 10 ~ 11 月撰《第六届莱茵省议会的辩论》（三）
发表哲学著作《论人类秩序的建立》，构建他所谓"新的形而上学"和系列辩证法	1843 年	当年夏撰《黑格尔法哲学批判》； 该年秋撰《论犹太人问题》； 年末至次年 1 月撰《黑格尔法哲学批判导言》，并着手系统研究政治经济学
于巴黎结识马克思，同时与卢格、巴枯宁、格律恩交往	1844 年	4 ~ 8 月撰《巴黎手稿》，内含对蒲鲁东解决财产问题的工资平等方案的评价。 9 ~ 11 月与恩格斯合撰《神圣家族》，其中第 4 章主要针对埃德加尔·鲍威尔对蒲鲁东《什么是所有权》一书的评论进行的反批评。 该年冬与蒲鲁东结识，将其视为法国当时最大的社会主义者，并时常就黑格尔哲学展开讨论
	1845 年	2 月《神圣家族》出版； 该年春撰《关于费尔巴哈的提纲》； 11 月与恩格斯开始合撰《德意志意识形态》
5 月 17 日，在接到马克思邀请加入布鲁塞尔共产主义通讯委员会的信件后，立即回信拒绝了马克思的邀请。 10 月出版《贫困的哲学》	1846 年	年初于布鲁塞尔创立共产主义通讯委员会，5 月 5 日，写信邀请蒲鲁东担任该委员会在巴黎的通讯员，遭到拒绝。 该年夏完成《德意志意识形态》主要章节
没有任何著述活动，反思二月革命	1847 年	1 ~ 6 月撰《哲学的贫困》（7 月出版），与蒲鲁东正式决裂。 12 月与恩格斯始撰《共产党宣言》

续表

蒲鲁东		马克思
创办报刊《人民代表》 2～6 月撰写并发表《社会问题的解决》《信贷组织》和《社会问题概观》	1848 年	2 月《共产党宣言》问世； 8 月撰《蒲鲁东反对梯也尔的演说》
1～3 月试建交换银行（人民银行），准备实行信用改革	1849 年	
4 月入狱，撰《一个革命家的自白》《十九世纪革命的总观念》和《无息信贷》，并在雾月政变后发表《从十二月十二日政变看社会革命》	1849～1852 年	1849 年底至 1850 年 11 月撰《1848 年至 1850 年的法兰西阶级斗争》，（1895 年由恩格斯编为单行本出版）。 1851 年 12 月至 1852 年 3 月，撰《路易·波拿巴的雾月十八日》
发表庞大的经济学著作《交易所投机商手册》，在布鲁塞尔出版《进步的哲学》	1853 年	1850 年 9 月至 1853 年 8 月，撰写 24 册的《伦敦笔记》
在巴黎出版《铁路运输管理的改革》	1855 年	
	1857 年	该年底至次年 5 月，撰《1857—1858 年经济学手稿》，内含"蒲鲁东对财产的起源问题的错误看法"
发表《论革命与教会中的正义》，以犯有侮辱僧侣和亵渎宗教的罪名再次被判三年监禁，流亡比利时	1858 年	
	1859 年	6 月出版《政治经济学批判（第一分册）》
应洛桑大学征文要求，写作《税收的理论》一书	1860 年	
出版《税收的理论》； 在比利时写作《战争与和平》，阐明法权即力量	1861 年	1861 年 8 月至 1863 年 7 月撰《1861—1863 年经济学手稿》
回到法国并在巴黎出版《意大利的联合和统一》	1862 年	

蒲鲁东		马克思
撰写《论联邦原则》，用联邦制原则补充其无政府主义思想； 出版《1815 年的条约已不存在了吗？未来的代表大会决议书》，反对修改维也纳会议关于波兰的决议，为俄国沙皇制度辩护	1863 年	1863 年 8 月—1867 年 用更加系统的形式来表述政治经济学批判著作的理论部分，完成了《资本论》理论部分三册的新稿，并将《资本论》第一册整理付印
撰《论工人阶级的政治能力》，总结其一生的政治理论，否认工人阶级具有政治能力。 12 月辞世	1864 年	
	1865 年	1 月撰《论蒲鲁东（给约·巴·施韦泽的信）》，对蒲鲁东一生思想作出简要评价
	1867 年	9 月《资本论》第 1 卷出版。 1867 年 8 月下半月至 1883 年初 继续在政治经济学和其他许多领域进行广泛研究，写作和修改《资本论》第 2 卷和第 3 卷。但因忙于领导国际工人运动、修订出版《资本论》第 1 卷德文第 2 版和法文版、研究其他领域的问题以及经常患病等原因，马克思生前未能出版《资本论》第 2 卷和第 3 卷
	1883 年	3 月逝世

图书在版编目（CIP）数据

《哲学的贫困》再研究：思想论战与新世界观的呈
现／杨洪源著 . -- 北京：社会科学文献出版社，
2021.4

ISBN 978 - 7 - 5201 - 8237 - 9

Ⅰ.①哲…　Ⅱ.①杨…　Ⅲ.①《哲学的贫困》- 马克
思著作研究　Ⅳ.①A811.21

中国版本图书馆 CIP 数据核字（2021）第 067205 号

《哲学的贫困》再研究
—— 思想论战与新世界观的呈现

著　　者／杨洪源

出 版 人／王利民

责任编辑／吕霞云　王京美

出　　版／社会科学文献出版社·政法传媒分社（010）59367156
　　　　　地址：北京市北三环中路甲 29 号院华龙大厦　邮编：100029
　　　　　网址：www. ssap. com. cn

发　　行／市场营销中心（010）59367081　59367083

印　　装／三河市尚艺印装有限公司

规　　格／开 本：787mm × 1092mm　1/16
　　　　　印 张：18　字 数：275 千字

版　　次／2021 年 4 月第 1 版　2021 年 4 月第 1 次印刷

书　　号／ISBN 978 - 7 - 5201 - 8237 - 9

定　　价／98.00 元

本书如有印装质量问题，请与读者服务中心（010 - 59367028）联系